突破關係困境的
人格心理學

COMMENT GÉRER LES
PERSONNALITÉS DIFFICILES

佛朗索瓦・勒洛爾 François Lelord
克里斯托夫・安德烈 Christophe André — 著
歐瑜 — 譯

第十章　被動攻擊型人格

第十一章　逃避型人格

第十二章　其他人格類型？

第十三章　為什麼會有人格障礙？

結　論

前言

相處好難……，到底我該怎麼做？

身為精神科醫師和心理治療師，我們的工作就是傾聽患者們在感情、職場、家庭中遇到的種種困難。首先，患者會介紹自己，講述他們的痛苦和期望，接著，他們會很自然地開始描述身邊的人——父母、配偶、同事等；就是這些人，造成患者的精神狀態無力招架，於是前來諮詢。

在聆聽的過程中，我們時常會猜想「他們口中的那個人、那個我們不認識的人，肯定『很難搞』。」有時，我們甚至會認為「那個人」或許比眼前的這位患者更需要幫助……，但為什麼前來諮詢的，卻不是患者口中的「那個人」呢？

此外，除了接受單一患者的諮詢之外，我們也為各大企業進行壓力管理和相關心理狀態的諮詢。在接觸過各個層級的企業員工之後，我們發現，無論是老闆、同事、廠商或客戶，當中很多人所煩惱的人際問題，多半與人格障礙有關。因此，我們決定在本書中，和大家談一談有關人格障礙的問題：什麼是人格障礙？以及，如何與人格障礙者相處？我們衷心希望本書能幫助各位讀者，全面瞭解和學會應對生活中，無法迴避的人格障礙問題，以突破關係困境。

序章

被污名化的人格障礙

理解、接受，走進他們的世界。

什麼是人格？

何謂人格？其實，它就是廣義的「性格」。例如，談到某個人的人格，我們可能會這樣說，「蜜雪兒的性格非常悲觀」，言下之意，就是蜜雪兒在不同的情況下，曾多次表現出悲觀看待事物的傾向；至於蜜雪兒的「人格」，我們在本書想談的，是她那種看待事物和對事物做出反應的方式——悲觀，在漫長歲月和各種情形下，對蜜雪兒而言已經習以為常，卻渾然不知。

蜜雪兒或許並不覺得悲觀是她人格中的一種恆定特徵。與此相對，她反而會覺得自己每次對待不同情形的反應都不一樣。但並非只有她會覺得自己的應對方式是靈活多變的（旁人看來並非如此），事實上，我們對他人人格特質的察覺，往往遠勝於對自己的察覺。

我們每個人都曾向某位老朋友訴說自己不得不面對的某種情形。例如：我們前去質問一位在背後說自己壞話的同事；而老朋友在聽完我們的訴說之後可能會這樣說：「你這麼做我一點也不意外！」我們聽了這話會感到驚訝，甚至生氣，沒想到老朋友竟然會這樣說。為什麼他會猜測到我們的做法？再怎麼說，我們自認已經做出不同以往的舉動啊！為什麼會如此呢？因為相識已久的朋友已經對我們在某些衝突情形下，慣常的應對方式有所瞭解。對他而言，這就是我們的人格特質，或者說，是我們的性格特點。

換言之，**人格特質就是表現為人們對身邊環境和自己個性的慣常看待方式，以及行為舉止和做出反應的習慣方式**。這些特質通常會以不同的詞語來定義：獨斷、樂群、無私、多疑、負責等。

例如形容某個人「樂群」，就必須確定這個人在不同的生活情形下，包括工作、休閒或旅遊，出於本性地願意去結交朋友，並享受和他人的相處；因為對這個人而言，這是一種在不同情形下的慣常舉動。如果我們知道這個人一向樂群，在青少年時期就有很多朋友，而且喜歡參加集體活動，那麼我們就會傾向於認為「樂群」是他的人格特質。

與此相對，如果我們在職場上看到一位剛進公司的新同事想要結交新朋友，我們並不會就此將「樂群」定義為他的人格特質。這個人表現得喜愛與人交往，也許只是因為，他認為只有這樣才能讓自己在新的工作崗位上得到認可。由於，我們並沒有去驗證他在生活中的其他情形下是否也樂群，我們只是看到了他喜愛與人交往的「狀態」，所以不能將「樂群」視為其人格特質。

「特質」與「狀態」的區別，是心理學家和精神病學家在嘗試對人格做出定義時的重要研究主題之一。事實上，當兩個人在談論彼此都認識的第三個人的人格時，他們往往在毫無意識的情況下也談論到了特質（恆定特徵）和狀態（由情境決定的暫時性狀態）。例如：

✣ 蜜雪兒真是個悲觀的人（特質）。

✣ 不是啊！完全不是！那是因為他還沒有擺脫離婚的打擊（暫時性狀態）。

✣ 不，不，我從認識她以來一直就是這樣（特質）。

✣ 絕對不是，她上大學的時候是個很風趣的人（暫時性狀態）！

從這個例子，我們可以引出一個問題：蜜雪兒的人格是否會隨著時間而改變呢？她年輕時確實很風趣（特質），現在成了徹頭徹尾的悲觀主義者（特質）。為此，我們可以發現，某些人格特質會隨著時間的推移而改變。

因此，你或許會說「我知道，所謂的人格，是指人在一生中保持恆定的性格特點。」但如何定義不同個體的人格呢？每個人都有若干不同的面向，如何區別生命中不斷改變的特質和人格中保持不變的特質呢？很顯然，做到這一點非常困難。

如何對人格進行分類？

西方醫學之父希波克拉底（Hippocrates）是最先嘗試對人格進行分類的先驅之一。他認為人格是由人體內的四種體液，依其所占的比例多寡來決定。希波克拉底透過觀察受傷和嘔吐時流出的液體，區分出血液、淋巴液、黃色膽汁和黑色膽汁，並做出以下分類：

主導液體	人格類型	特徵
血液	多血質（sanguinisch）	活潑、易感動
淋巴液	黏液質（phlegmatisch）	緩慢、冷漠
黃色膽汁	黃膽質（cholerisch）	易怒、躁動
黑色膽汁	黑膽質（melancholisch）	陰鬱、悲觀

這種分類有幾點值得注意：（一）年代過於久遠（西元前四世紀）；（二）依然具有影響力，因為我們現在還會說某個人是「多血質」或「黏液質」；（三）體現出將生物特點和人格特質相聯繫的大膽嘗試（我們會看到，希波克拉底的分類包含了近期對人格的研究成果）。

然而，我們卻很容易看出希波克拉底分類的不足之處：如果我們可以根據某種「純粹」的多血質或黑膽質人格類型去瞭解眾生的話，那麼絕大多數的人都無法被列在這個分類表格之中。因為，實際存在的人格類型，遠遠多於希波克拉底列出的這四種類型。

在歷史的長河中，也有其他研究者嘗試通過增加類型數量或將身體特點與人格結合，以完善希波克拉底的分類。例如一九二五年，德國神經精神病學家恩斯特．克雷奇默（Ernst Kretschmer），就將高大纖細的體型與冷漠沉悶的人格聯繫在一起，矮小圓厚則對應易動感情、變化無常和喜愛交際。此外，他新增兩種類型：運動型和發育異常型（未能得到大自然的恩寵），最終總結出以下四種類型的人格：

類型	**體型**	**人格**
矮胖型	矮小圓厚	外向、快樂、率直、務實
細長型	高大纖瘦	內向、冷漠、愛幻想
運動型	健碩強壯、肌肉發達	衝動、易怒
發育異常型	發育不完善、畸形	孱弱、自卑

對於這種分類，我們依然可以說，生活中實際存在的人格類型要多於以上這四種，如果加上混合類型，甚至可能多達八種或十六種。事實上克雷奇默也承認不同類型之間存在連續性，且存有數不清的中間形式。此外，基於對大量個體進行的統計研究證實，體態類型和人格之間的關係並沒有如克雷奇默所認為的，如此緊密。

由此可見，希波克拉底和克雷奇默的人格類型畫分，都屬於「類別分類」。這兩種分類法的優點，是對人的類型做出了極具聯想性的描述，一看到這類人便可立刻辨認出來；但缺點是，人的多樣性要比這幾種類別豐富得多。簡而言之，這兩種分類方式都試圖將具有連續性的物體或現象，歸作非連續性的區分，進而造成「中間的灰色地帶」無從分類。

於是，一些研究者決定不再嘗試以「類別」畫分不同的人格，而是透過不同的「維度」。

一、卡氏十六種人格因素測驗

首先，先了解類別分類與維度分類的差異。以汽車為例，若以品牌對汽車進行分類——這是一種類別分類，在這種分類中可以找到每個品牌的所有車型。但我們也可以按照某些特性，從零到十對這些汽車進行分類：安全性、性能、舒適度、維修費用等；這就是所謂的維度（dimension）分類法。

這種分類方法不以品牌和車型為參照，而是以汽車的品質為標準。實際上，汽車雜誌都是按照品牌和車型來分類的，因為性能維度對於一輛小型房車和跑車而言，具有不同的意義。因此，我們可以做一個比較測試，先把小型房車畫為單獨的一類，再對它們進行維度分類。

那麼對人格而言，又該如何進行維度分類呢？

首先，研究人員會提出兩個重要問題：一是選擇哪些維度。我們知道，對於汽車這類遠比人要簡單得多的事物，汽車評論雜誌會選擇至少十個評估標準；那麼如何能夠將一種人格分解為兩個、四個或十六個維度呢？二是如何測定這些維度。在選定維度之後，比如「懷疑的傾向」，如何判斷哪些類型的測試或問題能確保我們準確地評估「懷疑傾向」這個唯一的維度，而非其他呢？因此，針對以上的問題，有一門學科因應而生：心理測量學。

這是一門極專業的學科，以觀察結果和統計數據為依據，因此相關文章讀起來艱澀難懂。在本書中，我們不會試圖向各位解釋這門學科的運作原理，而是直接介紹維度分類的例子，讓各位讀者能更快速理解。

美國心理學家卡泰爾（R. B. Catell）是維度分類的先驅之一，他將統計學應用到心理學研究中。卡泰爾最初研究了英語中所有用來描繪性格的詞語，他找出了四千五百個，然而，通過歸類近義詞，他將這些形容詞的數量減少至大約兩百個。接著，他用這些詞語對大量的物件進行評估，並對評估結果進行了統計學研究後發現，某些形容詞在評估中總會顯現出某種關聯。也就是說，這些詞語評估的是同一個性格維度；由此可見，用來評估人格的形容詞本會更少。

經過數年研究之後，卡泰爾和其所領導的由心理學家和統計學家組成的團隊，最終篩選出十六種人格特質，制定「卡氏十六種人格因素測驗」（Sixteen Personality Factor Questionnaire,

16PF）對每個個體進行人格檢定。這誕生於一九五〇年代的人格測驗，至今仍在使用中。

十六種人格因素

孤僻↔樂群	遲鈍↔聰慧	激動↔穩定	順從↔支配
審慎↔興奮	敷衍↔有恆	畏怯↔敢為	隱忍↔敏感
信任↔懷疑	務實↔幻想	坦率↔世故	安詳↔憂慮
保守↔激進	依賴↔獨立	自律↔散漫	放鬆↔緊張

如何進行十六種人格因素測驗？

將十六個維度寫在紙上，在每個維度的兩個形容詞中間，畫出五個空格。找一位朋友一同進行，兩人同時勾選十六個維度；接著，互相比較兩人的評估結果，討論為什麼兩份測試會有所不同。

二、艾森克人格問卷

除了卡式的十六種人格因素測驗外，目前應用最為廣泛的測驗，大概要數ＭＭＰＩ測試——明尼蘇達多項人格測驗（Minnesota Multiphasic Personality Inventory）；這是由海斯威（Starke R. Hathaway）和麥肯勒（John Charnley MacKinley）於一九三〇年代編制而成，並於近期進行修訂。

測驗者通過回答五百多個「是」或「否」的個人問題，得出十個人格因素。再透過複雜的統計學分析，建立起四個有效層級，從而確定測驗者的心理狀態是否影響了測試態度，或測試者是否在某種意義上曲解了測試結果。

此外，最近出現了一種形式上更為簡潔的測驗量表，由英國研究者艾森克（Hans Eysenck）編制。經過大量的資料分析研究，艾森克根據兩大軸線，對人格進行分類：

✣ **內向—外向軸線：**外向個體渴望獲得獎賞和鼓勵，容易興奮，依賴周圍的外部環境，較為主動並善於與人交往。相反地，內向的個體則極為自律，較為安靜和內斂，不依外部狀況行事，傾向於制定自己的行動計畫。每個人都能夠在外向—內向軸線之間找到自己的位置。

✣ **神經質軸線（情緒穩定—不穩定）：**這條神經質軸線是情緒穩定的指標。情緒容易激動者容易持久地受到焦慮、憂傷和內疚等情緒的困擾。反之，情緒波動穩定者，在受到干擾時能很快恢復至正常的情緒狀態。

此外，艾森克又加入了第三個維度——精神病型，表現為冷漠、攻擊性強、衝動、以自我為中心。測試者可以通過一份列有五十七個「是」或「否」的自我問卷進行這三個維

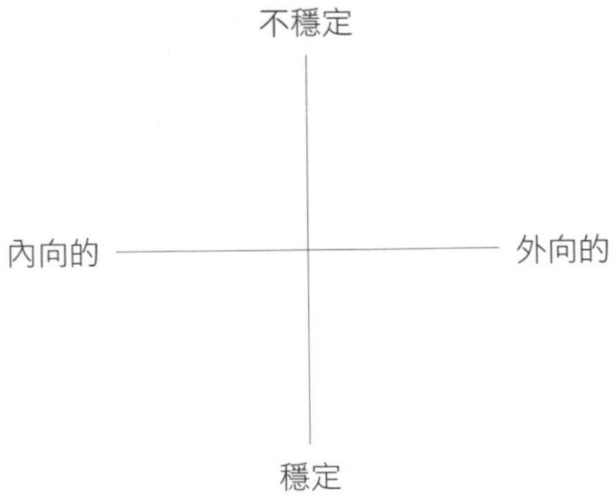

艾森克的人格向度

度的評估，因此稱此為「艾森克人格問卷」。

艾森克問卷是一種頗為有趣的人格評估量表。但科學研究總是你追我趕，其他研究者在測試了這個量表之後，發現了它的局限性——如果所有的「人格障礙」都是神經質軸線上的情緒不穩定型，那麼艾森克問卷便無法區分出個體之間的不同。由此看來，神經質軸線包括若干種不同的維度，並且無法對這些雖然都焦慮不安但卻各不相同的當事人做出細膩的區分。此外，服用鎮靜劑的測試者，其情緒不穩定和內向表現都會減弱，影響測驗結果。

三、克勞寧格的四種人格表現

為了解決人格障礙的分類問題，研究者們編制出新的測試量表，其中以聖路易斯大學的羅伯特・克勞寧格（Robert Cloninger）編制的測試，最為出名。

克勞寧格在實驗室進行了大量的動物和人體試驗，尤其是關於真假雙胞胎的人格試驗，提出人格的七個組成因素。首先，他畫分出四種構成「人格表現」的維度，其為幼年時期就有所表現並遺傳下來的維度，因而很可能是天生就有的。這四個表現決定了對人格的初步瞭解：

1. **追求新奇：**此項維度獲得高分的成人或嬰兒，會表現出主動探索身邊環境、對新奇事物充滿好奇和主動規避挫折的傾向。
2. **規避懲罰：**自尋煩惱，降低期望值以逃避不好的意外，以及在因害怕不好後果，而產生懷疑時隱忍不發的傾向。

3. **依賴獎勵**：渴望獲得他人認可、支持和類似的獎勵。

4. **堅韌持久**：儘管已經疲憊不堪或沮喪失落，但依然堅定地繼續某種活動的傾向。

在此我們舉例說明，以上四種人格表現的反應為何：在餐廳裡，依賴獎勵先生馬上會點自己之前就很喜歡的菜肴；追求新奇先生想要嘗試自己沒吃過的新式菜肴；規避懲罰先生會找出菜單上所有難以消化的菜肴，並儘量不去點它們；堅韌持久先生來得有點晚，因為他不停地在餐館附近尋找停車位，就算腹中饑餓，他也不會因此而生氣。

此外，不同於先前的人格分類法，克勞寧格在其測試量表中加入了三個維度，他認為這三個維度可以用來定義他所稱為的「性格」。與性情不同，性格更容易受到教育經歷的影響。以下為新增的三個性格維度：

1. **自我控制**：此維度跟良好的自我評價有關；相信自己有能力影響自己的生活和所處的環境，有明確的目標。
2. **協作**：此維度的特點是對他人的接納和理解、共情和無私。
3. **自我超驗**：在這個維度上獲得高分的人，會感覺自己的生命具有某種意義，對世界有歸屬感，對事物的看法更偏精神而非物質。

克勞寧格量表的最大貢獻，在於具有「科學推測」的意義：我們可以對量表進行測試，並為其設想測試情形或體驗。例如，用來測試人格表現的問卷，可以跟其他透過不同測試獲得的結果，或是與他們相識已久並在不同情形下觀察過他們行為舉止的熟人旁證，進行對照。另外，也可以對測試結果進行統計學分析，看看這七個因素是否真的互不相關；還可以對獲得相似測試結果的個體進行比較，看看他們之間是否存在模型未能辨別出的區別等。

然而，跟所有科學測驗量表一樣，克勞寧格的模型也有過時的一天，也會被能夠更容易解釋觀察結果的新模型所代替。然而，通過對不同理論和觀察結果的對照和比較，人們的認知水準不斷提高，一如天文學和醫學的進步。正因為如此，人格研究成了一門飛速進步的學科，它將為兒童教育、心理疾病預防和心理治療等領域，持續提供更完善且切實的幫助。

什麼是人格障礙？

假設我是一個多疑的人。如果這種多疑保持在一個適度的狀態，而我經過一段時間的觀察，漸漸對人產生了信任，那麼我的多疑就只是一種可以讓我避免被人愚弄的人格特質。比如：在購買二手汽車時，這個特質就會非常管用。

反之，如果我隨時隨地都滿腹懷疑，哪怕對最為寬厚仁慈之人也無法信任，那麼，大家很快便會覺得我難以相處，我自己也會時時刻刻提心吊膽，或許還會因此失去結交新朋友或成功完成工作的機會。在這種情況下，多疑就會成為名副其實的「人格障礙」。

換言之，**只有在某些性格特點過於明顯或過於固化、無法適應不同情況，並令當事人或他人**

（或兩者）不堪忍受時，人格才會成為障礙。

這種不堪忍受不失為診斷人格障礙的標準，而我們撰寫本書的首要目標，就是要幫助各位應對在家庭或工作中遇到的人格障礙。其次，當你發現自己具有某些我們將在後文中描述的人格特質時，也能幫助各位讀者更加地認識自我。在本書的每一章都有一份人格測驗，各位能透過測驗對自身或身邊之人的人格進行思考；這些問題並非診斷測試，而是提供各位自我思考的契機。

分類的意義？

在此，我們挑選出十一種幾乎在所有國家和年代，都可以找到的人格障礙類型。因為無論是年代已久的精神病學教材，或是最近由世界衛生組織做出的分類，抑或是美國精神病協會最新版的《精神疾病診斷與統計手冊》（DSM-IV），都對這十一類人格障礙進行了大同小異的描述。

當然，這十一類人格障礙可能並未涵蓋到所有你曾遇過的人格障礙類型，不過也可以從中發現似曾相識的類型。

對人進行分類有什麼意義？我們經常會聽到這個有關心理學分類的疑問。原則上，分類是將人分門別類，將人歸入不同的「類別」，但人類的多樣性是無窮無盡的，根本無法從本質上進行分類。每個人都是獨一無二的，這話說得一點不錯，現實中存在的性格類型要遠遠多於任何分類系統中的「類別」，而這是否會讓如此之多的分類嘗試，成為徒勞之舉呢？

事實不然，我們就以一個完全不同於心理學的領域為例——氣象學。每個地方的氣候都不一樣；每天的微風、雲朵和陽光都會勾勒出不同的景象。但是，氣象學家從中定義出四種不同類型的雲：積雲、雨雲、卷雲和混合類型的雲，而積雨雲就是混合類型的一種。但用一隻手就數得完的幾種分類，我們保證可以準確地描述任何一片雲朵嗎？當然沒有辦法。即便是兩團積雲也不會完全相像，就像沒有兩個人的性格會一模一樣，但我們依然可以把他們歸為一類。

我們繼續舉例說明。對雲的類型有所瞭解，不會影響我們欣賞美麗天空的閒情逸致。同樣地，只要不是刻意想著分類，瞭解幾種人格類型，也不會妨礙各位對朋友的欣賞和你們之間的友情。如有需要，甚至瞭解雲的類型還可以幫助你預知接下來幾個小時的天氣狀況，而瞭解人格障礙則可以幫助你更好地處理某些突發情況和人際關係。

對於精神病學家和心理學家而言，鑒別出不同的人格類型，可以讓他們更容易掌握患者對不同情況的反應，進而提供患者更全面的心理或藥物治療。例如，透過對「邊緣型」人格障礙（參見第十二章）的鑒別和定義，精神病學家和心理學家找到了幾條在對這類患者進行治療時，應當遵守的基本規則；因為這些病患不僅深受其苦，在面對別人提供的各種幫助時也會深感糾結。因此，即便是給予治療，也必須相當謹慎小心。

因此，分類是有意義的。無論是研究雲朵、蝴蝶、疾病或是性格，分類對所有的自然科學而言，都是必要之舉。

理解、接受，走進他們的世界

這本書，我們會嘗試向各位說明常見的十一種人格障礙者，如何看待自己和別人。一旦你瞭解他看待自己和這個世界的視角，就會更容易理解其某些看似不合常理的行為，究竟為何。

此外，最近又出現了一種發展迅速並被運用到認知心理治療中的新型研究方法：我們的態度和行為，其實取決於某些在孩童時代就已形成的根深蒂固的想法。例如，偏執型人格堅信「別人想方設法要害我，不能相信任何人」，這種想法會導致一連串不信任的態度和帶有敵意的行為。關於這一個問題，我們也會在本書嘗試解釋這些根深蒂固的想法，如何對行為產生影響。

在研討會上，我們經常向眾人表示必須接受人格障礙的存在之重要性，但卻每每引起非議和反駁。人格障礙都是些讓人不堪忍受，準確地說是讓人無法接受的行為，那麼該如何接受這些人格障礙呢？事實上，我們並不會要求各位竭盡全力地去被動接受，這樣只會增加人格障礙帶給你（往往是你本人）的困擾。**我們所說的接受，是指接受人格障礙作為一種人的存在方式的事實；也就是說，不要把人格障礙視為一種疾病或缺陷。**

打一個比方。你正在海邊度假，打算第二天乘船出海，可是醒來後發現天空烏雲密布、狂風四起。如果你不會因此而不開心，也不會因此而生氣——從某種意義上來說，你接受了臨海天氣會時好時壞的事實；而這也不會妨礙你根據突發狀況調整行程，在那一天安排其他的活動。而人格障礙就如同這些自然現象：它們過去存在，現在依然存在。就好比面對糟糕的天氣，憤慨也好，生氣也好，都是枉然。

另一個接受人格障礙的理由是：當事人肯定不會去主動選擇這些人格障礙。人格障礙多半是遺傳、教育和家庭背景等經歷的混合產物。它們導致的行為往往不受人待見，而且會有不負責任之嫌。但誰會主動選擇過分焦慮、過分衝動、過分多疑、過分依賴別人或者過分沉迷於細枝末節呢？拒絕接受人格障礙對任何人都沒有好處，尤其是當事人。事實上，接受人格障礙往往才是引導當事人改變自己某些行為的必要先決條件。

若各位能徹底瞭解人格障礙、能坦然接受人格障礙，你就可以從容地應對人格障礙，並以更恰當的方式對待人格障礙者。在本書中，我們將為各位提供應對每一種人格障礙的建議，這些建議來自於我們對精神病學和心理治療的研究和臨床經驗。衷心期盼本書，能成為因人格障礙而深陷自我認知或關係問題者，在名為「人生」這條道路迷航時的引路人。

第一章

焦慮型人格

世界充滿危險，唯有預先掌握一切，才能防止變故。

你有焦慮型人格的傾向嗎？

	是	否
1. 想到令人不安的事情，會讓我輾轉難眠。	□	□
2. 若是可能因遲到而趕不上火車，會讓我惴惴不安。	□	□
3. 別人經常說我過於杞人憂天。	□	□
4. 我總是儘早準備好需要用的單據，如發票、稅單、收據等。	□	□
5. 如果我等待的人遲遲未到，我總會忍不住想到他遭遇了意外。	□	□
6. 我傾向於多次查看列車時刻表、預訂和約會時間。	□	□
7. 我常常在事後發覺自己對一些雞毛蒜皮的小事，過於擔心。	□	□
8. 有時，我必須在白天服用鎮靜劑，否則會心神不寧。	□	□
9. 我在遇到意外驚喜時，會出現心悸反應。	□	□
10. 有時，我會無緣無故地感到緊張。	□	□

二十八歲的克萊兒跟我們說：

打從我有記憶以來，媽媽就總是一副憂心忡忡的樣子。今天也是一樣，我要去看她，她要我提前告訴她幾點到，若我晚了十分鐘，她就會擔心我是不是出了車禍。

十四歲那年，有一天晚上，我放學後在校門口跟幾個朋友聊天，到家的時間比平時晚了半個小時（顯然，我母親把我每天的放學時間都記在心裡）。回家時，我看見我媽正哭著打電話給警察局，讓他們派人去找我！

還有一次，我二十歲那年，那時候已經比較獨立了，我就跟一群同齡的朋友去南美洲玩。在那邊要打電話回法國不是很方便，且我寄回法國的明信片在我人回去之後才寄到。幾天沒有我的消息，我媽受不了了。結果發生一件我不意外但很吃驚的事情：當我跟朋友們抵達一個位於秘魯和玻利維亞交界處的小邊檢站時，邊檢員在查看了我的護照之後，看了看我，說我應該打電話給我媽媽！後來我得知，我媽瘋狂地打了無數通電話給我們預計前往國家的法國大使館，讓他們特別留心注意我的行蹤。於是，大使館人員通知了所有的邊境檢查站！

可憐的老媽！我時常想對她發火，但我很清楚，她無法控制這種擔心，並為此感到痛苦。要是她擔心的只有我就好啦！可是，她什麼事情都會擔心。例如，她總是擔心會遲到，坐火車的時候，她每次都會提前至少半個小時到達火車站。我知道她在工作上備受稱讚，因為她總能按時把該檢查的資料看完，總能預料到哪裡會出問題，並採取預防措施。她一收到帳單就會先寫好支票，以免晚付錢造成電話停機，之後的幾天，她還會查看寄出支票的銀行帳單，確認支票已被兌現。

我唯一看到媽媽比較放鬆的狀態，是我們幾個姊妹和我們的丈夫一起到媽媽家吃午餐的時候。那天，媽媽整個上午都坐立不安，急急忙忙地準備午餐，而只有在吃完飯、喝咖啡，我們要她坐著別動讓我們來收拾時，我才感覺到她終於放鬆下來了；她看上去安詳平靜，直到我們起身告辭。當天晚上到家之後，我還是會以各種理由打個電話給她，因為我心裡清楚，她知道我們平安到家了才會真正放心。

我不知道她的這種擔心從何而來。我父親在我們很小的時候就意外去世了，是母親一個人獨自撫養三個孩子。也許是這種創傷和責任感讓她變得如此焦慮，但當我看到我的外祖父母時，我發現他們也會為任何事情擔心不已。所以我就想，這是不是家族遺傳？另外，我姊姊也是這樣，所以我建議她趕快去看心理醫生！

好壞參半的焦慮型人格

克萊兒的母親有種自尋煩惱的傾向，也就是說，她在任何一種情況下都慣於想到自己和親近之人可能面臨的風險。每當她處於一種不確定的狀況時，馬上就會做出最糟糕的假設（「我女兒遲到了——或許她出了意外呢？」）。另外，在面對即將發生的狀況時，她也會傾向於預測所有的風險，以便能更好地控制這些風險。

但是，無論如何這僅僅說明此人異常謹慎，不是嗎？不是的，因為你可以清楚地感覺到，跟事件的發生或嚴重的可能性相比，克萊兒的母親這種對風險的關注過頭了。比如，未到的信件或是寫錯的支票，這種事很少或不太可能發生。如果真發生，電信公司也不太可能不提前通知就切斷電話。即便中間出現了什麼差錯，導致真的被斷話，那就會是無可挽回的災難嗎？不會。那只是一件沒那麼嚴重的小事，只要讓電信公司的人來家裡一趟，就可以解決。

但是，克萊兒的母親似乎將所有的力氣，都放在某件不大可能發生的「小事」，並為此時刻擔心，且為了預防事情的發生而呈現出過度緊張的狀態。**預期焦慮、對風險過於專注，正是克萊兒的母親表現出焦慮型人格的特點**。話雖如此，從克萊兒母親身上，我們可以發現焦慮型人格是好壞參半的人格。一方面是謹慎的態度和掌控一切的傾向，讓她在工作上獲得極佳的表現。但另一方面，則是過度的緊張和痛苦，帶給她自身精神上和周邊親友的壓力與緊張。

焦慮型人格的特點

- ✣ 對於自己或親人在日常生活中可能面臨的風險，其表現的擔心過於頻繁或強烈。
- ✣ 肢體經常感到過度緊張。
- ✣ 對風險的高度關注，戒備一切可能出現的問題，以掌控狀況，即便是風險極低的狀況（不太可能發生或不太嚴重的事件）也高度關注。

過於敏感的「預警系統」

克萊兒的母親好像擁有一個雷達，不停地探測身邊可能發生的變故或災禍。我們可以這樣描述她的根本信念：「世界是個充滿危險的地方，總有災禍發生。」事實上，憂鬱型的人格也會抱有這樣的信念，只不過他們會置之不理，以緩解可能遭逢的打擊。克萊兒的母親則相反，她會通過「掌控」身邊的一切來預防可能發生的危險。

她的第二個信念可能是：「極為謹慎地行事，就可以避免大部分的變故和意外。」你或許會說，難道她這樣做不對嗎？世界不就是個充滿危險的地方嗎？打開任何一份報紙都可以看到「一輛客車栽進了溝裡；孩子們在海水浴場溺亡；一位母親出門買麵包時被車撞了」等新聞，每天都有人在家中的廚房裡、工作檯邊或花園裡，因意外而受傷甚至死亡，所以，謹慎行事不正可以讓我們避免不少的意外和災禍嗎？說到底，媽媽做得沒錯，世界很危險，處處得小心！

話雖如此，**克萊兒母親的信念和非焦慮型人格的信念之別，就在於焦慮的「頻率」和「強度」**。誠然，災禍總有發生，我們都是脆弱而不堪一擊的存在，但絕大多數人在日常生活中的大部分時間裡，都能忘記這一點，從而得以繼續生活，且這並不妨礙我們對可控的風險採取預防措施。比如，開車時繫上安全帶，但不會特別地焦慮和擔心在每個十字路口都會發生意外。此外，對於我們不大可能控制的重大風險，例如罹患重病、親人遭遇車禍，如果這些事情沒有真正發生，我們就會避免去想它。

因此，我們可以看出，焦慮的人苦於一種對他們「預警系統」過於敏感的結果：焦慮的思維、肢體的緊張和控制的舉動，相較於事件發生得過於頻繁和過於強烈。

現在，我們來聽聽另一位焦慮型人格者的訴說。三十四歲的傑洛是一位保險經紀人，他定期到醫生那裡開鎮靜劑服用：

> 我是個焦慮的人，但我正在治療中！有意思的是，我在保險業工作——讓他人免遭不幸讓我覺得是一種自我保護。當然，我覺得自己的擔心是適度的，且我的行為也完全正常。實際上，客戶和公司都對我的工作表現十分滿意，因為這種對可能出現問題的擔心，讓我能發現有時連受保人自己都沒有注意到的未知風險，或是保險合約中的不足之處。因此，我這種「焦慮性格」讓我獲得大筆的績效獎金，而我的客戶也得到了很好的保護。
>
> 但不得不說，這種擔心讓我時時處於緊繃的狀態。有一天，我的醫生讓我列出一天中可能想得到的所有焦慮。以下就是我能想到的：起床後，第一個焦慮是想到我在這一天中要做的所有事情，我能順利完成嗎？和我妻子一起吃早餐，她今天臉色有點臭；如果哪天我們不再相愛了，怎麼辦？開車去赴約，如果我遲到了呢？（我開車的時候非常小心，我買的是一款以耐碰撞、高安全性而出名的汽車。）我跟客戶一起重新看了合約，他很滿意，簽了字。出來的時候我滿心歡喜，因為這是筆大合約，但又擔心是否會遺漏什麼？我停在路邊喝杯咖啡，輕鬆了幾分鐘，另一個擔心又來了：我想起來，今早我的車不停地發出聲響，是否應該馬上送修？如果去送修，之後與兩

個客戶的見面，我來得及嗎？以上諸如此類，我跟你描述的是正常的一天，我每天內心會出現的焦慮想法，而我已經習慣了這種程度的焦慮。

但反常的是，當出現真正的危險時，我的反應倒相當冷靜，這讓平時見慣我動不動就擔心的人頗為吃驚。去年，跟幾位朋友一起出海度假，他們想讓我們看看剛買的新船。忽然之間變天了，發動機也發不動了，所有人都相當害怕。而我呢？走到底艙查看發動機，最終，我們平安返回。（要說我那天之所以能夠解決問題，那是因為我曾擔心某天會碰上途中拋錨的事情，所以去上了幾堂汽車機械的課。）

當問題真的出現時，我是能夠冷靜面對的；讓我心神不定的，都是那些「可能發生但還沒發生」的事情。即便沒有什麼可擔心的，我還是會庸人自擾。去年夏天就發生過這樣的事情：一切都很順利，我這一年業績優異，跟妻子相處融洽，跟孩子們度過了美好的假期，真的，我真是沒有任何理由擔心。可是，我內心來還是會出現「要是我的哪個孩子得了重病呢？」這種假設問題；你看，就是這樣沒完沒了的。

從這個案例，讓我們更加清楚地看到焦慮型人格的優點與缺點。優點是傑洛非常盡職盡責，能夠預見風險，是位優秀的員工；而缺點則是，他隨時保持警惕，這讓他的生活精疲力竭。

當焦慮成為一種病

想像一下，如果傑洛的焦慮因某些不明原因而有增無減，他感到越來越緊張，心裡只想著可能發生的災禍，讓他夜不能眠，無法專心做事；於是，他的家庭醫生將他轉介給精神科，後者或許會將他診斷為「廣泛性焦慮症」。廣泛性焦慮症者的表現，為沒來由或過度地擔心，以及以下三種症狀：

✣ 自主神經系統過度活躍：心悸、流汗、發熱、尿意頻頻、喉頭發緊等。

✣ 肌肉緊張：震驚、（背部、肩膀、下頷）疼痛痙攣，甚至造成疲勞感。

✣ 對周圍環境高度警覺：感覺被窺伺、極度興奮、因焦慮而無法集中精神、睡眠紊亂、易怒。

廣泛性焦慮症是一種疾病，需要接受治療。而最有效的治療方法，是心理結合藥物的治療。心理治療中的認知療法和行為療法，已被證實具有相當的療效，我們在本書末也會簡單提到。在此，我們對廣泛性焦慮症患者，提出以下建議：

一、**學習放鬆**：練習放鬆，以幫助患者自行控制過度的焦慮反應。

二、**認知重建**：心理師協助患者重新認識自己的焦慮思維。特別是幫助患者重新評估被自己高估的危險之嚴重性和可能性。

但心理治療有時要輔以藥物治療。首先，因為患者痛苦難當，必須儘快得到緩解；其次，就像很多其他的心理病症一樣，心理治療和藥物治療雙管齊下，在某些病例中比單獨一種療法更為有效。目前，醫生主要使用兩大類藥物——抗焦慮藥和抗憂鬱藥；我們在下表中分別列出這兩類藥物的優點和缺點：

	抗焦慮藥	抗憂鬱藥
優點	·效果好且快速。 ·有症狀時服用。 ·方便服用、耐受性佳、無危險性。	·是根除某些焦慮症狀最有效的藥物。 ·無藥物依賴和嗜睡的副作用。 ·可同時治療焦慮和憂鬱的症狀。
缺點	·若不當使用，可能會出現嗜睡、暫時性的記憶力或專注力減退，以及藥物依賴。 ·對嚴重焦慮只有部分效果。	·作用慢，需服用幾週方能見效。 ·在治療初期，焦慮症狀有時會加重。 ·有時無效。

抗焦慮藥和抗憂鬱藥的選擇，屬於醫學範疇的決定，需依據患者對自身症狀描述情形，再予以評估診斷是否開藥。為了迅速緩解患者的症狀，抗焦慮藥幾乎是治療初期的首選藥物。而對於某些嚴重的焦慮症，輔以抗憂鬱藥則往往能提高治療效果，並在隨後的治療中減少抗焦慮藥的劑量。事實上，焦慮型人格者若希望獲得藥物治療，其所使用的藥物與廣泛性焦慮症相同。

我們再來聽聽那位最終決定接受治療的傑洛，又說了些什麼。

其實，我覺得我已經習慣焦慮；對我而言，這就是正常的生活；我會前往就醫，是因為我的妻子，她越來越受不了我緊繃的狀態：我開始不斷地詢問她一些日常事物的安排進度。例如，帶孩子去施打疫苗、填寫這樣或那樣的行政表格、預約裝修工人到家裡來等，實際上妻子都會打理好的事情。另外，我的睡眠狀態不好，尤其是度假回來之後，有那麼多的待辦事情要做，令我十分焦慮。

我先去看家醫科，醫生開給我抗焦慮藥，並告訴我如何服用：在難熬的時候連續吃幾天，但絕對不能超過平時的劑量，其他的時候儘量不要吃。這確實對我很有幫助。我週末開始服藥，以適應藥物的作用，並且看看會不會讓我入睡，然後我根據每天的情況繼續服藥，一顆或兩顆。這種藥不會改變我的個性，我依然會對一切做出預期風險的假設，但感覺壓力減少了。

雖然，妻子察覺出這種藥對我起了作用，但她不大喜歡我吃藥。所以，她帶我去諮詢一位她朋友推薦的心理醫生。我猶豫著去見了那位醫生，因為，我一點都不想「訴說自己的問題」。心理醫生理解我的想法，所以建議我先學習放鬆。經過六次諮詢之後，基本上，我已經學會如何深層放鬆，並藉此改善睡眠狀況。其中最有效的，是心理醫生教我如何在一天中坐著不動，閉上雙眼，進行的小小放鬆，以舒緩我的緊張（當然，我知道我並沒有徹底放鬆下來，不過至少緊張感少了一些）。現在，我每天都會嘗試這樣的放鬆法好幾次，尤其是在打完電話後和坐在車裡等紅燈的時候；同時，我也會做幾十次的腹式呼吸。

接著，心理醫生建議我開始接受真正的心理治療，但是我覺得沒有必要。因為偶爾吃點藥，再做一做放鬆，我就已經覺得好多了。

從這個案例可以看出，有時簡單的放鬆方法，就可以帶給患者很大的幫助作用，且很多的人（尤其是男性）會覺得這樣就足夠了。或許有人會說：「可是傑洛並沒有解決他的焦慮問題啊！他只處理了自己的症狀，卻沒有解決根本的病因。只有接受諸如精神分析這樣的深入治療，他才能瞭解自己焦慮的原因，並讓症狀徹底消失。」

我們在向患者建議藥物治療（「是啊，藥物只能治標而不能治本」）或放鬆治療時，經常會碰到這類質疑。很遺憾，與很多人的想法相反，目前醫界對過度焦慮的原因仍舊缺乏清晰瞭解。這些原因因人而異，以現階段的研究結果，如果每次都說要「根治原因」，那只能是自命不凡的誇誇其談。

焦慮從何而來？

原則上，這個問題既有遺傳因素，也與教育和生活環境有關。

首先針對遺傳因素，多項研究已經證實，發現不論是何種形式的焦慮症，焦慮症患者的一等親中有四分之一也患有焦慮症。此外研究雙胞胎的病例發現，當其中一位患上廣泛性焦慮症，並且兩人是同卵雙胞胎，也就是「真正的」雙胞胎時，那麼另一位就有二分之一的罹病機率；但如果兩人是異卵雙胞胎，那麼另一個的患病幾率就只有六分之一，也就是說跟普通的兄弟姊妹沒有差別。這裡所說的是焦慮症，而不僅僅是「焦慮型人格」。話雖如此，也有其他的研究證實，焦慮型人格的特質，也有部分的遺傳因素。

其次是環境因素。某些相關研究已證實，在焦慮症患者中，恐慌症或廣場恐懼症，以及「生活事件」，例如：斷交、搬遷、喪事、工作變動等，在焦慮症爆發的前幾個月會更加頻繁地出現。另外，學者也注意到「童年時期遭遇喪親或分離」，可能也是導致日後出現焦慮問題的最大原因。正如其他所有的人格障礙，焦慮型人格障礙的形成很可能源自「易感性的遺傳基因」和「成長環境」的隨機結合，有時，還要加上某些創傷事件的因素。

對於精神分析師而言，**過度焦慮，也就是他們所稱的「神經質焦慮」，是童年時期未能妥善解決的無意識衝突所表現出的症狀**。在精神分析師看來，傑洛因日常生活中的種種事件而焦慮不安，是為了對抗一種更深層的無意識焦慮，而這種焦慮與他早年經歷的某個或某些生活事件有關。因此，這種日常焦慮反映出的，是某個傑洛沒有意識到的過去問題。透過精神分析，傑洛可以在與分析師的溝通中，重新體驗自己過去的情感經歷，從而意識到其焦慮的真正根源，最終得以解脫。這一理論聽來極為誘人，原因如下：

精神分析的四大優點

✣ 使患者自認其症狀，具有某種可以理解的含意：這是一個令人深受鼓舞的理由。因為，它讓人們更願意相信，對於自己的痛苦存在某種「解釋」，並可以從自身的過去中發現它，而不願只承認自己的焦慮或許只是遺傳與環境因素等含混不清的產物。希望瞭解各種原因，對於人類而言極具吸引力，很可能本身就擁有某種治療的效果。

✣ **患者希望借助「深層」治療獲得徹底幫助**：精神分析是一段不停深入剖析自我的過程，相對於一般心理諮商，時間短且無連續性，可以使患者快速達到良好的心理狀態。雖然，某些精神分析師表示，無法保證完全治癒患者。

✣ **精神分析主張「自己療癒自己」**：當然，這是在某位心理師的協助之下，但重點是，無須藥物或心理師直接的治療。一般而言，精神分析會輔以引人入勝的參考讀物，就連非專業人士也可以讀懂的著作（尤其是佛洛伊德）。雖然大部分精神分析師並不鼓勵患者自行去閱讀精神分析學專著，但很多患者都會忍不住去讀，因為他們暗自期望可以更快地理解自己的困境，讓治療獲得顯而易見的進展，或是自己也可以成為精神分析師。

✣ **精神分析是一種長期的治療**：這常常會令人安心（因為「我的心理師會一直陪伴著我」）。此外，如果經過數月甚至數年的治療，病情仍未出現好轉，這並不會被視作一種失敗，而僅僅表示分析工作還不夠深入。

然而，這些理由並不足以建議所有焦慮患者，都去接受精神分析或分析式心理治療。為什麼呢？首先，這種治療法要求具有某種興趣和能力（對過往感興趣；有能力進行口述和自由的聯想；能夠忍受含糊不清、失望受挫，並對長期療效有所期待）。其次，目前所有的心理治療研究都表示，沒有任何一種治療法敢自稱對所有的病症或患者，皆具有最佳的療效。

現在，心理治療中最受到關注的，是「有效預測因子」。這是什麼？這是指每位患者所特有的、可以決定哪種類型的心理治療法最有可能取得成效的因素。當然，每位心理醫生對這些因素都有著自己的直覺，而科學的作用只不過是將這些個人的直覺、這些因人而異的「內在信念」，轉化為最能被廣泛接受的普世知識。

早在一個世紀之前，醫學的各個分支領域就已經展開這項工作，最近則是在精神病學領域。分析式心理治療、認知療法和行為療法，以及最新出現的人際關係療法，在最近十年裡，成為對不同心理病症和不同類型患者治療的評估依據。

對於一些確診的焦慮症（恐懼症、廣場恐懼症、恐慌症、強迫症），許多不同的研究，已經明確地記錄下認知療法和行為療法，對此，往往具有驚人且持久的療效，但對於「普通的」焦慮和焦慮型人格，效果卻不好。其中，對個體的觀察結果和幾項研究表示，適度焦慮或憂鬱的患者，在接受分析式心理治療之後，症狀的緩解成效，要優於那些在等待中還沒有接受治療的患者。

此外，並非所有患者都看好精神分析療法，以及認知療法和行為療法雖然過程嚴謹、目標清晰明確、注重可見療效，但也並非人人適用。

為此，在進行心理治療前，我們建議患者至少諮詢三位不同學派的心理師，或者閱讀幾本不同面向的大眾心理治療相關著作，以便在對病因有所瞭解之後再做出適當的治療選擇。

焦慮，就一定不好嗎？

事實上，焦慮是一種正常的情緒。我們在面對風險或問題時，或多或少都會感到焦慮：考試時、在某次大會發言之前、趕往車站的路上耽誤等。這種焦慮是一種令人不舒服的情緒，所以我們會提前進行安排以避免承擔風險。焦慮型人格者會好好複習功課、精心準備發言、盡一切可能提早到達車站。換言之，他們會嘗試防患於未然，避免出現不可掌控的問題與風險。但，過於焦慮的人，為了逃避不舒服的焦慮情緒，則會缺席他們認為（有時是錯的）過於困難的考試，或拒絕發言，或待在家中，因為這些事情對他們而言太過麻煩。所以，看得出，焦慮可以成為掌控形勢和規避風險的催化劑，但也可能成為一種阻礙。

若從進化論的角度來看，今天會有如此之多的焦慮之人，正是因為焦慮的基因經過自然的物競天擇而留存下來；也就是說，焦慮對生存具有一定的價值。這一點很容易想像。

焦慮的獵人很可能對於碰上猛獸的危險，最為在意：總是小心翼翼，尋找較為安全的路線，隨時提高警惕；焦慮的母親對孩子更加關注，時刻不離左右，提前備好足夠的食物。這些行為都會增加他們生存和繁衍後代的機會。就群體而言，焦慮者很可能與好勇的膽大者形成平衡，後者發揮探索新地域，或嘗試較為危險的捕獵新方法的作用。膽大者和焦慮者的有效結合，可以保障整個族群的生存。

例如，如果維京人中只有焦慮者，也許他們永遠無法遠渡重洋發現冰島或征服歐洲，只能待在老家捕獵馴鹿。或許，正是那些焦慮者（在某些強迫者的幫助下）建造出精良的龍頭船，並為遠征備足了所需的食物。總的來說，在所有的團隊工作中，焦慮型人格者就像一道防線，他們會考慮到別人想不到的風險，並採取預防措施。

電影和文學作品中的焦慮型人格代表

✪伍迪・艾倫自導自演多部具有焦慮型人格的角色，其中以《漢娜姊妹》（Hannah and Her Sisters，一九八六年）最為典型。他所扮演的角色最終放心地走出了診所，因為醫生說他什麼病也沒有，可是他的心情一下子沉重起來，因為他想：「是啊，可是總有一天我會出什麼毛病的。」另外，在《曼哈頓神祕謀殺》（Manhattan Murder Mystery，一九九三年）中，他扮演了一個非常焦慮的丈夫，無法阻止由黛安・基頓（Diane Keaton）飾演的妻子，進行危險重重的調查。

✪在普魯斯特（Marcel Proust）的知名小說《追憶逝水年華》中，自述人那位可敬的祖母，表現出許多焦慮型人格的特徵，丈夫和孫子總拿這個尋她的開心。

✪美國知名猶太作家菲利普・羅斯（Philip Roth）在其著名小說《波特諾伊的怨訴》（Portnoy's Complaint）中，描述了　位既焦慮又充滿負罪感的模範猶太母親，也是焦慮型人格的典型。

如何與焦慮型人格相處？

你可以做的

一、展現自己是可靠之人

對於焦慮型人格而言，世界就好像一架巨大的機器，當中的每個零件隨時隨地都有可能「脫節」，並引起故障。為此，**如果能讓焦慮型人格者覺得會引起故障的原因不是你，那麼，他對你的擔憂就會減少，你們的關係也會隨之改善。**而你給他的這種印象往往是透過生活中的小細節，而逐漸形成，例如：準時、及時回覆郵件並且表現得深謀遠慮。

這麼做並不容易，因為焦慮的人有時會讓我們喘不過氣，甚至讓我們想要跟他唱反調。但如果這個人是父母、上司或同事，你就必須跟他維持關係，那麼「唱反調」就不是個好方法。

「我的老闆羅貝爾」尚講述著。「三十八歲，是一位資訊技術代理商，是一位非常焦慮的人。他嘗試對一切有所預防，且越早越好。例如：要是我們有人要出差拜訪客戶，他總會在出發前開行前會，以便確認我們是否準備充足。事實上，通常在此之前我們已經開了好幾次的準備會議，有些甚至是跟客戶一起開的。所以臨時加開的行前會議，讓不少同事都大為不悅，他們覺得不需要被別人看得這麼緊，因此他們會藉故遲遲不去或者遲到。

但我不會這樣，我採取另一種戰術。開行前會時，我會帶上一份行程報告，並解釋其中的細節。老闆會做些批示，但因為看到行程表基本上就已經放心了，所以他就會縮短會議時間。久而久之，由於我事前幾次的信任建立，之後我再出差時，老闆都會直接跟我說：「你肯定已經準備妥當，我們不需要再開行前會了。」

由以上案例可知，尚懂得以積極的方式去應對，而不是跟上司硬碰硬，做出他同事那樣的被動攻擊型行為。或許，尚那些同事的父母就是焦慮和糾纏不休的人，而他們在不自知的情況下，再次經歷了童年時期的衝突。

二、引導其想像問題發生後的處理方法

在針對廣泛性焦慮症的認知療法過程中，心理師會請患者說出自己腦中不斷出現的焦慮想法。比如，一位女患者會這樣說：「我今晚邀請丈夫的幾位朋友和同事到家中做客，但我擔心把羊後腿烤焦了，或是我丈夫喝多了會發酒瘋。」接著，心理師會為她列出這些令人不愉快的事件，其可能導致的所有後果，以及事件發生的可能性和解決方法。心理師會說：「好吧，讓我們來看看羊後腿烤焦會發生什麼……」於是，女患者就會想像出羊後腿烤焦後，一發不可收拾的場景可能導致的所有後果；這麼做可以幫助患者：

1. 在腦中習慣假設場景，並減少對這一事件的焦慮程度，這就是專家們所說的「脫敏現象」。

2.平靜地看待羊後腿烤焦帶來的後果，並了解這個後果，並非一發不可收拾。

而對於她丈夫及其友人的行為，心理師會幫助這位女患者意識到自己無法控制一切，如果她丈夫及其友人確實交談不歡，這可能會令人生氣，但也並非不可挽回。

然而，這個方法最好是在長期治療中，心理師已經與患者建立信任關係的情況下進行。但你也可以在簡單的狀況中進行練習。例如，一個滿頭大汗的焦慮型人格者對你說：「這麼塞，我們肯定趕不上火車！」你可以回答：「是啊，想像一下，如果我們真的趕不上火車，後果有那麼嚴重嗎？我們可以怎麼做呢？」**透過注意力的轉移，將他的思考轉往真正的後果和挽救的方法（搭乘下一班火車、通知要去見的人），將能幫助他退後一步，藉此緩解他的焦慮感。**

三、施以善意的幽默

焦慮型人格者往往令人感到厭煩，確實如此。特別是當焦慮型人格者是自己的父母時，雖然他們對兒女關懷備至，但不停地提醒「注意！注意！」，不僅會令孩子感到厭煩，甚至會導致爭吵或親子反目。

「當時，我已經離家到另一個城市念大學了。」二十七歲的達米恩敘述著，「媽媽經常打電話給我，東問西問，例如：『有沒有好好吃飯？有沒有熬夜啊？有沒有按時交房租？有沒有上醫療保險課啊？』等。當時我二十歲了，我想要自由，我再也沒有辦法忍受她那些問題。於是，我語帶嘲諷地回答她，想給她潑點冷水：『沒有啊媽媽，我已經一個星期沒吃飯』，或者『我好幾晚沒睡了』，又或者『我絕對不會交房租的，因為現在是冬天』。這樣的回話結果不太好，媽媽生氣了，不僅慌了神，還哭了起來，說我沒良心，不懂得感謝她對我的愛。

我花了好幾年的時間，才能做到不把媽媽的焦慮關心，當做一回事，並且能夠比較善意地跟她開玩笑。我覺得她也有進步，她能忍住不問那麼多的問題，因為她好像意識到這麼做太超過了。現在，當她問我『你有沒有想到要……』時，我會笑著回答她說『當然沒你想得周到了，媽媽』，然後她就會轉換話題了。」

四、鼓勵他們主動就醫

回憶一下那位焦慮的保險經紀人傑洛的例子。他透過學習放鬆和在難熬的時候服用一點抗焦慮藥，大幅緩解了焦慮症狀。今天，焦慮型人格者可以獲得各種容易取得的幫助，從最簡單的到最複雜的，應有盡有，不論是誰，都可以從中找到最適合自身的放鬆法，例如：瑜伽的腹式呼吸、舒爾茲（Jobannes Schultz）的密集自我鬆弛法或雅各布松（Jacobson）的漸進放鬆法。

此外，近幾年出現的認知療法，雖然看起來十分複雜，但操作起來卻相對容易，往往對焦慮型人格尤為有效。基本上，焦慮症患者的症狀，都能通過以下三大步驟獲得改善：

1. **找出跟焦慮情緒關係最為密切的想法（認知）**。心理師經常會讓患者把自己最為焦慮時的「內心對話」記錄下來。比如：「要是我無法按時寫完這份報告就完蛋了！」。

2. 設想一個「替代的內心對話」，冷靜看待自己不由自主的焦慮想法。這並非那種讓患者不停地自己告訴自己「一切都會好起來的」的庫埃療法（méthode Coué），而是患者與自己的對話；即便這些對話仍帶著焦慮，但會成為焦慮感的減速劑。例如：「能按時完成這份報告自然最好不過，但如果無法完成，我可以跟對方再商量一下最後的期限」。

3. 最後一步，也是治療過程中最為棘手的一步：與患者討論，其對於生活和世界的焦慮感之根本信念，並對此進行重新審視。正如在認知療法中，心理師從不會反駁或向患者建議某種思維方式，而是像蘇格拉底那樣，透過一系列的問與答，去幫助患者自行審視這些信念。例如：對於報告寫不完而感到焦慮的患者病例中，這位患者的根本信念可能是：如果無法完美滿足他人的期待，就會被他人拋棄。

你不該做的

一、避免成為其支配的對象

為什麼焦慮型人格者，總是讓周遭的人感到厭煩呢？因為他們會支配周遭的人，與他一同參與「風險防範」的措施中。話雖如此，由於焦慮型人格者的意圖多半看來是良善的，所以我們很容易被他們的觀點所束縛。六十四歲退休男子安迪向我們說明了這一點：

對我而言，退休意味著可以追隨自己的心意四處旅遊；很幸運，妻子在這一點上跟我趣味相投，我們打算在身體允許的情況下好好利用退休時光，四處走走。我們有兩個同齡的夫妻朋友，他們也喜歡四處遊玩。有一年，我們一起計畫到義大利旅行。從出發的時候我就感覺到，跟亨利一起旅行不會是件容易的事，即便，他是一位蠻有魅力的人。

亨利一開始就為保險的事情擔心不已，直到我們都買了他選擇的保險才停止。出發那天，他開車來接我們，我們到機場之後再由另一位朋友把車開回去。他提前半個小時就到了我們家，而我們還在準備，因為他擔心會趕不上飛機；於是我們只好匆匆收拾好東西出發。到了機場，我們也是最早換好登機證的旅客。

在旅行途中，他提前規畫好旅行路線，選擇好幾本旅遊指南都有推薦的酒店。雖然確實規畫得很好，不過，要是我們心血來潮想要到不在計畫之內的某個地方走走，他就會開始擔心，害怕臨時選擇的路線走不通或迷路、害怕我們會落到某個沒有人煙的地方、害怕我們吃了某家旅遊指南上沒有推薦的小店食物而生病、害怕我們會耽擱了下一站的預訂行程。他在最開始的時候非常焦慮，我們都沒敢「違背」他。好在慢慢地，在他妻子的幫助下，我們也開始做出決定。因為一切都進行得不錯，所以最終他也放鬆了一些。

二、不要製造意外驚喜

焦慮型人格者對意外驚喜的反應，非常強烈。依照心理學家的描述，焦慮型人格者有一種誇張的「驚愕反應」。即便是美好的意外驚喜，他們也會做出這種反應。他們的預警系統會在意外出現時啟動，並產生強烈的情緒。因此，人們總會忍不住以看笑話的心態挑逗他們的神經：出其不意地不請自來、突然宣布一個意外的消息、開個善意的玩笑等，這些都是能讓焦慮型人格者倍感驚愕的原因，甚至會導致他們瞬間驚慌失措。

忍住這些念頭吧！如果你覺得讓別人失控很好玩，那就去找偏執型人格者，那麼你就會覺得棋逢對手了！同時反問自己，**讓焦慮型人格者措手不及的快感是否表示，你是在透過為難一個比你容易激動的人來獲得一種優越感**。若是有這種感覺出現，請試著透過其他更為有效的方法去創造這種感覺，或是找個心理治療師談談這種感覺。

此外，即便是無心之舉，我們也會讓焦慮型人格者在措手不及之下感到巨大的壓力。嘗試思考這一點，尤其是在工作關係中。現在，讓我們來聽聽一位四十三歲的銀行職員露西的傾訴：

> 我的老闆人不錯，可我總覺得他是個非常焦慮的人。他拼命工作，在任何情況下都表現得無比冷靜，藉此隱藏他的焦慮，但我對他在碰到意外驚喜時的反應，卻看得一清二楚。例如開會時，如果有人突然宣布一個消息，又比如某位老客戶出問題或某個員工去休產假，我會看到他從椅子上彈起來，呼吸變得急促。接著，他會一言不發，停個一、兩秒鐘才能做出反應。有些人注意到他的這種反應，就故意挑逗他的神經。但我覺得他總還算是個好老闆，所以我的做法就跟別人不一樣：我會在開會前給他一張單子，在上面列出所有我要宣布的事項。他覺得這是個好方法，於

是要求所有的人都這麼做，往後，會議也開得更有效率了。

三、不要和他們談論自身的擔心

焦慮型人格者光是煩惱自己的事情，就已經忙得不可開交了，為此，除非他真的能為你提供幫助，否則，請盡可能避免跟他傾吐自己的憂慮。事實上，當他發現這個世界比自己想像的，還要不確定和危險時，他會變得更加焦慮。尤其是在工作中，不要向焦慮的同事、上司或合作夥伴傾訴你的擔憂，此舉，只會讓他們的焦慮倍增，並且，很快地將此視為另一件需要擔心的事情；這對你和他們的關係可是一點好處都沒有。

四、避免談及不開心的話題

人類是脆弱的存在。我們和所愛之人，就這樣跟折斷的電線、飛速駛過的汽車、癌變的細胞擦肩而過，得以繼續生活。幸運的是，我們通常能不去想這些悲慘的事情，就像走鋼索的雜技演員，腳下是時時覬覦並有可能把人吞沒的危險，而他卻對此毫無意識。然而，焦慮型人格很難不去注視這些，可能在我們腳下洞開的深淵，他們比我們更經常地想到那些可能面臨的危險。對於他們而言，提到危險就等於身在危險之中和遭受危險之痛。

所以，不要輕易改變焦慮型人格漂泊小舟的方向。在面對身邊的焦慮型人格者時，不要白費力氣跟他談及某位同事感染愛滋病，或是某位鄰居以為只是偏頭痛發作，結果檢查後卻發現腦瘤，又或是今天早上險些在路上遭遇車禍等。此外，也不要跟焦慮型人格者描述最近發生的種族大屠殺等令人震驚的電視報導，以及報紙上關於連環殺手等可怕新聞有什麼看法。

事實上，有一些醫生確實也建議焦慮型人格者，不要收看電視新聞。的確，現在的電視新聞報導，總是充斥著一天中發生的災禍報導，往往會令人越看越加覺得這些可怕、悲慘的事件，都是有可能發生的；而這，正是焦慮型人格的基本信念。

如何與焦慮型人格相處？

你可以做的：

- ✓ 展現自己是可靠之人
- ✓ 引導其想像問題發生後的處理方法
- ✓ 施以善意的幽默
- ✓ 鼓勵他們主動就醫

你不該做的：

- ✗ 避免成為其支配的對象
- ✗ 不要製造意外驚喜
- ✗ 不要和他們談論自身的擔心
- ✗ 避免談及不開心的話題

人際關係上的處理：

- ✣ 上司或主管：成為令他安心的幫手。
- ✣ 伴侶或家人：不要告訴他，你參加了山崖跳傘。
- ✣ 同事或朋友：懂得利用他的焦慮來防患未然。

第二章

偏執型人格

這個世界騙子和壞人到處橫行，不得不時時提防。

你有偏執型人格的傾向嗎？

	是	否
1. 我很難接受別人開我玩笑。	□	□
2. 我跟不少人絕交了，因為我覺得他們對待我的方式不妥當。	□	□
3. 認識新朋友時，我都會懷疑他們是否對我意圖不軌。	□	□
4. 我們的敵人比想像中的還要多。	□	□
5. 在對他人吐露心事後，我總會擔心那個人會藉此對付我。	□	□
6. 我老是被旁人說疑神疑鬼。	□	□
7. 想要成功，就必須表現得無情且堅定。	□	□
8. 如果有人向我示好，我會覺得他是想從我這裡得到好處。	□	□
9. 我覺得那些不遵守規定的犯法之人，都應該接受嚴厲的懲罰。	□	□
10. 回答這個問卷讓我感到不舒服。	□	□

丹尼爾，二十七歲，是一家辦公自動化公司的業務員。

在我進入公司前，就已經聽說過喬治——我未來的同事。他的年紀比我大，且聽說好幾年沒有升遷了。我一進公司就想跟別人建立友好的關係，因為我認為與同事相處融洽很重要。第一天上班的早上，我去找喬治，想跟他自我介紹。他的態度頗冷淡，坐在椅子上沒有起身，也沒叫我坐下。喬治五十多歲，體型敦實，坐姿筆挺，像個現役軍人。我注意到，當我走進他的辦公室時，他立刻就把電腦切換成螢保模式。由於沒能跟他聊起來，我就問他對接待客戶的方式有什麼想法。他面露嘲諷之色地回答：「我應該早就知道怎麼跟客戶打交道，因為我都已經得到這個職位了！」我感到很喪氣，於是就離開了。

第二天，我的桌上放了一封喬治給的信，是一份關於公司如何與客戶洽談的官方指南複印本。我當然已經知道裡面的內容，前天我問他，就是想瞭解他對此的個人看法。接下來的幾個星期，我們的關係有所改善。我跟他聊了幾次，但每次他稍微放鬆地開始跟我談起他自己的時候，我就會看到他突然剎住話題，說自己有緊急的事情要處理，急忙離開。

到職兩個星期之後，我接到喬治以前一位客戶的電話，那個客戶解釋說，以後的業務想跟我做。我無法拒絕客戶，於是答應了。但我不想讓喬治從別人口中知道這件事，於是在他的桌上留了張字條。第二天，我剛坐在電腦前，他就怒氣衝衝地走進我的辦公室，指責我挖走了他的客戶。我試圖讓他平靜下來，不停地解釋說是客戶打電話給我，我什麼也沒做。他表面上是緩和下來了，可是我感覺得到他再也不相信我了，或者更確切地說，他想要相信我卻做不到，就好像是在懷疑與信任之間不停地掙扎。祕書卡特琳娜知道整件事情的經過，她跟我說，喬治不是第一次毫無理由地對別人大聲指責，他之前也曾跟其他部門的幾位同事起過爭執。第二天，喬治平靜多了，我又去跟他說了這件事，這一次，他相信我了。

我想，如果喬治每天都能見到我，他就不太容易去想像我對他有所圖謀，於是我決定跟他保持定期的接觸，有空就找他聊天。有些日子，他比較放鬆，看上去樂於跟我見面，我對他也有了更多的瞭解。他離婚之後一直都是一個人住，但他正忙於應付兩個官司：一個是前妻，好像是他前妻把以前兩人共有的房產據為己有；另一個是跟一家保險公司，那家公司沒有對他遭遇的某次意外進行全額賠付——他的右眼因為那次意外幾乎失明。

某天，他給我看了保險公司的文件。在瀏覽檔案的過程中，我覺得保險公司的律師確實是在想方設法地要讓合約無效。但讓我感到最吃驚的是，喬治寫的那些申訴信極為有理有據，一條一條列得清清楚楚，不知道的人還以為那份才是律師寫的！另外，他還跟我說，他自始至終都是自己為自己辯護，並對人身傷害的相關法律進行了深入研究。

表面看來，他在生活中也並非形單影隻：他有兩個好哥們，週末經常一起去釣魚。但有些日子，我會看到他整個人都繃著，對人滿腹懷疑，一聲也不吭，有時候我也不知道為什麼，除了上個星期。我想起應該是某一天，我跟幾位年輕同事在咖啡機旁聊天，有人說了個笑話，大家聽了都捧腹大笑。就在這個時候，喬治剛好從旁邊經過，似乎沒有注意到我們。第二天，看到他不善的模樣，我猜想，他以為我們當時是在取笑他。我不敢去問他是不是因為這個才對我擺臭臉，因為他恐怕無法接受我告訴他那是場誤會。我把這件事放了幾天，他才又重新開始跟我說話。因為他跟大家相處得都不大好，所以我覺得他需要從我這裡感受到幾分善意。但我卻覺得我們之間從未有過真正的友情，因為只要我稍不注意，他就會覺得我想害他。

此外，跟刁鑽的客戶談生意時，我必須承認，他有著一種莫名的堅定信念：我見過一次，喬治跟一位客戶一條一條地解釋為什麼對方的要求，跟他自身的需要並不相符，以一種無可辯駁的邏輯進行反駁；不得不承認，喬治確實能簽下一些沒人簽得下來的合約。話雖如此，也有不少客戶向公司高層投訴，說喬治的工作方式不恰當。

其實，我已習慣喬治的處事方法。他不是壞人，雖然有時看上去像。我想他的問題是，他總是無法相信任何人，在他眼裡，人人都心懷惡意。我曾經想過，他這種看待事物的方法是從哪裡學來的，是怎麼形成的？我覺得我們相處得還算融洽，他還邀請我週末一起去釣魚呢！我會去的，但我知道得小心行事，以免出問題。

多疑、固執的偏執型人格

從以上的分享可知，喬治是位極其多疑的人。丹尼爾對他沒有任何不軌之心，但他馬上就表現出極度的不信任：他不會跟丹尼爾交心，對自己手上的工作遮遮掩掩；對丹尼爾前來諮詢的問題也不予回答，就好像他把丹尼爾當成了一個假想敵；他不願意在丹尼爾面前暴露自己一絲一毫的脆弱，以免遭到對方的反擊。

喬治不僅不相信別人，還會把讓自己不開心的事件（他的老客戶打電話給丹尼爾）解讀為是別人圖謀不軌的結果，但事實並非如此。更糟的是，他把別人平常的舉動（丹尼爾和同事的談天說笑）理解為是在有意針對、攻擊自己。

當丹尼爾試圖跟喬治解釋事情的緣由時，他發現了喬治的另一個性格特點：頑固。無論別人如何解釋，都無法動搖他的想法。不過，這種頑固，這種堅信自己有理的傾向，卻讓喬治擁有了能說服一些刁鑽客戶的堅定信念，並讓他在與保險公司的糾紛中，從未打退堂鼓。由此可見，但凡涉及為自己爭取權利的抗爭，喬治都是不可撼動的。

我們會發現，喬治不信任的不只有丹尼爾，他對自己身邊所有的人都不信任，無論是生活或工作中。你可能會推測這位喬治有人格障礙，因為他在生活中不同方面的各種情況下，都會採取這種不適宜的態度。沒錯，喬治具有偏執型人格的特質。

偏執型人格的特點

一、不相信任何人

✣ 揣測他人對自己圖謀不軌。

✣ 總是處於防備狀態，異常關注身邊發生的事情，從不吐露心聲，滿腹懷疑。

✣ 質疑他人甚至親近之人的忠誠，經常心懷嫉妒。
✣ 積極地在各種細節中尋找能證明自己猜測的證據，卻無法縱觀整體。
✣ 一旦被觸怒，就會準備展開極端的報復行為。
✣ 老是擔心自己的權益受到侵犯，很容易感到被冒犯。

二、固執己見

✣ 表現得理性、冷漠、富有邏輯，堅決抵制他人的辯解。
✣ 難以表現出溫暖或正向情緒，缺乏幽默感。

樹立敵人，建立安心感

誠然，喬治是個難搞的人，但我們仍應該試著去理解他的觀點。喬治認為這個世界充滿危險，而自己又脆弱不堪，因此必須要自我保護。他的基本信念可能是：「這個世界騙子和壞人到處橫行，我不得不時時提防。」喬治就像是一輛預警系統運作不良的汽車，再小的摩擦都會觸發警報。

正因為面對未知或不可見的危險，要遠比面對真實的危險更加令人焦慮，喬治才會在最終發現某個敵人時感到如釋重負，因為這就證實了他對世界的那套觀點。從某種意義上來看，**可以說他需要為自己樹立敵人，以獲得內心的平靜和證實自己的不信任**。這就是為什麼他有尋找敵人的傾向，並不斷地想要證實自己的懷疑。同時，他也因嫉妒而備受折磨，只有在得到伴侶不忠的證據（或他所認為的證據）時，才可能獲得真正的解脫。

這種情形悲劇的一面，就在於喬治最終坐實了自己的臆測：對他人始終如一的敵意和懷疑，終究會引起這些人對他的敵視。這些被喬治的行為惹怒之人，或許真的會做出傷害他的舉動，於是喬治終於可以得意洋洋地大聲宣告：「我就知道不能信任你們！」

有些偏執型人格者就像獨裁者，因為極度害怕被推翻，所以將人民置於軍警的監視之下，把所有對他們推行的政策懷有敵意的嫌疑人，統統拘禁起來；因為害怕身邊的人叛變，他們經常會對親信處以極刑，最終令人們產生了推翻其統治的行動。在這類獨裁者發現真正的陰謀時，他們會更加堅信自己有理由令恐怖蔓延，並變得更加凶殘。

獨裁者的例子並非偶然：他們通常都具有偏執型人格和強烈的自戀特徵。深重的懷疑心可以幫助他們在險境叢生的狀況中生存下來，而他們也正是在這樣的狀況中奪取了政權（戰爭、政變、革命）。此外，頑固和旺盛的精力會使他們成為困惑茫然、惶恐無措的民眾眼中，令人信心百倍的領袖。他們提出的解決辦法簡單粗暴、激勵人心，多強調只需找出那些該為眼前不幸負責的敵人，並阻止他們繼續加害於人，這樣就可以重新迎來和平與幸福。在不同的時代和政治風向之下，敵人也會有所不同，但偏執型人格者卻始終如一地堅信，只要把這些敵人全部消滅，一個更加幸福和公正的社會就會誕生。

在此，你可能會發現，我們並沒有給獨裁者打上政治標籤，這並不是害怕某位對號入座的當權偏執型人格者施以打擊報復，而是因為偏執型人格者可能是左派，也可能是右派，兩派中這樣的例子在每個時代都不勝枚舉。

想想你最近碰到的某位偏執型人格者，肯定不會是個獨裁者。然而，在混亂不堪的時代，你很可能會發現偏執型人格者是法官，肩負著清除全民公敵的重任；或者鄉里自治會的代表，一心想要維護整個鄉里每一個人的人身安全，揪出所有的罪犯與壞人⋯⋯。話雖如此，偏執型人格者也有可能站在壓迫者的對立面。在這種情況下，偏執型人格者的頑固會轉化為對叛變的期待，而他也會變成地下反抗組織的首腦之一。因為偏執型人格者總是疑心重重，所以能避開員警設下的陷阱，而對敵人的仇恨也會把他變成受到眾人敬畏的大英雄⋯⋯。

因此，**依據其自身挑選的敵人而定，偏執型人格者可能是英雄，也有可能是罪犯**——這就證明他們無法回避基於人類社會中的道德選擇。無論他們身處哪個陣營，這麼說吧，創造歷史的，往往是那些偏執型人格者。

敏感型偏執與攻擊型偏執

正如所有其他的人格障礙，偏執型人格障礙也存有大量的「灰色地帶」，這些處在灰色地帶的偏執特質沒有那麼明顯，或只有在某些應急情況下才會出現。三十四歲的汽車機械師馬克，因憂鬱症前來尋求幫助，讓我們聽聽他是怎麼說的：

我覺得自己一直都無法信任他人。當學生時就是這樣，我總覺得班上的同學會嘲笑我、背叛我；我總是難以分清玩笑和嘲笑的差別；現在依然如此。我無法理解幽默，我的第一個反應就是生氣。但當兵時感覺還不錯，因為玩笑，哪怕是帶有攻擊性的玩笑，已經成為一種慣例，而且比起一般人的生活，我好像更適應軍旅生涯，因為我在一般生活中沒有安全感。在工作中，我無法與人為友。我知道，別人都覺得我是個封閉的人，但我跟他們在一起時，就是沒有辦法放心。

我唯一能夠吐露心聲的人，是我姊姊，因為我覺得她是個可以信任的人。當我跟她分享自己的事情時，她說我有種凡事「都往壞處想」的傾向，我知道她說得沒錯，但我每次都是事後諸葛亮。

我的感情生活就像人間地獄。每次有女孩向我示好，我都會覺得她有私心，覺得她想要我的錢。所以我就會開始盤算為她花了多少錢、有幾次一起到餐廳吃飯她沒有分帳。我還是個善妒的人，只要她多看其他男人幾眼，我就會覺得她跟那個人有什麼。是的，你可以想像得到，她們最終都離開了我；這讓我更加確信她們從來沒有真正愛過我。

我只有兩個朋友，是在軍中認識的。直到現在，我們還會在週六早上一起去騎自行車。他們都結婚了，偶爾會邀請我去他們家裡吃飯。跟他們在一起，我可以放下戒心。

我不知道自己為什麼難以相信別人。我父親在我三歲時去世，我母親改嫁給一個從沒愛過我的男人。我跟那個男人發生衝突時，母親總是站在他那一邊。我的心理治療師說，或許，我就是在那個時候失去了對人的信任，並一直延續到現在。但我還知道，我的親生父親是個出了名的多疑和獨來獨往的人。

馬克的幸運，在於對自身問題有所察覺，他的情況很可能可以透過心理治療，獲得改善。

事實上，馬克表現得多疑和敏感，但卻不是那麼頑固：他對別人有疑慮，對自己也有；他似乎對自己的評價不高。多疑、敏感、鬱鬱寡歡——他具有敏感型人格的特徵，這是一種更為隱祕的偏執型人格。精神病學家很早就對此做出了猜測，敏感型人格所具有的自我脆弱感，源於感到受人威脅的想像。這些人和偏執型人格者一樣多疑而敏感，但相反地，他們有一種不好的自我印象。他們鬱鬱寡歡，並在面對他人時倍感威脅。

敏感型人格要比攻擊型偏執人格多見。你肯定遇過這樣的人，例如以下這位保險公司的管理人員——菲力普，他得面對自己那個敏感型人格的女祕書——瑪麗。

從某種角度來看，瑪麗是位優秀的祕書。她準時、工作勤勉、總想著怎麼把事情做好。但我要是指出她哪個字打錯了，她馬上就會苦著一張臉，對我大發雷霆。有一天，我想跟她解釋，我指出她的錯誤（其實很少）是很正常的事情，她不必為此發脾氣。結果她大哭起來，指責我就知道批評她，是因為我給她的工作太多才導致她出錯。我當時驚呆了，沒想到她會有這樣的反應。事後，我試著跟她調侃這個小插曲，她卻馬上板起了臉。

她跟其他女祕書的關係也好不到哪裡。她跟我說，她會因為無傷大雅的笑話而動怒，所以再也不會跟她們一起吃午餐。另外，如果瑪麗找不到檔案或釘書機，她馬上就會指責是其他的女祕書弄丟或拿走。當有人告訴她說弄錯了，她馬上會拉下臉，擺臭臉好多天。除此之外，瑪麗也總是一副鬱鬱寡歡的沉悶樣；有時，我還看到她暗自流淚。不過，她的工作表現非常好，但這種情況我還能留她嗎？

今天我們知道，借助抗憂鬱藥物，再輔以心理治療，敏感型人格通常可以得到很大的改善。瑪麗就是這麼做的。雖然她並沒有變成一個快樂開朗的人，但她漸漸放下了戒心，也更加容易接受別人的批評。

適當的偏執，是好的

第一次去文學院一年級的班級講課時，我簡直緊張死了。那是一間坐了四百人的階梯教室，我從來沒有一次教這麼多人。前幾分鐘最難熬，我感覺喉嚨發緊、雙手發抖，但因為我之前花了很長時間備課，所以一張開嘴，話就自然說了出來，而台下的學生看起來也蠻專心的。我開始平靜下來，但我看到第三排有兩個學生在講悄悄話，其中一個還笑了起來，我立刻想：「他們是在嘲笑我！他們看出我怯場了！」

以上是大學助教艾倫的講述。事實上，這樣的場景是所有要面對公眾的人，如教師、報告者，以及那些需要在公開場合講話的人，都熟知的經歷。如果聽眾席上有人發笑，演講人首先會想到那個人是在笑自己。要養成公開講話的習慣，才能在面對這些情況時平靜地去想「他們是在笑上一個發言人」，或者「他們是在笑另一個人」。這是否說明所有的發言人都是偏執型人格呢？其實不然，這只能說明，在身處一種使人緊張、高挑戰（此處是引起所有聽眾的興趣）的情況時，我們都會傾向於認為身邊的環境具有威脅，並做出帶有敵意的闡釋。

在面對少見或未知的情形時，我們也會做出最具威脅性的假設。例如：到語言不通的異國旅行，尤其會讓我們變得多疑。但說到底，有點疑心，不是好過太過天真嗎？

對於持進化論觀點的心理學家而言，某些人格之所以能代代相傳至今，是因為它們有利於生存和繁衍；這種假設同樣適用於偏執型人格：多疑者能對敵人有所防範、避開潛伏著危險的陷阱，從而提高生存的機會。至於堅定不移，這種特質有時可以使人更快地獲得領導地位，尤其是在一生中不大變化的環境中，就像千百萬年前我們的祖先那樣。因為過於靈活順從可能會受制於更為專橫的人，而在原始社會，這就意味著更少的配偶和更少的後代。

另一方面，太過多疑可能會妨礙尋找盟友和進行團隊合作，而過於頑固則不利於適應變化的環境，比如我們的現代社會。由此可見，適當的偏執，可以在以下不同的情形中發揮作用：

一、必須懂得如何堅定不移地依法辦案，如員警、法官、訴訟人員。

二、必須懂得如何在發生爭執時，維護自身權益，無論是跟汽車修理工或行政部門。

三、必須懂得如何面對奸詐而危險的潛在對手，例如在警察局、海關、反恐部門工作。

但我們並不是說在這些部門工作的人，都是偏執型人格，如此就以偏概全了。而是說，如果你從事這類職業，擁有某些偏執型人格的特質會讓你在工作上更加有利。我們來看看以下這個案例：四十二歲的伊夫跟我們談到的A先生——他是伊夫家的管委會主委。

三年前，他第一次當選管委會主委，便開始積極籌劃社區管委會許多大小會議。A先生是位退休的企業老闆，他精力充沛、支配欲強，跟陌生人見面時表現得不是很自在。但讓他做我們的主委，確實是件令人慶幸的事。因為他，發現了第一任主委的違規行為，大家也都為此付出了代價。A先生找出了種種證據，最終讓那個主委代表主動請辭。

不僅如此，他找來一位專家，查出負責維修大樓的包商在工程中不僅粗製濫造，還偽造工程發票。A先生提出申訴，最終讓包商做出連帶賠償，並立即進行修復工作。

另外，還有最近發生的一件事：一位開發商想在我們大樓旁邊的舊花園裡，建造一幢八層樓高的房子，但這樣會影響到不少住戶的採光。A先生立即開始著手準備訴訟的相關準備，於是，有關部門迫於壓力正在取消其建築許可！

我認識A先生為這件事聘請的律師，是我的朋友；他跟我說，他不得不仔細地重新查看判例，因為我們的主委帶著百般的熱情鑽研過房產法規，甚至發現了幾處被他忽略的細節！另外，A先生對我們非常友善，看得出來，他對自己受到大家認可的角色深感滿意。很顯然，沒有人會因為不放心而去妨礙他的工作……。

由此可見，偏執型人格者在自身利益需要得到維護或權利需要得到尊重的情況下，其所發揮的社會效用，相當有利。因此，恰到好處的偏執，或許是有用的。

若出現迫害妄想，即可診斷是疾病

艾黛兒，五十三歲，單身。她認為她居住大樓的房東——一家大型保險公司，想方設法要把她趕走，好以更高的租金把房子租給其他人。漸漸地，她在大樓裡注意到的一切，都成了保險公司想把她趕走的蛛絲馬跡。

「電梯旁那幾個身穿藍色工作服的工人，肯定是來監視我的；門口樓梯間的塗鴉，是為了恐嚇我；不在家時跟管理員一起來查看水電錶的工人，肯定放了竊聽器。」在那以後，艾黛兒禁止管理員在自己不在家的時候，前來查看，並要回了放在管理員那裡的備用鑰匙。即便如此，她越來越確信，自己不在家的時候曾有陌生人來過，因為她每次回來都堅信有東西被挪動過。

這種堅信受到監視和跟蹤的想法，讓她陷入了無比的焦慮，夜不能寐，甚至水管裡的潺潺聲都變得甚為可疑。她去找精神科醫師開了安眠藥。醫生做出了診斷並開一些藥給她，讓她的迫害妄想症狀在幾個星期內消失不見。在這位精神科醫師的建議下，艾黛兒約見了那家大型保險公司，一起討論房屋租金問題，結果發現人家對她毫無惡意。在那之後，她就痊癒了。

在這個案例中，艾黛兒的許多猜疑都過頭了，或者說做出了錯誤的揣測，以致想像出荒唐可笑的陰謀；這是一種因偏執所造成的迫害妄想。令人驚異的是，這些戲劇化的妄想在經過治療之後，往往比偏執型人格的症狀更容易消失。

然而偏執型人格患者很少會主動求醫，因為他們多半不認為自己有病。然而，不斷地跟別人發生衝突和感到被拋棄，會讓他們陷入憂鬱，進而覺得需要找人一吐為快。為此，他們通常在這種情況下才會去找家醫科或精神科醫師求助。事實上，治療偏執型人格者堪稱「挑戰」，因為首要條件就是取得患者對他人的信任，而這恰恰是患者最難以給予的東西。

至於藥物，兩種分子藥物在病症發作期間，具有一定的療效：神經鎮靜劑和抗憂鬱藥。神經鎮靜劑是最早被使用的藥物，堪稱真正的「抗妄想藥物」，可以緩解或消除受迫害的想法和某些攻擊型妄想症狀。但此類藥物具有某些副作用問題，為此，治療過程需由醫生嚴密監控。而抗憂鬱藥則可以幫助敏感型人格患者的情緒變得更加樂觀。

事實上所有的精神科醫師都曾碰過敏感型人格的病例，有時稍帶點妄想，這些患者往往在經過少量神經鎮靜劑輔以抗憂鬱藥的治療後，症狀就能完全消失。相反地，對一些偏執型人格患者而言，任何心理治療和藥物治療的嘗試都無明顯的功效。

簡而言之，只有對「敏感型偏執」和「妄想型偏執」患者投藥才有作用，而「單純偏執型」則不見成效。

電影和文學作品中的偏執型人格代表

✪由西班牙國寶級導演布紐爾（Buñuel）執導的《奇異的激情》（The Strange Passion，一九五二年），無異於是一個對愛情中偏執症的臨床研究案例。富裕的墨西哥業主法蘭西斯科與一位美麗的少婦一見鍾情，但事情並非像想像中那樣美好。婚禮當晚，法蘭西斯科俯身親吻新娘，新娘激動地閉上雙眼，可他馬上問道：「妳在想誰？」

✪由美國導演愛德華·迪麥特雷克（Edward Dmytryk）執導的《凱恩艦事變》（The Caine Mutiny，一九五四年），是一部根據赫爾曼·沃克（Herman Wouk）的同名小說改編的電影。亨弗萊·鮑嘉（Humphrey Bogart）在片中飾演了一個令人痛心的偏執狂，這位專橫無能的艦長激怒了所有的艦員，最終使得他眾叛親離。

✪在美國導演史丹利·庫布力克（Stanley Kubrick）的經典之作《奇愛博士》（Dr. Strangelove，一九六三年）中，斯特林·海登（Sterling Hayden）飾演的空軍將領傑克·D·里巴，是一個堅不可摧且充滿自信的偏執狂。他堅信蘇聯人在自己的「體液」中下毒，並發起了第三次世界大戰。（希望現今掌握核武器的當權者，都能通過人格傾向測試，否則因偏執或妄想而隨意按下核彈發射鍵，挑起世界大戰那可就麻煩大了。）

✪英國作家伊夫林·沃（Evelyn Waugh）在《怪談》（Diablerie）中描述了一段妄想性的譫妄體現。在一艘遊輪上，他不斷聽到船員和旅客對自己語出不敬，並伴隨著越來越強烈的幻覺。

如何與偏執型人格相處？

你可以做的

一、明確表達動機與意圖

偏執型人格者會一直抱有懷疑你圖謀不軌的傾向。因此，不要對他表露出能證實其猜測的「跡象」。最好的方法，是以最不會使人感到模稜兩可的方式，與他進行交流。你所傳達的資訊不應留有任何可以被曲解的餘地。尤其在必須對他提出批評時，態度要堅定、清晰、明確。

✣ 可以這樣說：「你在沒有通知我的情況下，就讓老闆把這個案子交給你處理，這讓我感到很不舒服。下一次，我希望你能先告訴我一聲。」**（對具體行為的描述）**

✣ 不要這樣說：「怎麼可以這樣？以後沒辦法跟你一起工作了。你出了問題可別來找我。」**（含糊不清、語帶威脅的批評）**

二、遵守遊戲規則

某次，我的一位朋友在一次工作會議中，被同時介紹給好幾個人認識。他逐一與人握手，但因為人太多了，所以他在跟眼前這位握手時，就把目光投向下一位了。握手的這位具有偏執型人格傾向，馬上就覺得我朋友是故意轉過頭去，以此表示對他的輕視。就因為這個「失誤的握手」，埋下了日後爭執不斷的合作關係。

所有來自你這一方的禮節失誤，都有可能被對方解讀為嘲笑或輕視的表現。所以，如果你的合作夥伴是一位偏執型人格，就必須嚴守「遊戲規則」：不要讓他等待、迅速回復他的郵件、注意使用禮貌用語、在向別人介紹他時不要出錯、避免打斷他說話（除非必要）。

話雖如此，這並不意味著你必須表現得奉迎巴結或過於友好，因為，偏執型人格者異常靈敏的觸角，會探察到你缺乏誠意，只是做表面功夫。如此，他立即會懷疑你想要解除他的戒心，以便對他圖謀不軌。

三、保持聯繫

有鑑於經常接觸偏執型人格者，會讓我們承受巨大的壓力，因此，我們常常會不由自主地想要避開他們，甚至完全不要看到他們。如果對方是個你遠離也不會帶來傷害的人，那麼請儘管這麼做吧！但如果在日常生活中，你不得不面對這位偏執型人格者——上司、鄰居、同事、父母，那麼在選擇搬家或換工作前，就必須學會怎麼與他們相處。此時，保持距離並不一定是最好的策略。來聽聽里茲的故事，五十四歲的她剛剛和丈夫在鄉間買下一幢別墅：

我們買下這幢鄉間別墅時，根本沒想到鄰居的個性會那麼差！他是位退休的農場主人，跟妻子一起住在他們以前農場旁的小木屋裡。我們剛開始整理別墅旁的農地時，他就來投訴，說我們找來的車在他的草坪上留下輪胎印。我們對他語氣中的不友善感到有些驚訝，於是馬上開始嘗試緩和氣氛，我們一邊道歉，一邊熱情地請他進屋，但他還是不依不饒。我們陪著他一起去檢查草坪。簡直可笑！草坪的一角上確實有一塊輪胎印，可就只有巴掌那麼大！

他就為了這個來跟我們鬧！我差點沒笑出來，可是我丈夫示意我保持冷靜，然後彎下身查看輪胎印，就好像壓得很厲害似的。接著，我丈夫向我們的鄰居詢問修整草坪的所需費用，我們願意賠償。鄰居看起來很吃驚，咕噥著說他要考慮一下，然後沒再說什麼就走了。事後，我丈夫跟我解釋說，他當時就覺得我們的鄰居是個「偏執狂」，不能跟他硬碰硬。

經過一次令人不悅的接觸後，我們開始刻意避開這位鄰居：出門之前先確認他沒在外面，再走出門。結果大錯特錯！每次我們開車碰見他時，他都會向我們投以怨恨的目光。

某天，我們邀請幾位朋友在花園裡吃午飯，他來到柵欄邊敲門。我丈夫去開了柵欄門，鄰居滿臉通紅，抱怨我們的聲音吵得他無法忍受。

經過這兩件事，我們想了好久，考慮是否應該在事態變得更加嚴重之前把房子賣掉，或是嘗試去改變這種狀況？最後，我們決定採取第二個辦法。我們改變作法：特意趕在鄰居在田裡耕種時出門，並主動跟他打招呼，接著開始聊天氣、各自的花園等。我開始跟他的妻子接觸，我覺得她很羞怯，也很順從。我們會各自談起各自的孩子和孫子，她看起來很高興能跟我說說話。

慢慢地，鄰居開始放下戒心，我們之間再也沒發生過什麼爭執。我們繼續跟他保持聯絡，但對話內容僅只涉及無傷大雅的話題。前些天，我們的鄰居去打獵，回來時還送我們一隻野兔！

這個例子告訴我們，必須跟偏執型人格的鄰里保持友好，但不要過於親近的關係。如果刻意回避，反而會讓偏執型人格者覺得你在輕視或嘲笑他，就像上述案例那樣。

可以想見，那位有點偏執特質的退休農場主人，傾向於認為城市來的人對自己不屑一顧。而里茲和丈夫對他避而不見，反而證實了他的猜想。

遭到回避，偏執型人格者甚至會認為你在背後對他有所圖謀，或者你怕了他，因為你做了還沒被他發現的壞事，而擔心遭到他的報復。例如，同事A被上司訓斥，而你在幾個星期裡都對同事A採取回避的態度，那麼他就會認為是你在上司面前說他壞話。總之，與偏執型人格者保持正常聯繫，並嚴守規矩，不要表現出特別的擔心或敵意，便能漸漸平復對方荒誕的想像。

四、以法規和法條為依據

偏執型人格者，自認為是遵紀守法之人，一心想要公正，即便是著名的偏執型獨裁者也是如此，他們總認為自己的所作所為都是為了人民的福祉，甚至不惜為此消滅一部分的人，好把剩下的人從水深火熱之中拯救出來。

此外，大部分偏執型人格者還會表現出對規定和法條的迷戀，他們書寫風格往往具有司法文章的風格——逐條陳述他們的立場如何合理，且對「規定」有著極大的熱忱。所有的律師都很熟悉這類客戶，總是摩拳擦掌地要為某件根本不值得的事情提起訴訟，不惜花費時間和金錢，最終跟自己的利益背道而馳。

偏執型人格者在被人制伏時有多氣憤，他們在行政機構、法規或法條的面前就有多順從。除非他們認為法律條規的內容，並不適用於自己所處的情境。

但請注意，熱衷於司法相關的偏執型人格者，往往比你更瞭解法規和法條，並懂得如何為己所用。為此，若你決定跟他進行這一領域的交鋒，務必做足準備，但凡感到不確定，就不要輕舉妄動，最好在事前諮詢相關領域的專家。

五、給予適時的「小勝利」

跟所有人一樣，偏執型人格者也需要獲得成功，小的也好，大的也罷，以此來保持自己的士氣。若將他徹底挫敗，那麼可能會使他惱羞成怒。因此，要懂得在某些看來屬於細枝末節的事情上，有所退讓，但務必要畫清不可逾越的界限。在工作上，只要認為不會傷及自身權益的事情，不妨讓偏執型同事獲得一些他們認為理所應當的特權。然而，一旦他們越過你畫定的界限，就要還以顏色。

一位偏執型患者對自己的家庭醫生怨念深重，因為他覺得醫生沒有給他好好治病。醫患見面變成了患者滔滔不絕的辱罵和挑釁，醫生根本無從回嘴。某天，醫生表示不願再跟這位患者見面了，而患者得之後怒氣衝天，進而透過越來越激烈的言辭，以郵件和電話對醫生進行騷擾。

在經過他人建議之下，醫生向患者提出面談，但前提是兩人必須簽署一份明確表明雙方各自責任的協定，並在協議中規定，一旦患者表現出攻擊言語時，醫生有權立即終止會面。偏執型患者接受了，當然是在對協議的幾個條款提出修改之後才接受的。在壓力保持在可以承受的範圍內，會診重新開始。（期間，偏執型患者找到了新的假想敵——他的房東。）

六、尋找外部盟友

在工作或私生活中躲不開的偏執型人格者，經常會使人備受折磨、精疲力竭，有時還會讓你身陷險境。但你可以從其他人那裡獲得建議、支持和安慰，尤其，如果這些人也要跟同一位偏執型人格者接觸的話；這種情形在職場上尤為常見。不過，當你發現別人對「是否要結盟而猶豫不決」時，請不要感到驚訝，就像尚・馬利，一位地方當局行政主管的遭遇：

我跟馬塞爾的衝突已經持續了幾個月，更確切地說，他一直對我有成見，可我卻不知道為什麼。或許，我猜測得到一些可能的原因：我比他年輕、學歷比他高，其他部門的人也都更喜歡我。昨天早上，我在桌上發現一份複印檔，是他剛剛交給我們部門主管的信函。我看到那封信，整個人都嚇傻了！他列了一長串「自認」為我針對他的不當行為：我獨占了我們的共同祕書，讓她沒有時間做他交付的工作；想辦法把他提出的建議占為己用；在市政府代表的面前說他的壞話，好讓他們以後有事只會來找我；最後還寫道，我跟其他的年輕同事一起嘲笑他，讓他失去威望。

看完，我心中升起一股無名火。我知道這封信裡沒有一句話是真的。的確，我是分派不少工作給祕書，但我可從沒想著要獨占她；我也從沒說過他什麼壞話（因為我知道他已經對我有成見了）；我也從沒嘲笑過他（比起嘲笑，我更想對他發火）。氣過之後，我開始擔心：我知道他所說的事情沒有一件是真的，可他寫給部門主管的信言之鑿鑿，就像司法信函，看上去非常有說服力。我趕緊去找主管，向他陳述自己的觀點，說那封信裡寫的只是馬塞爾的一面之詞。讓我感到極為驚訝的是，主管在聽我陳述的時候面露厭倦之色，幾近不耐煩，他沒有對我表示任何看法，只是建議我避免去做可能跟馬塞爾發生衝突的事情。

我很失望。我跟另一位同事說了這件事。他跟我解釋說，幾年前，就是這位主管想把馬塞爾調到其他部門去。馬塞爾立刻發動工會，並寫了一封長信給當地報紙，還威脅說要到勞資調解委員會投訴，甚至找來當地的議員。馬塞爾整理了一份非常清晰、具有說服力的資料，就像那封我看到的信。最後，公司高層放棄了他的調動，以避免無休無止的糾紛。

這個故事可以讓你明白，為什麼在面對偏執型人格者時，其他人不願伸出援手。或許，他們都曾因不堪的經歷而受到傷害，為此有時不願意為了維護他人，而再次陷入紛爭。

你不該做的

一、不要放棄澄清誤會的機會

偏執型人格者讓我們感到疲憊、生氣，所以人們經常會傾向於在發生誤會之後放棄解釋，想著反正都是偏執型人格者的錯，應該由他們去澄清。但，這種消極態度可能會造成更多問題，原因有二：

1. 從你的利益出發，如果有機會澄清誤會，為什麼不呢？
2. 從道德的角度出發，將過錯全部推給偏執型人格者，等於剝奪了他得到反省和改變對人際關係悲觀看法的機會。

派翠克是名四十三歲的銀行主管，他跟我們講述說，羅傑是他相識已久的一位老友，但有時候跟他的相處模式，很累人，因為他過於敏感。「從我認識他的時候就一直是這樣，不過，他這個人倒是挺慷慨，對朋友也很忠誠，放鬆下來的時候還蠻幽默的。

有天晚上，我們幾個朋友一起吃晚飯，當時大家都在說笑話，我就講了羅傑是怎麼跟他的第一任老闆鬧翻的事情；我們就是在他第一份工作中認識的。那個老闆是個自以為是的小老頭，一本正經的樣子，其實沒什麼本事，羅傑對他沒有表現出他所期待的尊重。這件事情的過程有點好笑，講述時惹得大家哈哈大笑。當時，我絕對沒有嘲笑羅傑的意思，只是想告訴大家，跟著一個莫名其妙討厭你的老闆，事情有時候是如何變得不可收拾的。

後來我才發現，別人都在笑，可是羅傑卻面露難色。於是，我馬上換了個話題，大家繼續聊天，但羅傑卻一言不發。在大家道別的時候，我感覺到他對我很冷淡。我知道，他覺得我在事業上比他成功；所以我明白了，在他看來，我講那個故事就是一個自以為高人一等的人在嘲笑他。

我無法確定應該採取怎樣的態度。我當然可以什麼都不解釋，等著時間抹去他感到的冒犯就好。但是我太瞭解他了，我覺得羅傑會牢牢記住這件事。所以我決定主動出擊，我打電話給他，說我發現我講那個故事讓他很不高興。

他否認了自己的不高興。我沒有試圖讓他『承認』，而是說，我後來才發現那件事對於他而言，也許是一段不舒服的回憶，而我一想到他為此不高興，心裡就忐忑不安。我還跟他說，在我看來，可笑的人是那個老闆，就是因為這個我才覺得那件事情值得一講。最後我還跟他說，也許我不該給他打這個電話，但這麼一直誤會下去讓我心中難安。他回答說，我們之間不存在誤會。他的語氣一直都很冷淡，但等我再次見到他時，我能感覺到他很高興再見到我。」

派翠克在澄清誤會的處理上，提供一個極好的示範：

1. 把造成誤會的責任攬到自己身上，而沒有推給朋友。
2. 沒有強迫朋友承認自己生氣了，因為這麼做會讓對方不得不承認，自己不應該生氣。

最終，派翠克不僅成功解決與朋友之間的誤會，還間接讓羅傑明白，這位朋友對自己的感受是很在意的，因此這位朋友不會是他真正的「敵人」。

二、不要使用情緒化字眼指責

出於自身的頑固、表面的惡意（實際上，他們自認那是絕對的好意，請不要忘記這一點）和令人討厭的作風，一些偏執型人格者會讓我們暴跳如雷，讓我們想對他們大罵一番。我誠心的建議，若有這種想法，最好忍住。用傷人的話去羞辱他們，也許能得到一時的發洩，卻也會激起他想打敗你的怒火，並進一步證實了他對你的懷疑：沒錯！從一開始就討厭他，看不起他。為此，即便忍無可忍，也要確保你的指責只針對他的行為，而不是情緒上的言語攻擊。

✣ 可以這樣說：「我再也聽不下去你的種種要求了。」或是「你總是不斷地重複同樣的事情，我煩透了！」在這兩句話中，你指責的是他的某個行為，而非他本人。另外，直率表達的強烈情緒，能讓他感覺到你是真的生氣了，從而使他的內心產生動搖。

✣ 不要這樣說：「你不過是個蠢貨！」、「真該讓人把你關起來！」或「你應該去看醫生了！」因為這種說法是人身攻擊，他會對此無法忍受，你也會遭到誇張的報復。

三、小心不要被抓到把柄

在工作關係中，一旦偏執型人格者將你認定為敵人，他就會想方設法尋求攻擊機會。此時，再小的失誤、不當和錯誤，都會讓他欣喜若狂，因為他會立即利用這些小把柄，對你進行起控訴和中傷。為此，要在偏執型人格同事面前做到滴水不漏，一旦他出現在你的視線之中，馬上上緊發條，注意言行舉止吧！

四、不要在背後說壞話

說別人壞話通常有幾個好處：能與一起在背地裡說他人壞話者形成共謀關係、建立起某種友情，且能紓緩情緒，作為一種發洩；例如說老闆的壞話。

說別人壞話看似容易，但也是有壞處的。這種發洩太過容易，會消除與對方當面解決問題的欲望，讓誤會或問題越結越深。為此，與其說同事的壞話，不如當面對他表達不滿吧！

說偏執型人格者的壞話，問題就更嚴重了。憑藉那種探察假想敵的過度敏感和證實自己猜測的積極意願，偏執型人格者絕對有可能透過各種方式，知道「就是你在說他壞話」。此時，如果公司內與你不對盤的人，「熟知」偏執型人格的危害能力，他就會把你說的話加油添醋一番地轉告給偏執型人格者，讓他把槍口對準你。最後，你會連自己怎麼黑掉的都不知道。

五、不要談論政治

在跟偏執型人格者相處時，另一個需要特別謹慎的話題就是政治。談論政治很容易讓人衝動，而在觀點出現不合時，對話往往會變得硝煙彌漫。雖然在大多數情況下，當一群人在談論政治並發生分歧時，人們總會本能地轉換話題，或者盡力在某一明確主題上達成共識。也就是說，正常人會懂得如何停止針鋒相對，以避免造成過於緊張的氣氛。

但偏執型人格者對此可不會這麼看。在他們看來，若不為自己的觀點辯護，就等於失敗。他們把對話視作一場決不能讓步的戰鬥。不要期望他們會嘗試和解，他們只會執著於無可置疑的爭辯。有鑑於於偏執型人格者總會被極端的政治立場所吸引（極端政治立場的特點是，認定某個不懷好意的敵人該為所有的社會之痛負責，並受到嚴懲），因此，關於政治的討論很可能會變得一發無可收拾。以下是達米恩，一位建築系畢業生的經歷。

畢業後，大家一直都保持聯繫，而且定期見面。我們都是一九七〇年代的大學生，跟當時很多年輕人一樣，我們都特別擁護左派立場，有些人自稱是毛澤東或恩維爾．霍查（Enver Hoxha）的門徒。當然，隨著年紀增長、家庭和工作的責任增加，對左派的當權、對自己敬仰領袖的瞭解，還有柏林圍牆倒塌等事件，我們的熱情漸漸散去。我們當中的大多數人依然保持著左派立場，但確切地說是社會民主的立場。除了艾瑞克，他一直保持著二十歲時的革命信仰。

有人可能會覺得這樣也蠻好的，但在他身上，當這種態度表現在日常對話之中時，就會令旁人難以忍受。每次我們談到政治，艾瑞克就會用自己的信仰猛烈地抨擊別人，堅持認為應該實行無產階級專政。他言辭粗暴，似乎認為所有態度比他溫和的人，要不就是對民眾痛苦視而不見的無良之人，要不就是對此不屑一顧應該在革命中受罰的混蛋。若有人反駁他，他就像找到了極大的樂趣，情緒高昂地跟對方激烈辯論，聚會的談話就會變成他一個人滔滔不絕的演講。這讓所有人都很尷尬，所以只要有他在場，大家就會不約而同地避談政治。沒錯，他是個勇敢的人、可以信賴的人，但一談到政治他就會怒髮衝冠。

但我發現，艾瑞克並不是唯一一個不能跟他談論政治的人！在海邊，我們有一個鄰居，是一位退休的老先生，跟他妻子住在一起。初次接觸，你會覺得他蠻討人喜歡的，我們不在的時候會讓他幫忙照看房子；我經常跟他一起釣魚，我妻子跟他妻子也相處得很不錯。有一天晚上，我們邀請他們夫妻倆來吃飯，事後發現這是個錯誤決定。

本來一切都很順利，直到我們談到了政治。他就像變了一個人似的——之前還是個可愛的老爺爺，突然之間就變成了狂熱的信徒，帶著無可反駁的語氣跟我解釋說，這個國家已經墮落不堪，所有的不幸都是過度的民主造成的，人人都有投票權是件不正常的事，這是連法國大革命都沒有預料到的，只有受過良好教育的人才應該投票。我們試著反駁他的觀點，一開始是以玩笑的口吻，但我們感覺是在對牛彈琴。之後，他又說到了移民，說應該採取極權國家那樣的措施，但我及時轉換話題，因為我感覺到我妻子有點受不了了，但我又不想跟鄰居鬧不和。那天晚上之後，我們的關係就開始疏遠了。

以上兩個例子都清楚地體現出偏執型人格的特點。首先是頑固，兩位主角都無法容忍對自己信仰的絲毫抹殺，即便是朋友之間的閒聊也不可以；其次是透過「指定」應該為所有不幸負責並接受嚴懲的「敵人」，來簡化政治問題的傾向。總的來說，在談論政治話題之前，請先迅速確認你的對話者是否可以冷靜地遵守辯論的規則。（注意，我們的意思並非指所有一談到政治就面紅耳赤的人，都是偏執狂！）

六、別讓自己也成為偏執狂

有時，與偏執型人格者的相處，預示著不可避免的爭吵：一方的無心之語刺激到另一方，後者感到被冒犯，粗暴地予以回擊；前者甚感驚訝和憤慨，又以更加激烈的言語進行反駁，結果激得對方動了手，於是兩人拳腳相向。在這個時候趕來的旁觀者，很難分辨出「是誰先引發了爭鬥」。

為此，面對偏執型人格者時，必須注意不要讓自己陷入這種狀況。有時只需拉開一點距離，給對方留點餘地；或者試著真誠地澄清誤會，即可化解衝突。簡而言之，避免因為太過憤怒、為了雞毛蒜皮的冒犯而挑起爭吵、誇張的報複，進而讓自己也做出偏執型人格者的舉動。

但這麼做並不容易，因為偏執者會讓我們不勝其煩、深感受挫，而怒火會讓我們越來越覺得自己的正當權益不可侵犯。從某種意義上來看，偏執型人格者把我們也變成了偏執型人格者。有時新聞中報導，那些鄰里間標定田地界限的衝突會以槍擊收場，而開槍射殺對方的那個，有時並不一定是兩人中最瘋狂的那個，有時會是那個被偏執狂逼到極限的人。

總之，偏執的程度各有不同，所以我們不應該對所有的偏執型人格都採取在面對「戰鬥型偏執狂」——也就是著名獨裁者簡化版時——那種拒絕和害怕的態度。實際上，幾分通融和謹慎就可以避免不少衝突產生。

如何與偏執型人格相處？

你可以做的：

✓ 明確表達動機與意圖
✓ 遵守遊戲規則
✓ 保持聯繫
✓ 以法規和法條為依據
✓ 給予適時的「小勝利」
✓ 尋找外部盟友

你不該做的：

✗ 不要放棄澄清誤會的機會
✗ 不要使用情緒化字眼指責
✗ 小心不要被抓到把柄
✗ 不要在背後說壞話
✗ 不要談論政治
✗ 別讓自己也成為偏執狂

人際關係上的處理：

✣ 上司或主管：換部門或換工作，或者扮演忠誠下屬的角色。
✣ 伴侶或家人：求助於心理醫生。
✣ 同事或朋友：採取進一步行動前，諮詢一位好律師，並重讀本章。

第三章

表演型人格

情緒起伏大，不斷地在他人迷戀的目光中尋找自信。

你有表演型人格的傾向嗎？

	是	否
1. 他人的關注目光，對我而言就像興奮劑。	□	□
2. 旁人時常說我「自導自演」。	□	□
3. 我很容易被感動。	□	□
4. 我很喜歡誘惑他人，即便我沒有想要跟他發展進一步的關係。	□	□
5. 我認為，想讓別人幫你，首先必須讓他喜歡你。	□	□
6. 在一群人之中，如果沒有人注意到我，我就會覺得不自在。	□	□
7. 有時我會表現得很冷漠，好讓身邊的人靠近。	□	□
8. 有時，朋友或同事會提醒我不要穿得太怪異或太性感。	□	□
9. 在面對尷尬情形，有時我會暈倒。	□	□
10. 我經常猜想別人對我的印象如何。	□	□

二十八歲的布魯諾在一家大型企業擔任管理人員，他跟我們講述道：

卡洛琳娜和我同時進公司；相同的職位，所以很自然地，我們很快就熟識了，而且會互相交換對公司的看法。沒人會對她視而不見：到職第一天我就在走廊上瞥見了她，她穿著灰色套裝，上衣很優雅，但下身卻是一條令人印象深刻的迷你裙，每個人都會注意到她那雙美腿。當時，只要一有人跟她搭腔，她就擺出一副只談工作的淡然態度——就是所謂的「有事說事，沒事走人」——跟她性感的裝扮形成強烈對比，就好像她沒有意識到自己正呈現出一副「挑逗」的模樣。

第一次開會時，她沒什麼發言，只是用有點意味深長、欲言又止的目光看了我幾眼。當然，過後我去找她說話。卡洛琳娜面露傾慕之色地聽著我說、用灼熱的目光看著我，我的笑話逗得她笑個不停。可我不敢相信那是真的，因為不可能這麼美好。很快地，我就證實了自己的猜測：我們老闆萊克斯走了過來，他也受到卡洛琳娜的「禮遇」。我有點失望，甚至有些生氣，後來的幾天我都沒有跟卡洛琳娜說話。

某天傍晚，卡洛琳娜走進我的辦公室。我當時趕時間，她用嬌滴滴的聲音問我為什麼不跟她說話了。我跟她解釋說我有個約會，或許可以明天再說這件事情。她說她覺得我不再喜歡她了。她整個聲音都是啞的。我不得不承認，她流著淚坐在那裡，像個被人拋棄的女孩一樣滿眼哀怨地看著我，那模樣確實令人不忍。我提議送她回去，這樣我們可以在車上談一談。突然，她跳起來摟住我的脖子，用孩子般的聲音說謝謝；別忘了，她可是個一七五公分的性感女郎。

最後，我帶她去吃晚餐。她又像上次那樣對我言聽計從、滿臉微笑，我忍不住邀她去我家喝一杯。她聽了這話語氣就變了，面帶不安地跟我解釋說她沒有時間，還說男人如何怎樣靠不住。卡洛琳娜總是言辭閃爍，我聽不出來她到底有沒有情人。最終，我對她失去了耐性，把她送回家。我們在車上沒怎麼說話，可在下車的時候，她竟然吻了我的嘴。

之後，我對她獻了好幾星期的殷勤，她表現得忽冷忽熱；一旦我對她陰晴不定的態度表現出不耐煩，她就會來挑逗我。最終，我們在一起過了一夜。但做完之後還在床上的時候，她湊在我耳邊說，她曾經當過一個有婦之夫的情人。她眼神迷離，跟我描述那個男人如何強大、如何好、如何神祕，露出一副沉醉的神態。那一刻，我實在無法忍受了！決定不再跟她有任何瓜葛。我一句話也沒說，就把她送回家。道別的時候，我跟她說我們以後最好不要在辦公室以外的地方見面。之後幾天，她一直為這事向我抱怨；但我很快地發現，她開始跟另一位新同事拋媚眼了。

在工作上，有的人欣賞她，有的人討厭她。卡洛琳娜對待客戶很有一套，客戶都覺得她能瞭解自己的需求。開會的時候，她往往能提出最好的建議。相反，一旦涉及中規中矩的案子，她就會開始不安，變得漫不經心，把工作塞給別人去做。她在會議上的表現總覺得像在演戲，好像把一切都放在心上，可以為了工作不顧一切，但似乎又不是很真誠。

我跟卡洛琳娜成了普通朋友。我覺得她能感覺到我並沒有埋怨她，但她也無法再把我玩弄在鼓掌之間。她有時候會來跟我傾訴一番，都是說些哪位新任的生產主管如何厲害、如何處事得當；但兩個星期之後，她又會跑來跟我說這個人是個混蛋、小心眼。總之，與她相處，就是在看一部永不落幕的電影，卡洛琳娜的小劇場每天都上演不同的戲碼。現在我們已經認識兩年了，但我總覺得她從來沒有對人真誠過，即便是在跟我傾訴的時候，她也只是在扮演某個想要引起我注意的角色而已。她永遠無法表現得落落大方，或許這就是她的本性！

誇張的表演，是一種防禦機制

卡洛琳娜總是費盡心機地吸引別人的注意，不惜用上所有可能的方法：不露聲色的招搖、挑逗的舉動、會議上誇張的發言、令人困惑的陰晴不定（從挑逗變成冷漠）、聲淚俱下的求助（表現得像個痛苦難當的小女孩）；她為了博取別人的關注，花招無數。

布魯諾也注意到她的情緒變化得很快：在同一天晚上，她從絕望變成因挑逗而興奮不已，接著又是讓人有點猜不透的憂傷和冷漠，最後更是獻上了一記熱吻！

總的來看，她有種將一些人理想化的傾向，語帶傾慕地談論他們，而對另一些人則大加貶斥，但這些人，往往就是她之前讚賞不已的人！布魯諾還意識到，自己再也無法分辨卡洛琳娜是在演戲，還是這種戲劇化的行為就是她真正的本性！簡而言之，卡洛琳娜具有表演型人格的所有特質。

此外，開會時卡洛琳娜總是想成為與會者的焦點；而單獨相處時，她也想要完全吸引對方的注意。她的基本信念很可能是「我必須時時刻刻讓別人注意我、喜歡我，這樣他們才會來幫助我」。言下之意，就是她覺得自己在生活中沒有獨立解決問題的能力——她需要幫助。

實際上，**表演型人格者往往只是表面光鮮亮麗，實則缺乏自信，他們不斷地在他人迷戀的目光中尋找自信**。他們的情緒變化多端，很難判斷是為了出人意料還是引起關注，又或者就像孩童般，笑完就哭的真情流露。

表演型人格的特點

- ✣ 費盡心機想要引起他人的注意，難以忍受自己不是眾人的焦點。
- ✣ 誇張地表達自己的情緒，而且情緒往往變化無常。
- ✣ 說話的方式頗為激情洋溢，令人印象深刻，但缺乏細節和組織。
- ✣ 具有將周圍人理想化或肆意貶低的傾向。

女人，不都如此嗎？

提出此問題，不是想要引起女權主義者的不滿，而是為了回顧一個精神病學上熱議的研究。

需要討人喜歡、情緒多變、尋求幫助……，這些不都是傳統女性的特質嗎？數百年間的文學作品，讓我們得出「女人善變」的結論。女人總想誘惑別人是因為樂在其中、女人表現得楚楚可憐是為了獨占男人的力量、女人總是背信棄義而且善於表演，諸如此類。

事實上，在表演型人格這種說法出現之前，這種人格被稱為「歇斯底里人格」（癔症型人格）。歇斯底里源自希臘語 hystéra ——是對女性特有器官——子宮的稱呼。古希臘人確實認為女性的吵鬧不休和歇斯底里都是因為子宮內的躁動不安。除了我們在前文中描述的人格特點，醫生們還經常在這些表現出不同戲劇化症狀的女性病患身上，觀察到麻痹、痙攣、腹部疼痛、類癲癇、健忘等症狀。這些症狀不同於器質性病變的症狀，因為它們總是莫名其妙地出現，又莫名其妙地消失。直到十九世紀，這些病症依舊被稱為「子宮的暴怒」。

一九八〇年，美國《精神疾病診斷與統計手冊》（第三版）在對心理障礙的分類中取消了「歇斯底里人格」的說法。由於患者誇張的戲劇化情緒表現為「歇斯底里」人格的典型，於是選擇了「表演型人格」的說法。事實上，與 hystéra 字元相近，源於拉丁語的 histrio，指在笛子伴奏下表演默劇的演員。此外，歇斯底里症的戲劇化症狀（麻痹、暈眩、健忘）被歸入了其他的診斷：身心症、解離症、轉化症。

棄用「歇斯底里」一詞的原因

✣ 後世醫學證明，被冠以「歇斯底里」之名的患者，其所表現出的行為和病症，與子宮沒有任何關係。

✣ 一些男性也會表現出一模一樣的症狀，但男人是沒有子宮的；這樣的命名，有失公允。

✣ 在歇斯底里人格者中，很多人從未出現過諸如麻痹、暈眩等誇張的癔症症狀。再者，苦於這些症狀的人也不全是歇斯底里人格者。

✣「歇斯底里」變成了帶有歧視意味的用語，經常被男性精神病學家用來指稱自己無計可施的女性病患。此外，「歇斯底里」在生活用語中還帶有辱罵的意味。

歇斯底里一詞的歷史

想讀完自二十世紀以來，精神病學家和心理學家對歇斯底里的研究著作，你需要非凡的勇氣：幾年的時間是不夠的。但此舉倒是能讓歇斯底里患者祈求獲得關注的心願，得到滿足！事實上，佛洛伊德所提出的理論基礎，即是他對維也納上流社會女性之歇斯底里患者的觀察。在此，讓我們提出兩個「褻瀆心理學界聖人」的問題：

一、這種用來解釋某些維也納貴婦的歇斯底里理論，是否適用於其他形式的心理病症？

二、佛洛伊德根據這些社經地位高的女病患，為了引起醫界關注和幫助而對自己症狀做出的描述（包括投其所好的描述）來創建理論；這種做法是否足夠謹慎？

佛洛伊德本人也對此提出了諸多疑問。很多女病患都告訴他，曾在童年時期遭受過性侵或亂倫，因此，佛洛伊德首先看到的是她們痛苦的根源。接著，佛洛伊德開始思考，這些女病患的陳述是否出於想像，若是，則女性的幻覺與被壓抑的戀母情結衝突直接相關；這也是他理論的基礎。事實上，基於今天對兒童頻繁遭受亂倫和性虐待的瞭解，很多研究者認為佛洛伊德的女病患們確實遭受過家中男性的侵犯。

然而，美國的女權主義者指責佛洛伊德，其對精神病學家長期對女病患的陳述抱有懷疑態度負有間接責任，因為精神分析法認為那些都是「無中生有」。（今天，出現了一股極端的倒戈潮流：有一種治療學派試圖說明，所有成人的心理病症，都源於童年時期遭受的性侵犯。）你看，歇斯底里多麼引人注目。好的，關於歇斯底里的討論讓我們有點離題了，讓我們再回到表演型人格身上。

根據與前文描述相似的表演型人格者，流行病學家以此標準為基礎進行研究；結果顯示，患有表演型人格障礙的女性是男性的兩倍。當然，男性表演型人格者的行為舉止與女性不盡相同。例如，男性的挑逗行為，會因現存的男女社會角色而有所不同。

男性表演型人格者多半會表現得非常有自信，發表熱情洋溢的告白，就像戲劇中追逐女人的角色一般。他們也渴望成為眾人矚目的焦點，於是，會透過外表、衣著和表面上給人的好印象來博得關注。當然，表演型人格在世界上不同的地區有著不同的表現，我們應當在不同的文化背景中對人格進行區別定義。在瑞典人看來，一個義大利南方人的行為舉止就好似表演型人格。若義大利演員阿多・馬西奧內（Aldo Maccione）參與瑞典導演英格瑪・柏格曼（Ingmar Bergman）執導的電影，大概會讓瑞典人跌破眼鏡。

適合「表演」的職業

事實上，演員、律師、政客或公關人員往往都具有某種程度的表演人格，因為他們的工作就是負責引起公眾的關注，讓觀眾為之傾倒從而操縱他們的情緒。他們被這些職業所吸引，是因為在其中可以獲得屬於自己的「舞臺」。毫無疑問，廣告業和媒體業的表演型人格者，要比冶金業和農業多得多。我們來聽聽二十八歲的莎賓娜如何形容她那位律師未婚夫：

安德雷表現出的非凡魅力，讓我十分著迷。他能言善辯、引人注目，前一分鐘還滔滔不絕，後一分鐘就變得惜字如金。他可以很快就跟我的朋友們打成一片，我也很快就對他心生愛意。但我漸漸發現，他總是處在一種「表演」的狀態。

我們跟友人吃飯的時候，他不引起大家的注意絕不罷休。為了這個，他甚至不惜做出失態的舉動，例如破口大罵。每次我試著跟他解釋說他做得太過頭了、沒有必要如此想盡辦法引人注意時，他都會感到很受傷，難以接受，堅持說他不過是一時衝動，根本不是為了吸引別人的注意。更糟的是，他打從心底地這麼認為！

我覺得他意識不到自己的行為有什麼問題。就連跟我在一起的時候，他也無法放鬆下來，總是表現得有點過頭。現在，我對他的感覺不是迷戀，而是累。只要我表現得有點冷淡，或只是疲憊，他就會生氣，或是大發雷霆，甚至到最後就裝哭。

莎賓娜的未婚夫，有著表演型人格的典型特徵。安德雷說自己耍寶是因為感覺到快樂，或者發火是因為別人惹惱了他；但事實上，這是因為他害怕別人不喜歡他，所以才促使他上演了種種鬧劇。意識到這種害怕對安德雷而言，或許令他人不安，於是透過過一種精神分析學家所稱的「防禦機制」來進行宣洩，這種機制保護了他免於經歷對他而言，過更痛苦的情緒。順帶一提，防禦機制和自我心理學，是精神分析理論中研究成果最豐碩的分支，這門由安娜·佛洛伊德（Anna Freud）創建的學科在英語系國家，發展到了相當程度的水準。

安德雷的表演型人格，肯定促使他選擇了律師的職業，或許還幫助他取得事業上的成功。話雖如此，他的表演行為在法庭上管用，卻妨害了他的個人生活。在魅力幻滅之後，莎賓娜離他而去。在最初的相處中，表演型人格者可能會非常吸引人，但他們極端的表現、善變的情緒和對關注的渴望，最終會使身邊的人感到疲憊不堪，轉身離去。因此，他們就會更加確信應該不停地誘惑和討好，否則別人就會離開他們。於是，他們會以更加誇張的表演方式對待新結識的人，而後再次遭遇挫折，陷入一種惡性循環。

某些電影明星不幸的感情生活，可以說是表演型人格的行為：他們總是被先是對他們迷戀不已，最後卻不堪他們戲劇化行為的伴侶拋棄，或是他們主動離開伴侶，轉而尋找暫時對自己更為關注的新對象。

電影和文學作品中的表演型人格代表

- ✪在電影《紅樓金粉》（Sunset Boulevard，一九五〇年）中，葛洛麗亞．斯旺森（Gloria Swanson）飾演的一位過氣明星，試圖以一連串的表演型人格舉動去誘惑年輕的編劇，最終落得悲慘的下場。
- ✪在維克多．弗萊明（Victor Fleming）執導的電影《亂世佳人》（Gone with the Wind，一九三九年）中，費雯．麗（Vivien Leigh）飾演的郝思嘉（Scarlett O' Hara）表現出極為明顯的表演型人格傾向，藉以引起男人們的注意；但只有當這些男人對她失去興趣時，她才會心生愛意。
- ✪法國導演愛德華多．莫利納羅（Édouard Molinaro）執導的《鳥籠》（La Cage aux folles，一九七八年）中，米歇爾．塞羅（Michel Serrault）在片中扮演阿爾班（Albin），一個五十歲左右的同性戀，極為情緒化，表演欲很強，具有典型的表演型人格特徵。
- ✪法國小說家古斯塔夫．福樓拜在小說《包法利夫人》（Madame Bovary）中，塑造了一位多愁善感的女性形象，她渴望愛情、情緒多變、喜歡幻想，具有把平凡無奇的情人理想化的傾向，堪稱是對表演型人格的生動描摹。
- ✪在俄國作家安東．契訶夫的小說《決鬥》（Le Duel）中，娜潔妲（Nadejda）是個具有表演型人格的漂亮女孩。她離開丈夫跟著一個年輕英俊的公務員到了海邊居住。在公務員對她心生厭倦時，娜潔妲開始出現各種原因不明的疼痛，但公務員對此無動於衷，她只好轉去誘惑另一個男人——軍官吉瑞利尼（Kiriline）。

如何與表演型人格相處？

你可以做的

一、對於抓狂行為，做好心理準備

若你瞭解什麼是表演型人格，那麼你就會知道，這些過分和戲劇化的行為並非「任性」而為，而是一種其人格的存在方式。因此想著「他能不能別再鬧了」或對他發脾氣是沒有用的。

對表演型人格者而言，**這不是在胡鬧，而是他的正常行為，是一種從他人獲取自信、將某些太過沮喪的情緒扼殺在鬧劇中的方式**。為此，當表演型人格者表現得太過分時，與其大發雷霆，不如接受這個行為是一種自然現象，就像近視或拉肚子；你會因為自己的朋友是近視眼或拉肚子而動怒嗎？

二、給予「確立規則」的表演舞台

在工作中，尤其是在開會時，表演型人格者有時會感到極度不自在。當有人要求他們對解決問題的方法，進行詳細、客觀和明確的發言時，他們多半只能發表一些含糊、誇張和情緒化的長篇大論。這時，上司多半會生氣的制止，不再給他們高談闊論的機會。

喬瑟琳在醫療服務部門擔任社工，她在每週五的會議上，總是讓所有人不勝其煩。由於時間緊迫，醫療小組必須審查所有病患的資料，再選擇重要問題集中討論。但喬瑟琳卻會不停地打岔，說哪個患者又跟她說了些什麼內心話，誇張地形容她心理上的苦悶，她又是如何安慰對方的。護理師們非常討厭她這種自吹自擂的行為，醫生們則難以忍受她的打岔，因為這會妨礙大家將注意力集中在病患的醫療問題上，也會浪費許多時間。

一位門診主管在喬瑟琳每次開口講話時，都會嚴厲地打斷她。喬瑟琳一開始很震驚，接著就兩眼淚汪汪，之後再也不說一句話了。等到下次會議，她會換個新髮型，並開始講述患者向她吐露的悲慘故事，試圖博取大家的關注，但醫生們會以更加嚴厲的方式打斷她。喬瑟琳嘗試再次開口說話的企圖屢屢受挫，最終甩上門離開了會議室。

大家都很尷尬，事後才意識到，原來不是只有少數人，而是幾乎整個小組都想要制止她發言。話雖如此，喬瑟琳還是能不時提供一些有助於追蹤患者病情的資訊。

這個故事，讓我們清楚地看到兩個事實。首先，表演型人格者十分會消磨他人的耐性，就連他們的心理治療師也難以忍受。其次，對他們採取回絕的態度，只會讓他們的行為變本加厲。因為表演型人格者把自己的舉動當作一種——比如引起冷漠父親關注的理所應當的方法。於是，醫療小組越是拒絕喬瑟琳，她就越想通過越來越誇張的行為重新引起大家的關注，但這只會加深小組對她的敵意，直到喬瑟琳做出越來越誇張的表現——告假離開。

你或許也曾想說：為什麼喬瑟琳意識不到她不斷打岔，已經惹惱了所有人了呢？她為什麼不換一種方式，在會議上少說兩句呢？確實，如果喬瑟琳具有「正常的」人格，她就會根據情況調整自己的行為。可是，她之所以成為本書的描述對象，正是因為她有「人格障礙」；也就是說，她難以根據眼前的狀況，適當地調整自己的行為方式，她只會不斷地重複自己的行為模式。

故事並沒有結束。醫療小組就喬瑟琳的「案例」諮詢了一位精神病學家。這位精神病學家在聽取了每個人的描述之後，給出了幾個建議，希望能幫助大家與喬瑟琳好好相處。

在喬瑟琳復工那天，大家熱情地向她問好。在她走進會議室的時候，所有的小組成員唱著生日快樂歌迎接她的歸來；喬瑟琳又驚又喜。當醫療小組開始審查病歷時，喬瑟琳忍不住插嘴講述患者對她說的內心話。這次，門診主管沒有打斷她，而是一直聽她講完，並說她收集的資訊對於提升醫病關係至關重要。接著，他建議喬瑟琳以後在開會前先寫個書面小報告，這樣，對每個患者的問題便能一目了然。於是，喬瑟琳覺得自己被賦予了一個「真正的」角色，而這正是她一直所期望的。確實，手拿記事本、滿面嚴肅的她，從此可以迅速念完自己對每個病患的記錄。如此不僅提升會議效率，也讓所有小組成員可以精準獲得有關病患的重要訊息。

明白了？只要給予喬瑟琳適當的關注，為她指派工作、表明規則，就能引導她做出更為恰當的舉動。所以，在面對表演型人格者時，請保留一塊「訂好規則的表演舞台」，讓他在規則內盡情的發揮吧！

三、做出正常行為時，請予以稱讚肯定

有時，尤其是你對表演型人格者展現出興趣的時候，他就會暫時放棄自己戲劇化或操縱性的行為。所以，不要錯過這陰雨天的短暫晴朗，要立即採取行動！務必要在這個時候表示，你很欣賞他這樣的「正常」行為。以下，讓我們聽聽心思縝密的管理人員查理怎麼說：

在某些工作中，蘇菲是個好搭檔。特別是她很懂得「感受」一家公司的氛圍，從而讓我們避免某些錯誤。但，她在開會時話太多，有時甚至會以「要說的話太多，無法在會議上說完」為由，用各種理由找我說話；我知道，大多數時候只是為了引起我的注意罷了。於是，我採取了一種策略：每次我覺得她廢話連篇的時候，就只用「嗯」、「啊」之類來回應，做出心不在焉的樣子。反之，在她提供恰當資訊的時候，我就會看著她，點頭稱是，並提出問題表示我有認真聆聽。

三個月來，我經常使用這個辦法；我得說，從我的角度來看，蘇菲的表現已經好了很多。

這個案例驗證了一種既適用於兒童教育，也適用於管理工作或應對人格障礙的原則：想讓惹人厭煩的對象打退堂鼓，最好的辦法往往是對他相反行為加以大為鼓勵。

四、適應「英雄」和「卒仔」的角色轉換

表演型人格者，具有將身邊之人「極度理想」或「極度貶低」的能力。為什麼？或許他們是

在追尋強烈的情感，那些他們自己無法真正體會到的情感。某些表演型人格者就好像帶著某種切斷他們深層情感的「保險絲」，有意識地去承受這些情感對於他們而言太過困難。於是，他們就會用替代性情感來保持情緒的啟動狀態。或許，他們也是在重複體驗自己童年時期的經歷：想要引起被自己極度理想化的冷漠父親之關注。

若你的工作夥伴是表演型人格，他可能會像粉絲般將你視作他心愛的偶像。但如果你辜負了他，他就會將你的形象撕成碎片，形容你為徹頭徹尾的壞人和小氣鬼。對此，不必太過擔心。只要重新表現出對他的興趣或是給他肯定，你在他心目中神聖的地位，就會恢復如初了。

你不該做的

一、不要嘲笑他

表演型人格者往往會略顯可笑，因而容易招來周圍人的嘲笑。這或許是因為他們那種昭然若揭，對引起關注的渴望，以一種不露痕跡的形式也存在於你我的心中。我們越是對這種渴望嗤之以鼻，就越不願意承認自己也有這樣的渴望。就好像一個兩歲孩子，因為父母對剛出生的妹妹過於關注而前來哭鬧，結果父母卻對他嘲笑一番。

於是，我們很容易以同樣的方式去嘲笑表演型人格者，因為他們容易激動，對他人的看法極為在意。然而，可以對任何人造成傷害的嘲笑行為，或許對表演型人格者的傷害更大，而且可能迫使他以更不擇手段的方式去贏得你的關注：痛哭流涕、自殺、罷工。

二、忍住誘惑，不要心動

表演型人格者會不惜一切代價，就是為了獲得你的關注。所以，他會嘗試使你們的關係帶有「性」色彩，即便只是同事關係，也是如此。不露聲色的性感裝扮、魅惑的笑容、意味深長的眼神，這些行為都會讓有心人覺得自己「有機可乘」。

因此，當這些「有心人」試圖接近表演型人格者，卻被對方滿臉訝異甚至憤怒地推開時，是不應該感到意外的！那是因為他們沒能明白，所有這些堪稱招搖的挑逗行為，都是為了引起對方注意和迷惑對方，而不是希望發展成更進一步親密的關係。所以，具有表演型人格的女性常常被人當作「勾魂女」。

隨著人們道德觀念的日漸開放，一些具有表演型人格的女性甚至不惜利用性關係來博取關注。她們會表現出極為開放的姿態，頻繁地更換伴侶，但這一切並非出於真實的欲望，而是想讓別人覺得她們很有吸引力。一些具有表演型人格的男性，也會使無法瞭解他們真實意圖的女性感到困惑，因為他們總是展現自己的魅力和吸引力，卻從不坦露真心。雖然「勾魂男」這個詞並不為人所用，但也可以用來描述男性的某些表演行為。（當然，那些因為羞怯或顧慮而猶豫著要不要更進一步的男性，並不在此列。）

三、不要施捨過多的同情

另一方面，表演型人格者多愁善感、內心深處脆弱不堪和孩子氣的行為，可能會讓你心生同情，想要去保護他們，（哪個男人不曾對某個具有表演型人格的美女心生愛慕，並想要珍惜她、愛護她？）當心了！如果無法跟表演型人格者保持距離，你可能會陷入他陰晴不定的情緒漩渦，並對他變化多端的態度深感疑惑，將自己也捲入他誇張的表演中而受傷。

從一開始，我跟克蕾兒的關係就讓人難以忍受。例如有一次，我們正在享受美妙的浪漫晚餐，吃甜點的時候，她一句話沒說，就忽然間聲淚俱下。我一下子呆住了，立刻問她怎麼了。她跟我說，她點了最後一次跟父親吃晚餐時的那道甜點——她跟父親已經不睦三年了。還有一次，我們在朋友家吃完晚飯回來，她氣呼呼的，因為她認為吃飯時我在勾搭坐在旁邊的女孩；可這根本是無稽之談。我為自己做了辯解，但我最終還是惱羞成怒對他發火了，而她呢，又像個小女孩一樣地哭了起來，導致最後感到內疚的那個人，居然是我。

慢慢地我明白，所有這些鬧劇都是她為了引起我們之間情感交流的條件反射，所以我不再陪著她一起瞎鬧。一旦她開始耍脾氣，我就先不跟她說話。等她漸漸地平靜下來後，我們再以正常和真誠的態度溝通。或許就是因為我的態度改變，從她的一位女性友人口中得知，我是第一個可以忍受她的男人，讓她覺得終於找到一個可以令她安心的對象。

不要忘記，在面對表演型人格者時，你就是他的觀眾；當一位過於「順從」的觀眾，會使他們很快對你失去興趣。最後，我們要記住，本章中所描述的表演型人格，只能代表所有過去被統稱為「歇斯底里症」的不同症狀的其中一個面向。事實上，這種難以解釋的病症，至今仍是精神科醫師和心理師們各持己見的關注議題。

如何與表演型人格相處？

你可以做的：

✓ 對於抓狂行為，做好心理準備
✓ 給予「確立規則」的表演舞台
✓ 做出正常行為時，請予以稱讚肯定
✓ 適應「英雄」和「卒仔」的角色轉換

你不該做的：

✗ 不要嘲笑他
✗ 忍住誘惑，不要心動
✗ 不要施捨過多的同情

人際關係上的處理：

✣ 上司或主管：如果他提出違背你本性的要求，一定要努力堅守自身原則。
✣ 伴侶或家人：欣賞他的鬧劇和善變；若是伴侶，說到底，你就是因為這一點才跟他結婚的。
✣ 同事或朋友：保持距離，讓他能夠將你在他心中理想化。

第四章

強迫型人格

如果事情不是百分之百完美，那就是徹底的失敗。

你有強迫型人格的傾向嗎？

	是	否
1. 我喜歡花時間進行「整理」和「檢查」。	□	□
2. 在談話中，我喜歡逐條陳述自己的觀點。	□	□
3. 許多人說我是完美主義者。	□	□
4. 我曾經因為過於專注細節，而導致事情沒做好。	□	□
5. 我無法忍受雜亂無章。	□	□
6. 在團隊工作中，我自認要對最終結果負起最大的責任。	□	□
7. 收禮讓我感到很不自在，我會覺得對他人有所虧欠。	□	□
8. 有人指責我小氣。	□	□
9. 我很難下定決心丟東西。	□	□
10. 每一筆花費我都會清楚記帳。	□	□

「某天突然有個念頭：我受夠了當受薪一族，我要自行創業」，三十八歲的丹尼爾說：

我知道自己具有創業的特質：我有人們所說的商業嗅覺，也蠻有創意；但我也知道創業可能遇到的問題：我不喜歡記帳，所有與行政相關的事務都會讓我感到不耐煩；我也不太擅長管理。所以我想跟我的姊夫馬克一起合夥創業。他穩重謙虛、認真可靠，非常重視孩子的教育。但在工作上很拼命、常加班，以至於我姊姊經常抱怨他總是不在家。

我從姊姊那裡得知，馬克也覺得現在的工作，無法讓他獲得成就感。於是，我就跟他提議合夥開公司。他聽了之後感到吃驚，還有點擔心，然後跟我說會再考慮考慮。接下來的幾個星期，他經常打電話給我，詢問創業計畫的其他細節、合夥條件等。到最後，我有點不耐煩了，跟他說，要是他不相信我，我就沒辦法跟他合作。後來姊姊打電話跟我解釋說，馬克不是不相信我，也沒有懷疑我的真誠，只不過他在做決定之前，無論是買洗衣機或選擇度假地點，都需要瞭解所有的細節。掛了電話之後，我覺得馬克和我是互補的，因為他對於管理行政等細節，很有一套。

公司成立了，馬克很認真地制定了各種章程和規範，他做得很出色（雖然我覺得他花在上面的時間太多）。但姊姊不停地打電話給我，說我給他丈夫的工作太多了，他每個週末都坐在電腦面前！我試著跟姊夫溝通，讓他不要在細節上花費過多的功夫。但我很快就放棄了，因為每次我去找他，他都會長篇大論地跟我解釋他為什麼會這樣做，我根本沒辦法打斷或反駁他，反而浪費了我的時間。

不久，我們應徵了十位員工。三個月前，我們接到第一筆大訂單——一家大型連鎖超市要我們為一條乳製品生產線提供包裝。我成功地簽下了對我們頗為有利的合約；相信我，要拿到這樣大客戶的訂單，絕非易事！但對於這件事情，馬克最讓我生氣的是，他絲毫沒有表現出激動之情，而是把合約看了又看，說我沒有考慮到哪一點、哪一點；但其實他說的，都是些不太可能發生的事情。到最後他才承認，這是一件好買賣。然而到了正式生產時，馬克又說，如果按照標準生產包裝，我們是無法達到客戶要求的生產速度。但是我認為，客戶對我們已經交付的包裝相當滿意，屆時就算速度慢一點，應該也沒有關係；但是馬克堅持要遵照極為嚴格的生產標準。他想讓公司購買一種，當時我們無力承擔的新器材，於是，我建議他不如設置品檢關卡，以找出和拋棄不合格的次級品。他同意了，所以制定了一套極為複雜的品檢程序，結果生產部門的人跑到我的辦公室裡，說他們拒絕執行這套程序。

最終，在取得馬克的同意後，我解除了他所有與生產和商務有關的職權，只讓他負責帳目和行政事務。沒想到從那以後，我姊姊提出離婚。因為馬克不僅把所有的時間都花在工作上，而且在回家後，還指責我姊姊家務做得不好、不夠細心！

苛求自己，也苛求他人

馬克似乎要求所有事情都要做得完美：合約、包裝、手續，甚至連家務也不例外！可以說他是個完美主義者。他對細節表現出極度的專注，以至於看不清楚整體大局：不停地詢問合作的細節，幾乎惹怒了丹尼爾；在做成了大買賣時，他注意到的卻只有法律上可能的疏忽；他制定了極其嚴格的生產流程，結果就是無法再向客戶提供包裝。另外，他也沒能意識到妻子因為自己整天不在家，而深感沮喪。

另外，當別人指出他行事過於謹慎，對細節太過注意時，他會據理力爭，不厭其煩地向對方證明自己。他的固執令人感到精疲力竭。但是，丹尼爾卻認為馬克是個謙遜的人。或許他說得沒錯。馬克的自我辯解，並非出於個人的榮譽感或是覺得自己比別人聰明，而是因為他總想把事情做得無可挑剔，才會表現得如此固執。他覺得只有按照自己的方法才能把事情做得完美；從某個角度來說，確實如此，即便他對規則和細節的專注有時可能會因小失大。

此外，馬克似乎對自己在工作中和生活中令人感到的不快，無動於衷。而在遇到可喜之事的時候，也不會表現得特別高興；可以說，他是個難以表達熱烈情感的人。

雖然最終丹尼爾懂得如何去適應馬克；作為一個優秀的企業領導人，他知道如何在最大程度上發揮馬克的才能優勢：完美主義可以為行政和財務所用。另外，他對馬克極為信任，因為他看到了馬克誠實守信、一絲不苟的做事態度。以上，都可以驗證馬克具有強迫型人格傾向。

不僅如此，馬克似乎特別擔心「不完美」（在意細節）和「不確定性」（遵守流程和查驗），因為他覺得，有責任保持周圍環境的井然有序。**他的根本信念可能是「如果遵守規則，一切都會更好」和「如果事情不是百分之百的完美，那就是徹底的失敗」**。對他而言，這種做事原則，既適用於自己，也適用於他人，因為這個社會就應該維持在這樣的秩序。

「對別人和對自己一樣苛求」，他覺得自己有責任追求完美，而兩相對比之下，他往往會覺得別人做事沒有條理、缺乏責任心。強迫型人格者總是堅信「人都是不可靠的，要時時檢查他們在做的事情」。所以，馬克每次回到家看到壁爐上巴掌大的灰塵和水槽裡沒洗的碗碟，他的信念，也就是他心中的完美典範，都會讓他確信這個人無法做好家務。

強迫型人格的特點

✣ 完美主義：對細節、程序、井然有序和合理安排過於專注，往往損及最終結果，因小失大。
✣ 固執：頑固、執拗地堅持應該按照自己的看法和規則做事。
✣ 人際關係不佳：難以表達熱烈的情感，往往表現得很禮貌、冷漠和距離感。
✣ 猶豫不決：因為害怕犯錯而難以做出決定，過分猶豫，喜好辯論。
✣ 嚴守道德規範：責任心高、一絲不苟，沒有通融的可能性。

善用「強迫」，化劣勢為優勢

馬克表現出典型的強迫型人格特徵，但同樣，這裡也存在其他的中間地帶。**一些人對秩序和細節極為關注，但不會失去對最終結果的通盤考量。**強迫型人格者都喜歡乾淨整潔的房子，但並非所有人都會因為孩子把玩具丟得到處都是，而大發雷霆。此外，一些強迫型人格者對自己的強迫傾向有所意識，並會試著加以糾正。現在，我們來聽聽四十三歲的專業會計師里昂怎麼說：

打從有記憶以來，我就喜歡收拾，特別是喜歡將東西對稱排列，排得整整齊齊的。小時候，我會把彈珠收到一個小盒子裡，並且按照不同大小、顏色、材質分類；另外，也會以這些彈珠得到的方式分類：自己買的、別人送的、玩的時候贏來的等。此外，我也經常變換分類標準。上大學之後，我喜歡把書桌上所有的東西，都按照平行或垂直的順序進行排列：書籍、尺子、筆，我甚至會把鑰匙沿著桌邊排列起來。我的朋友都很驚訝，有些人甚至被嚇到。另外，我的課堂筆記，也一定要做得完美無缺。雖然我不會花時間去讀這些筆記，但我一定會不厭其煩地把它們乾乾淨淨地抄下來，並用不同顏色的筆畫重點；然而，這樣的結果就是期末考經常被當掉。

其實，我很早就意識到自己花太多時間在「整理」和「檢查」上，於是，我盡可能地去加以控制。我的妻子幫了我很大的忙，每當她覺得我太過誇張的時候，就會毫不猶豫地告訴我。她這麼做我是可以接受的，因為她自己也是個井井有條的人。

在工作中，我頗受賞識，我的客戶都很信任我；雖然一開始我很難遵守工作時程，因為我會花很多時間不斷地確認。我的合作夥伴們都知道，我的眼睛很尖，總能看出不妥的細節；但是我知道，我已經在毫無意識的情況下，讓他們感到壓力了。

我不擅長表達情感，在別人對我表白或恭維的時候會感到不自在；我從來都不知道該如何回應，我也不懂得怎麼開玩笑、怎麼跟人聊天。我覺得即便是閒聊，也要有開頭、中間和結尾；其結果就是別人打斷我，或者岔開話題聊別的。幸好這幾年來，我的情況有所改善。我覺得是妻子讓我意識到我也有幽默感，並且可以發揮這種幽默感。

雖然，朋友們有時候會覺得，我對「井井有條」的熱衷，很有趣。一開始覺得他們在嘲笑我，很受傷，但現在不會了。首先是因為我覺得我的這種情況有所改善；其次，就某些方面而言，這些「缺點」也是我在工作中取得成功的法寶。

我不像以前那麼拚命工作了，但還是很難放鬆下來。即便是週末，我也會情不自禁地去想家裡有什麼需要修補，或者想著有什麼工作最好提前處理。但我現在有試著努力，不要讓自己陷得太深，而是該花時間多陪陪孩子們。

里昂是典型的強迫型人格，但因為對自己的怪癖有所意識，為此能即時修正某些行為。此外，他也是個幸運的人：擁有一份能讓自己的強迫型人格特徵有所發揮的工作、遇到了能接受自己人格障礙的妻子。她的價值觀跟自己頗為相似，但又有不同之處，所以能幫助他不斷進步。

強迫型人格不等於「強迫症」

其實強迫型人格，不是一種病；關於強迫行為真正的疾病表現，是現在頻繁出現在各大媒體上的「強迫症」，又稱OCD（Obsessive-Compulsive Disorder）。**強迫症患者認為自己必須遵守儀式般的整理習慣、必須一次又一次地清洗、不斷地確認，只有這樣做才能減輕他們的焦慮。**他們還具有種種非本意的堅持，大多跟衛生、完美或罪惡感有關。這些念頭在一天中會在他們心裡糾纏幾個小時，使他們苦不堪言。我們來看看以下兩個案例：

強迫症患者瑪麗，在開車的時候總是害怕自己會不知不覺撞到某個路人。每次抵達目的地之後，她都覺得必須返回一段路去確認自己有沒有造成意外。她知道這種想法很荒唐，但如果不返回去確認沒有人躺在馬路上呻吟，她的焦慮就無法得到緩解。

大衛，四十三歲，強迫症患者。他無法忍受一絲一毫的污穢和灰塵，一天要洗十幾次手；無法接受妻子做家務；不讓任何人穿著鞋走進他家裡。他每天要花四到五個小時洗手和做家務，整個人處於一種極度焦慮緊繃的狀態。

雖然這兩個例子，未能完整地體現出強迫症患者的所有特徵（有興趣的讀者可以自行查找更多相關著作），但我們可以看出，「強迫型人格」和「強迫症」患者，是有差異的。強迫型人格和強迫症之間的關係，遠沒有精神分析理論做出的假設那樣清晰。實際上，不同的流行病研究結果顯示，在強迫症患者中，有五十％到八十％的人，都不具有強迫型人格。而很多強迫型人格也從未罹患過強迫症。順帶一提，根據美國《精神疾病診斷與統計手冊》（第四版）的分類，若每天花在強迫行為和儀式性的無用行為上的時間超過一小時，就可診斷為強迫症。

什麼狀況下需採取藥物治療？

對於強迫症，這種直到一九七〇年代依然被視為難以治癒的疾病，抗憂鬱藥物的出現，堪稱治療上的曙光。但並非所有的抗憂鬱藥物都有療效，只有那些對5-羥色胺（血清素）具有生成和破壞作用的抗憂鬱藥物才能發揮作用；5-羥色胺，是一種在自然狀態下，存在於神經中樞系統中的神經傳導物質。研究顯示，將近七十%的強迫症患者，在連續幾週服用足夠劑量的5-羥色胺類抗憂鬱藥物之後，症狀都獲得緩解。另外，多項研究更證實，若患者同步接受行為治療，其療效更加顯著。換言之，對於絕大多數強迫症患者而言，抗憂鬱藥物和行為療法雙管齊下，比單獨一種治療的效果要好。

那麼，該如何幫助強迫型人格者？精神病學家顯然會使用有效的抗憂鬱藥物，因為他們認為這兩種病症不無相似之處。他們的想法沒錯！當強迫型人格者陷入憂鬱時，一般的抗憂鬱藥成效不佳，但5-羥色胺類抗憂鬱藥物往往就是最好的選擇。

話雖如此，你可能會問「這對陷入憂鬱的強迫型人格者有效，但其他情況呢？我們總不能讓人終生服用某種藥物，來改變其人格吧？」因此，有一些人指責醫生是強迫人格障礙者，適應社會標準的「幫凶」。若要深入探究此議題，可以另外寫成一本書了。因此，讓我們暫此打住，總結以下三個提問：

一、患者是否深受強迫型人格之苦？

二、藥物對患者是否有效？

三、患者是否被明確告知治療方法的利與弊？

如果對以上三個問題的回答都是肯定的，我們看不出有什麼理由不為患者推薦可以緩解其症狀的治療方法。事實上，之後患者和醫生隨時都可以決定是要繼續用藥還是停止用藥。至於心理療法，我們在本書的最後再進行討論。

適合現代社會的人格障礙？

從某種層面來看，其實現代社會正變得越來越具有強迫特徵：大規模生產迫使企業制定出越來越嚴格的程序，以保證產品全都一模一樣、無可挑剔，好滿足消費者的苛刻要求並應對激烈的市場競爭；各個領域基於安全考量催生出相關的法規，從優酪乳生產到汽車生產，還有嬰兒座椅等。此外，這些程序規範本身，也要經過不停地評估和監察。最後，為了收取個人和企業稅款，或是確保民眾的健康狀況，行政部門還會要求提供數據、資料，並反覆地核查資料。

因此，**只要能將強迫型人格者事事要求完美的頑念，控制在「合理的」範圍之內，他們在現代社會中是有一席之地的**。換言之，但凡人類需要分工合作完成的任務，無論是建造水壩還是創辦書刊，選擇恰當的強迫型人格者，都能保證最終的成品，具有一定的品質。

從進化論的觀點來看，強迫型人格的傾向在遠古時代可能沒有什麼優勢。那個時候的人們，以狩獵和採集野果為生，或許強迫型人格者可以避免因粗心大意而吃下有毒的漿果；但在進入農耕社會之後，強迫型人格者憑藉自己對重複性勞作和整理的極大興趣，在定期播種、耕作、收割和儲糧等重複作業和精細分類上，表現出過人的天賦，因而保證了人類的世代延續。

電影和文學作品中的強迫型人格代表

- 知名偵探小說的主角夏洛克．福爾摩斯（Sherlock Holmes），熱衷細節、喜愛分類、一副無動於衷的樣子、總穿相同的衣服，他或許具有某些強迫型人格者的特徵。
- 在美國電視影集《星際爭霸戰》（Star Trek，一九六〇年）中，長著尖耳朵的大副史巴克（Spock），堪稱是典型強迫型人格的漫畫人物：他異常冷漠和理智，無法理解那些地球隊友們的情感流露和缺乏理智的舉動。
- 在英國導演詹姆斯．艾弗利（James Ivory）執導的影片《長日將盡》（The Remains of the Day，一九九三年）中，安東尼．霍普金斯（Anthony Hopkins）飾演一位英國貴族管家。他癡迷於所有細節的完美無缺，甚至在父親垂死之際，依然能不露聲色地在外交晚宴上為賓客提供服務。後來，他面對心上人的愛意，竟無法做出回應。
- 在英國導演大衛．連（David Lean）執導的電影《桂河大橋》（The Bridge on the River Kwai，一九五七年）中，亞歷．基尼斯（Alec Guinness）飾演的尼克森上校性格剛烈而倔強，被日本人俘虜後，拒絕服從敵人的命令；但最終答應在不對自己戰友實施任何報復行動的前提下，與日本人合作——建造一座通往緬甸的大橋。他使出所有強迫型人格者的本領，修建了一座完美的橋樑，甚至忘記了這是為敵人而建的。後來他竟然無法忍受同胞要炸毀自己的傑作。

✪在比利時導演香妲．艾克曼（Chantal Ackerman）的執導的電影《巴黎情人，紐約沙發》（A Couch in New York，一九九五年）中，威廉．赫特（William Hurt）飾演一位具有強迫型人格的心理醫生。片中他跟一個放蕩不羈的巴黎女郎互換了住所；到了巴黎之後，他就開始一刻不停地收拾整理巴黎女人亂糟糟的房子；而在紐約，巴黎女人則驚異於心理醫生家裡一絲不苟的整潔有序，這甚至讓他家中養的拉布拉多犬都鬱鬱寡歡了。後來，心理醫生愛上了這位巴黎女人，但卻不知如何表達自己的愛意。

如何與強迫型人格相處？

你可以做的

一、試著欣賞其嚴謹和井然有序的態度

不要忘記，強迫型人格者堅信自己的出發點是好的。因此如果你太過粗暴地反駁他，斥責他細心過度，那麼他就會認為你不會做事，無法掌握事情的重點，進而失去對你的信任。反之，若你能試著表達出對他精益求精的欣賞，他就會比較重視你對他提出的批評。

二、尊重其凡事預先規畫的處事原則

強迫型人格者不喜歡意外驚喜，最討厭的就是見機行事。他們有這樣的想法是有原因的，因為他們在此類情形下無法發揮自己的作用。因此，請儘量避免讓他們感到「意外」，或要求他們完成「緊急任務」，這會讓他們痛苦難當；而他們對於緊急事件的處理多半也是緩慢和猶豫的。

我們來聽聽雅克怎麼說他的妻子：

大家都說我的妻子有很多優點，我承認確實如此。她非常關心孩子的教育，把家裡收拾得整整齊齊；在她兼職的工作中，我知道人人都對她的表現感到滿意。但她的這種一絲不苟，最終讓我感到難以忍受。

我是個喜歡社交的人，我成長的家庭也是。小時候，我的父母經常「臨時」邀請親朋好友來家中；長大後，我也喜歡不時邀請朋友或同事來家裡坐坐。但不像我父母家那種不拘小節的聚會，妻子每次都覺得必須把晚餐準備得相當隆重，大盤、小盤、碗筷……，餐桌一定要擺得很漂亮。結果呢？要是我臨時決定多邀請一、兩位客人，她就會大發雷霆。我試著跟她解釋客人不會在意這種小細節，但是她就是無法接受。於是，我們定下規矩：我可以隨時邀請任何人到家中吃晚餐，但必須由我負責準備晚餐；若是要請老婆幫忙準備，就必須至少提前三天確定客人的名單。

三、借助成本或數字，將計就計

在強迫型人格者向你解釋必須採取某種做法，或必須遵守某種程序，而你知道這種做法和程序不過是浪費時間時，光生氣是沒有用的。生氣，只會讓他更加確信這些人果然不懂得未雨綢繆，一點都靠不住。還記得強迫型人格者的世界觀嗎？他認為自己行為的初衷是好的。所以，遇到這樣的問題時，你需要用一點「略帶強迫」的方法，將計就計，比如借助數字，證明他的方法弊大於利。以下是一位企業老闆跟我們分享的故事：

他是一家小型車公司的採購主管，工作能力很強，他想確保把所有從外面買回來的零件，包括價格很低的那些，都能在工廠裡物盡其用。他制定了一套極為複雜的工作流程，用來追蹤每個零件在工廠裡的使用情形。但這樣的結果，讓工廠中幾位負責人工作起來大為不便，而跑去向廠長投訴。廠長請採購主管過來，他先是對採購主管的職業意識和認真嚴謹，大大讚揚了一番，再跟採購主管一起研究那套新的工作流程。

廠長計算了完成這套流程後，全體相關人員所耗費的額外時間。採購主管抱著極大的興趣看著廠長計算。廠長根據相關人員每個小時的平均成本，計算出採用新流程的總成本。接著，他讓採購主管估算一下使用不當零件造成的損失。他們一起手寫計算，得出的結果是，第二個數字要遠遠低於第一個數字。於是，廠長沒費什麼力氣就讓採購主管心服口服地，放棄了自己制定的那套工作流程。此外，廠長強調以後在嘗試任何新的工作流程之前，採購主管必須向他提交包含成本計算的有效證明，採購主管欣然接受了。

這位廠長正是因為對有強迫型人格障礙的世界觀有所瞭解，才能在沒有粗暴要求其改變做事方法的情況下，成功地說服對方。他用一種「強迫型人格式」的方法提出批評，有理有據、清晰明確、追求更上一層樓的完美；這或許就是說服強迫型人格者最好的方法。

四、樹立可靠、未雨綢繆的形象

遲到、無法兌現諾言，哪怕是再微不足道的諾言，絕對會讓你失去強迫型人格者的信任。他會認為你和那些不負責任、不明白如果人盡其責，世界就會更好的傢伙是一丘之貉。為此，不要對強迫型人格者許下你無法兌現的諾言，並遵守已經許下的諾言；如果出現意外，實在無法兌現，也一定要儘早告知對方，並明確表達歉意。想辦法在他心中樹立「可靠、未雨綢繆」的形象；這是讓他放鬆下來，並更願意接受你觀點的最佳方法。

五、讓他試著體驗放鬆的樂趣

想像一下，強迫型人格者背負著多少壓力：他們想要掌控一切、檢查一切、保證一切都完美無缺，多累人啊！事實上，在絕大多數強迫型人格者的心中，都深藏著放下一切的渴望，但他們不敢讓自己這麼做。因此，你可以試著引導、邀請他們，告訴他們如何放下：

一家醫療機構的老闆邀請他的研究團隊去海邊野餐，大家都去了，包括一位外國研究員——專業能力很強的統計學家，極為拘謹的一個人。

所有人都是一身輕鬆打扮，只有他，長袖襯衫加長褲，還打著領帶，他猶豫了很久才坐到沙灘上。大家準備開始打一場沙灘排球賽，邀請他加入。一開始他拒絕，聲稱自己打得不好。但大家說如果他不參加，兩隊的人數就會不平均。此話一出，喚起他「均等」和「對稱」的執念：他解下領帶加入了比賽。隨著比賽的進行，他漸漸活躍起來，在觀眾熱烈的吶喊聲中飛身撲球。最後，他這一隊贏得了比賽，這都要感謝他的頑強拼搏。當別人向他表示祝賀的時候，他又開始表現得不自在了，但在那天剩下的時間裡，看得出他放鬆了許多，後來還跟同事們一起在海裡玩了一陣。在那次之後，他在工作中表現得沒那麼拘謹，有時還會開幾個小玩笑，甚至很樂於參加別人邀請的各種週末活動。

六、適才適所，將「缺點」變「優點」

我們從上述所有的例子中可以看出，強迫型人格者能極為出色地完成某些特定的工作，尤其是重複性的繁瑣工作。這種工作，換成別人很可能會因為疲倦或厭煩而半途而廢。會計、財政、司法或技術程式、品質檢驗，都是能讓強迫型人格者感到如魚得水、發揮發揮其整理分類能力、精準和堅韌的工作。

你不該做的

一、不要嘲諷他們吹毛求疵

強迫型人格者的嚴肅認真和吹毛求疵，很容易讓人想要對他們嘲笑一番；請克制住這種想法。不要忘記，強迫型人格者認為自己的出發點是良善的，其所作所為都是為了讓這個世界更完美，所以他可能無法理解你為什麼要嘲諷他。

回憶一下最近別人對你的嘲諷，你的行為是否因此而有所改觀了呢？還是你更加確信嘲諷你的人根本不瞭解你？幽默有時確實能幫助一個人進步，但必須是善意的幽默，且前提是雙方必須已經建立信任的關係。專業的心理治療師都明白，幽默是一把需要謹慎使用的雙面刃。

二、不要被牽著鼻子走

顯然，出於對自己行事都是為了正義和秩序（這兩個詞對於他們而言，意思都差不多）的固執和篤定，強迫型人格者一定會嚴格遵守他們認為公正的規則。他們可以在不知不覺中，很快就專橫地控制住一個團隊或家人。雖然沒有惡意，但會通過千篇一律和不斷重複的各種論證說明，使可能會反駁他們的人，筋疲力盡。為此，在表示對他們認真嚴謹和一絲不苟的欣賞時，也要懂得如何說不！如果有可能，一定要以理服人：

一位具有強迫型人格的丈夫，無法忍受妻子在做飯時把廚房弄得一團糟：做好的飯菜、水槽裡的碗碟、砧板上散落的食材等。於是，他會站在妻子身邊，只要她一停手，就立刻把妻子不用的器皿或調味罐洗好或收起來。妻子感到備受監視，最終忍無可忍，表示她從此以後拒絕在這種情形下做飯。

丈夫答應由他來做飯，因為他覺得自己能做得更好，至少是做得更有條理。然而，在做了幾天之後，他意識到自己做得沒有想像中的那麼好，而且，準備晚餐占去了他原本想要用來做其他事情的時間，例如整理、核算帳目。於是，他接受了新的約定：只要妻子在廚房裡，他就不能進去，但只要飯菜的準備工作一結束，他就可以按照自己的方式盡情地收拾和擦洗。

這是一個協商解決問題的絕佳案例。兩個人都沒有想要改變對方的想法，或是證明對方是「錯的」，而只是想辦法找到雙方都可以接受的折衷方法。

三、不要頻繁道謝送禮，這會使他們不自在

一旦涉及感情，強迫型人格者往往會感到手足無措。同時，他們又會考慮到「對等」和「相互性」。這或許可以解釋，他們有時在面對別人的傾慕和欣賞時，為什麼會那麼尷尬：他們覺得必須以同等程度的情感予以回應，卻無能為力；但這並不表示他們不喜歡別人的恭維和欣賞。為此，一開始時要拿捏好分寸，仔細觀察他們的反應，以免為難到他們。

日本文化帶有某些顯而易見的強迫型人格特徵，尤其是送禮，已經成為一種非常儀式化的行為。根據對方的身分和所處場合的不同，送禮的規格有著極為細緻的畫分。只要到專門的禮品商店跑一趟，你就會明確地知道該送什麼樣的禮物了。

如何與強迫型人格相處？

你可以做的：

✓ 試著欣賞其嚴謹和井然有序的態度
✓ 尊重其凡事預先規畫的處事原則
✓ 借助成本或數字，將計就計
✓ 樹立可靠、未雨綢繆的形象
✓ 讓他試著體驗放鬆的樂趣
✓ 適才適所，將「缺點」變「優點」

你不該做的：

✗ 不要嘲諷他們吹毛求疵
✗ 不要被牽著鼻子走
✗ 不要頻繁道謝送禮，這會使他們不自在

人際關係上的處理：

✣ 上司或主管：不要在報告中出現錯字。
✣ 伴侶或家人：讓他負責家務，回家後別忘了把鞋子放好。
✣ 同事或朋友：讓他負責確認和檢查的工作。會面前，告訴他會需要多少時間。

第五章

自戀型人格

期望獲得關注與禮遇，不擇手段，自認與眾不同。

你有自戀型人格的傾向嗎？

	是	否
1. 我自認比大多數的人更有魅力。	□	□
2. 我得到的一切，都是自己的功勞與努力。	□	□
3. 我非常喜歡聽到別人對我的稱讚。	□	□
4. 我很容易對別人的成功產生嫉妒。	□	□
5. 對於弄虛作假這回事，我可以做得理所當然且不會心虛。	□	□
6. 我難以忍受等待。	□	□
7. 我理應在工作上取得很高的成就。	□	□
8. 當別人不尊重我的時候，我會非常生氣。	□	□
9. 我非常喜歡禮遇和特權。	□	□
10. 我難以接受和服從為所有人制定的規則。	□	□

弗朗索瓦，二十九歲，一家廣告公司的年輕創意部人員，我們來聽聽他的故事：

萊恩是我們公司的三位創辦人之一，我是他的直屬部下。初次見面，你會覺得他極富魅力、才華洋溢、風趣迷人；但過了幾個星期後，我發現他是位很難相處的人。第一次見面時，我就對他留下很深刻的印象——因為當時，他讓我等了整整一個小時！由於那次是工作面試，所以我並沒有表現出任何不滿。他的辦公室非常大，視野也很好。我後來得知，這間辦公室以前是會議室，但萊恩不顧其他合夥人的反對，硬是把它占為己用。

剛開始我覺得他很吸引人，因為他表現出「我們相信像你這樣的年輕人，未來必定會大有作為」的感覺。他表現得熱忱而率性，讓我很開心這個大人物，居然對我這個微不足道的年輕人關注備至——他總會情不自禁地提起自己光輝的職業生涯和成功人生中的各種奇聞逸事。不知是因為我表現得就像個對他滿懷崇敬和仰慕的新手，他好像很開心，一直滔滔不絕。在他的辦公桌後面的顯眼處，放了幾張他跟著名藝術家的合影，還有公司在各類國際活動上贏得的獎盃（我現在才知道，其中幾個獲獎廣告，並不是他負責的）。

跟萊恩一起工作可不是件容易的事。當然，他懂得如何施展自己的魅力，如何點燃一個團隊的熱情，尤其是對新來的人，因為這些人只有在一段時間之後，才會發現他性格中，不那麼討人喜歡的一面。事實上，他總是陰晴不定：今天對你大加讚賞，讓你以為他會挺你到底；但明天他卻當眾尖酸地批評你。所以，整個團隊的成員都很害怕他的稱讚，因為很有可能下一秒，他就會罵你了。此外，他能讓一些跟他共事的人，對他產生一種近乎癡迷的依賴，而這正是他想要的，因為他喜歡受人尊重和欣賞。總之，在「好哥兒們」的外表下，他無法接受別人對他一丁點的不尊重。那些跟他唱反調的人，通通沒有好下場。

去年，一位從另一家廣告公司跳槽過來，很有名的創意人員派翠克，在會議上當著萊恩的面，言辭激烈地表達了自己對他管理風格的不同看法。萊恩氣炸了，甩上門離開會議室。第二天，派翠克發現自己的東西被堆放在門口櫃台，還有一封辭退信，上面說他犯下了嚴重的錯誤。另外幾位合夥人害怕這件事會影響公司的形象，於是想要緩和一下衝突。雖然最終，那個創意人員還是走了，但得到一筆頗為豐厚的資遣費。

不用說，經過這件事，再沒有人敢公開反對他。此外，只要我們「奉承他」而不是「反駁他」，工作氣氛就會還算不錯。但我最不喜歡的一點就是，他總是想方設法地把團隊的想法據為己有，好讓自己的成功錦上添花。此外，他有意在我們和其他合夥人之間製造隔閡，因為他無法忍受我們跟其他合夥人關係太好。為什麼我沒有辭職呢？因為現在工作不好找，再者，必須承認，萊恩確實是廣告界的明星，這對我的履歷會有很大的幫助。無論去哪裡，他的自信和優雅總能令人印象深刻；總是一副精力充沛的樣子，古銅色的肌膚恰到好處，衣著得體。

此外，有件小事情讓我略感安慰：他的祕書告訴我，他最近正在為稅務問題而煩惱。他的工資堪稱天文數字，這些年他為了負擔自己奢華的生活方式，一直在報銷帳目上動手腳。而現在，他不得不賠付一大筆錢。結果，他不停地指責「這家公司，嗯……不讓創意人員好好搞創意」。

萊恩為了安慰自己，在週末設法參加大客戶的豪華聚會，還跟那些人成了朋友。回來以後，他便滔滔不絕地跟年輕的創意人員描述自己參加聚會的情形，而這些年輕員工的工資只有他的十分之一，且待在公司裡瘋狂加班，就為了完成他交付的工作。

缺乏同理心、自命不凡

顯而易見，萊恩是位自視甚高的人，而且堅持認為別人也要知道這一點：他會主動提起自己的成功，並展現許多證據（照片、獎盃），好讓看到的人知道，在你面前的這位是個大人物。然而，我們的意思不是說所有在辦公室裡擺放獎杯和戰利品的人，都具有自戀型人格。事實上，這個行為在某些行業和國家只是一種慣常的做法。

此外，萊恩把公司裡最大的房間占為己用，因為他認為自己的需求比別人的重要，理應得到禮遇；他期待別人的仰慕，想讓別人承認自己是個了不起的人；他難以接受別人的批評（跟那位年輕創意人員的衝突）。同時，他非常在意自己的外表，總想在人前展現最佳狀態，而且熱衷於跟名流打交道（他辦公室裡跟著名藝術家的合影）。

在人際關係中，萊恩懂得如何透過吸引、恭維、批評和出其不意的讚許來操控對方的情緒——他能熟練地根據不同的對象，改變說話的語氣。簡單來說，他的一舉一動都是為了擺布他人，其缺乏真誠，只為了讓他人陷入一種利於達到自己目的的情緒之中，以便更好地利用對方。

此外，萊恩似乎也不太在意自己對別人造成的痛苦感受（恐懼、羞辱、羨慕）；從這一點上來說，他很少會表現出同理心。我們並不瞭解萊恩的私生活，只知道他在報銷費用上動手腳。但從這一點來看也能間接證實，他認為這些「所謂的規矩」不是訂給他的。總的來說，根據以上種種表現，可以斷定他是自戀型人格者。

自戀型人格的特點

一、對自己：

- 覺得自己與眾不同、出類拔萃，理應比別人得到更多。
- 總想著如何在職場上和戀情中，取得輝煌的成功。
- 多半極為在意自己的外表和衣著。

二、對他人：

- 期望獲得關注和禮遇，並將其視為理所當然。
- 如果沒有得到期望中的禮遇，就會生氣甚至大怒。
- 利用、擺布他人，以達到自己的目標。
- 鮮少表現出同理心，也很少會被別人的情緒觸動。

我是最好的，理當備受禮遇

如果我們能瞭解萊恩是個自視甚高的人，而且覺得所有的人（同事、合夥人、公司上下）都應該同意他的看法，就不會對他的種種行為感到不解了。他的基本信念可能是：「我是個與眾不同的大人物，應該比其他人得到更多，所有的人都應該尊重這一點。」

跟許多自戀型人格者一樣，萊恩也覺得規定是給普通人訂的，並不適用於他。在他逃漏稅並被人發現的時候，他不僅僅感到擔心和沮喪，而且還有憤怒！怎麼能讓他這麼個大人物去遵守一般老百姓的規矩呢？

這種莫名的優越感，也使他喜愛結交名流。萊恩自命不凡嗎？當然！一般來說，**自命不凡包括自戀，有時也包括一種提升自身形象的需要：熱衷於結交身分地位高於自己的人，以獲得對自身價值的肯定**。對萊恩而言，他僅僅覺得只有揮金如土的社交生活才「配得上」自己輝煌的成就，如此而已。自戀者最害怕的，是被人看到在「很巴黎」的餐廳，跟一位土裡土氣的鄉下老表姊一起吃飯。我們在萊恩的身上，看到一種典型的自戀型人格，但是，並非所有的自戀者都會表現得如此極端。我們來聽聽茱麗葉的故事，二十九歲的她在經歷了一連串的感情挫折後，前來向醫生求助：

> 老實說，就算在人數很少的班級中，我也會覺得自己應該比其他同學獲得更多的關注。我是個好學生，很有自信，而且我有一小群仰慕者，都是沒我漂亮、比我沒自信的女孩。在那個時候，

我就很喜歡「受人傾慕」的感覺。我很清楚，我的友情在別人看來是一種特權，而且我經常利用這一點。我父親經常誇獎我，對我寵愛有加，他幾乎可以容忍我所有的驕縱任性；我的母親則因為這樣，經常責怪父親。於是很快地，我跟母親的關係就不好了，就像是女人之間的戰爭。

我的事業很成功，因為我覺得，要求更多、得到更多的金錢和權力是很自然的事情。當你信心滿滿地提出各種要求時，往往都可以得到。當然，我也引來了不少人的嫉妒和攻擊。剛進職場時，只要我覺得自己是最好的，我就可以毫不在意別人會說些什麼。

在會議上發言對我而言是件輕而易舉的事情；對那些比我資深的前輩，只要我覺得自己的想法比他們的好，我就會毫不猶豫地反駁他們。印象中，還是一位我剛進公司帶我的前輩，有一天把我叫到他的辦公室裡，跟我說，人不可能單打獨鬥就取得成功，團隊中的每一個成員都很重要。他斥責的語氣讓我感到很生氣，但我很欣賞他，所以仔細思考他說的那番話之後，我開始試著對別人多一些關心。

在感情生活則完全相反，我一次又一次地受挫。雖然男人挺容易為我著迷，但我承認自己總想擺布他們，讓他們吃醋，對他們忽冷忽熱。問題是，一旦他們過於投入，在我眼裡就不值錢了。我有兩次是真的墜入愛河，但都沒能持續太久，因為我無法忍受對方「一點點」的不重視。

我的前男友是某家公司的高階主管，這讓我感到頗為得意。但每次約會他總是遲到，或者因為要出差而臨時取消週末的安排。我會不停地責怪他，並馬上報復：拒絕見面、不接電話、讓他吃醋，他被逼得沒辦法了，只好一直留言跟我道歉，直到我氣消為止。最後他離開了我，說從沒有哪個女人能像我這樣，讓他如此幸福又如此不幸。我想要挽留他，但為時已晚。他跟一個年輕女人結了婚，他說那個女人「很好」。直到現在，我每天都會後悔，我意識到，在我們的關係中，我總想著自己的需要，完全忽略了對方的需求；可我當時總認為他對我好是理所當然的。醫生，你覺得這是不是因為從小父親對我的嬌慣造成的呢？

從以上這個案例來看，值得慶幸的是，茱麗葉意識到自己具有自戀型人格的特徵：她覺得所有的男人都應該對自己關注備至，因為她是獨一無二的。這個根本信念，讓她在男友因繁重的工作而遲到時心生怨恨。隨後，在心理治療的幫助下，茱麗葉找出了自己的另外幾個信念：「我是與眾不同的」、「別人都得尊重我、關注我」，並開始尋找其中的問題。

另外，在剛開始治療時，她經常以遲到、結束後想延長時間，或是在諮商結束的當晚打電話給醫生，要求第二天再見面等行為來考驗醫生。其實，她多少能意識到，自己難以接受要遵守跟其他患者一樣的規則，難以接受自己得不到醫生的特別關照。醫生通過這些事情幫助她意識到自己的根本信念。茱麗葉對自己和別人的想法慢慢開始改觀，不像以前那樣咄咄逼人了。

莫名的自我感覺良好

這是一位大名鼎鼎的作家，深受知識分子喜愛，經常上節目。某天，他來到一家約好見面的大型出版社，不巧的是，櫃台新來的員工從未見過他，也沒看過他的電視節目。這位作家一副高傲的模樣走到櫃台，要這位接待人員告訴主編他來了，結果員工天真地問道：「你是哪位？」這位名人一下子僵住了，氣得滿臉通紅，根本不屑回答，轉過身直接朝著主編的辦公室走過去。

這位自戀的作家自認是位舉足輕重的大人物，所以人人都應該認識他。若必須像普通人那樣自我介紹，與自戀型人格者的另一個根本信念發生了嚴重抵觸：「一般人的規則，並不適用於像我這樣的人。」

此外，開車時也可以反映出許多現代自戀型人格者的特徵。他們當中有很多人都覺得自己可以違反某些交通規則，因為他們自認為可以掌控風險。這些人往往會跟人解釋說自己的反應夠快，所以超速行駛，絕對安全。

自戀，就一定不好嗎？

想想那些你知道的「成功人士」，在電視上看到的那些名人，不覺得他們之中，很多人都對自己特別地自滿、自信、經常會用溢美之詞描述自己、認為別人的稱讚是理所當然的嗎？

或許，你會認為是成功給了他們這種自信和自滿，但或許反過來也是一樣：這種自信、高人一等的優越感、誇張的炫耀等自戀型人格的特徵，或許正是讓他們獲得成功的因素。換言之，在實力勢均力敵的情況下，自戀的人比謙遜的人更容易獲得成功。為什麼呢？自戀者能更加自如地「吹噓自己」，因為他堅信自己是最好的。另外，在競爭中自戀型人格者也不會那麼瞻前顧後，因為他覺得第一名的位置是自己該得的。在面對挑戰時，他不畏懼挫敗，因為他自認為是最有能力的。也就是說，**在競爭的環境中，適度的自戀可能成為一種決定性的優勢**。

以進化論的觀點來看，與其他優點相輔相成的自戀，很可能會使自戀者先發制人，奪取最大的那塊獵物，或者取代現任部落首領的位置。事實上，許多企業老闆都表示，他們最好的業務員往往都表現得有些自戀。這些人都很有自信，對自己精心呵護的外表非常滿意；喜歡擺布他人，在遭到拒絕時幾乎沒什麼感覺（因為這不是他們的錯）。他們的自戀，很可能助長了他們獲得成功的野心，並且讓他們能面對在其他人看來令人十分沮喪的困境。

在日常生活中，一點點自戀往往能派上用場。自戀者很少在意他人的需求和困難，與此相對，卻懂得要如何無情地抗爭，才能獲得自己想要的東西。路易斯，一位三十一歲的小學教師，跟我們講述了她的一位自戀朋友：

我一直都跟高中同學保持著聯繫。我們會定期約吃飯、週末聚會或是到哪個好玩的地方度假。在所有的同學裡，莉莉是跟我最不一樣的：我為人謹慎穩重，有點害羞；她性格外向，充滿自信。高中的時候，因為她的穿著打扮、愛出風頭、驕縱和頑強，大家都叫她「超級巨星」；我到現在都還驚異於她的那種自信。

在餐廳吃飯的時候，只要有一點點不滿意的地方，例如麵包太硬、水不夠冰、背景音樂不好聽，她馬上就會找來餐廳經理理論，直到獲得她想要的結果。有一次，她因為在機場等了兩個小時而跟工作人員大鬧一場，最後，航空公司直接免費送她機票。透過這種方式，她總能得到餐廳裡最好的位置，或是飯店裡最好的房間。

每次她在瞎鬧、說出「你覺得我會接受這樣的事情嗎？你做夢吧？」之類的話語，都會讓待在她旁邊的人，覺得很尷尬；但又不得不承認，她的這種做法確實很有效。大部分時候她都能得到自己想要的東西。所以大部分的時候，我們都會聽之任之，然後心想「再怎麼說也不值得這麼鬧」，甚至連提要求的想法都不會有。因為，莉莉絕對已經準備好使出渾身解數，據理力爭了。

看得出來，她不在乎惹人生氣，更奇妙的是，鮮少有人會為此而責怪她，反而會說那是她自己爭取來的！我覺得，或許，有時候學學她的樣子，也蠻好的……。

精神病學家把每個人表現出來的各種自戀特徵，稱為「自尊」。在他們看來，過低的自尊會導致不同類型的心理障礙，比如羞怯、憂鬱等。

易陷入嚴重的「中年危機」

如果你既有才華又有魅力，別人就比較能容忍你的自戀；你的自信會使其傾倒、難以忘懷，並信服你的觀點。但問題是，自戀者總是想獲得更多，最終使得身邊的人，忍無可忍。在前文的案例中，當茱麗葉最終意識到男友雖然深愛自己，但自己已經越過了他的底線時，一切都為時已晚了。在工作上，過於自戀的上司會引發下屬的怨恨和消極情緒，進而導致公司造成重大的損失。不過這種人在大公司生存和成功的機率，往往比較高，因為發生在大公司內部的管理問題，多半要相當長的一段時間才會顯現出來。

此外，某些研究顯示，自戀型人格者似乎比普通人更容易在遭逢「中年危機」時陷入憂鬱。或許，他們比普通人更加難以接受自己沒有實現年輕時夢想的事實；如此，會讓他們對「可以完成所有事情的與眾不同之人」的自我形象產生疑問。

所有人都可能遭遇這種自我形象和生活期望的破滅，但這種破滅，對堅信自己可以成功完成任何事情的自戀型人格者而言，打擊會更加嚴重。

再者，自戀者的行事風格會妨礙他們跟其他人建立親密關係。然而，擁有可以吐露心聲的親近之人，是保護我們對抗很多心理疾病的要素之一；而這一點，正是許多自戀型人格者所缺乏的。另外，自戀型人格者往往都是在遭遇感情或事業上的連續挫敗之後，才願意去諮詢醫生或要求進行心理治療，就像茱麗葉。

電影和文學作品中的自戀型人格代表

- 在普魯斯特的《追憶逝水年華》中，夏呂斯男爵是個有表演癖的自戀型人格者。每次出席沙龍，他都會以妙語連珠的談吐和高傲不遜的態度，藉以博得眾人注目，他總會不時暗示自己擁有高貴的血統，無法容忍別人一丁點的不尊重。
- 美國演員提姆．羅賓斯（Tim Robbins）在羅伯特．阿特曼（Robert Altman）執導的電影《超級大玩家》（The Player，一九九二年）中飾演一位表現出很多自戀特徵的製片人。他活在自己的野心中，對自己帶給周遭親友的痛苦，視若無睹，且毫無愧疚地勾引因他而意外死亡男子的妻子。
- 在美國導演法蘭西斯．福特．柯波拉（Francis Ford Coppola）執導的電影《現代啟示錄》（Apocalypse Now，一九七九年）中，勞勃．杜瓦（Robert Duvall）飾演一位無比自信、具有自戀型人格的上校。他為了顯示自己的權威和觀看自己的士兵在海中衝浪，不惜把直升飛機停在敵軍火力範圍之內的海灘上。後來，男主角碰到了另一個自戀型人格者——馬龍．白蘭度（Marlon Brando）飾演的傘兵上校，後者決意以自己的方式繼續戰爭，並像國王一樣（所有自戀者的夢想）統治著深山裡的叛亂部族。
- 在美國導演史丹利．庫柏力克執導的電影《光榮之路》（Paths of Glory，一九五八年）中，一位貪功冒進、無比自戀的將軍，在第一次世界大戰中強令士兵攻占敵軍的一塊高地。在攻擊戰遭到慘敗之後，將軍惱怒不已，把責任推給士兵，並把他們送上了軍事法庭，引起了由寇克．道格拉斯（Kirk Douglas）飾演的達克斯上尉的極大憤慨。

如何與自戀型人格相處？

你可以做的

一、真誠地表達讚許

別忘了，自戀型人格者認為自己理應得讚賞。為此，若想跟自戀型人格者保持良好的關係，不要吝於稱讚他的成功。如果自戀型人格者是客戶，那就稱讚她的新裙子、在網球場上稱讚他的球技、稱讚他的衣著談吐等。這麼做有幾個好處：自戀型人格者會覺得你是懂得欣賞他價值的聰明人，這樣他就不太會不惜一切代價地，每次都想要給你留下深刻的印象；也就不會那麼容易與你發生爭執，甚至，在你提出意見時也會比較重視你的看法。這裡所說的讚許，當然必須是真誠的，因為虛偽的奉承，可能會讓你身處困境且再也無法脫身。因為對他人傾慕的渴望，使得自戀型人格者，懂得如何區分巧妙的真誠讚許和蹩腳的刻意奉承。

二、說明自己的想法

如果你在某種程度上，已成功地獲得自戀型人格者的信任，那麼你就會經常聽到他的抱怨。他會跟你說那些人一無是處、愚不可及、忘恩負義；而他的言下之意通常是：那些人沒有對他表現出理應的尊敬和重視。這時，你可以試著向他解釋，自己對別人這種反應的看法。注意，這並不是讓你告訴他別人說得對，而是跟他解釋每個人看待事物的觀點，各有不同。

達爾，一個自戀的年輕管理人員，在跟主管的一次會面後，氣衝衝地跟朋友弗朗索抱怨。他認為上司許諾他的加薪遠遠不夠。他很生氣，他在整個團隊中的工作表現是最突出的，可是他得到的加薪，竟然跟其他人差不多！弗朗索一直靜靜地聽著他抱怨，然後說達爾確實取得了非同一般的成績，並對他表示祝賀。接著，弗朗索一邊稱讚達爾的業績表現，一邊解釋說他的主管或許並不是什麼都能自行決定。「他可以決定用來給下屬調整薪水的錢，很可能只有那麼多，如果給達爾加薪加得太多，那其他人的加薪必定就會大打折扣。」「可他們的業績沒有我的好啊。」達爾堅持道。「有可能，但他們的努力不也達到或超出了自己的預期目標嗎？如果獲得的加薪太少，他們就會失去工作的動力。你的上司必須考慮到這一點。」

在跟朋友談了半小時之後，達爾平靜下來，雖然他還是認為自己理應得到更多，但似乎能慢慢理解上司的做法。弗朗索做到了那位主管無法做到的：他對達爾的觀點表示贊同，以表明自己能理解他的心情；反觀主管，因為達爾的狂妄自大而惱火不已，繃著臉指責他的要求「不可理喻」、「不符合規定」，但這麼做只是火上澆油罷了。

從這個案例中，我們再次看到了那條重複過多次的規則：要說服對方，最好先表示你理解他的想法（注意，理解並不表示你也同意他的想法）。

三、嚴格遵守禮儀規範

記住，自戀型人格者自認比你重要，所以他會「期待」你對他理所應當的尊重。遲到、漫不經心的問候、弄錯介紹順序、裝熟，這些行為都會馬上激怒他。別忘了你是在跟一個異常敏感的人打交道，所以，哪怕是你認為無關緊要的細節，也要謹慎對待。讓我們來聽聽記者伊莉莎白，是怎麼說的：

某天晚上，我應邀參加一場新聞界重要人物都會出席的工作晚宴。我朋友傑洛剛從美國回來，需要認識一些新聞界的人，所以我提議讓他陪我一起去。我們在晚宴上遇到不少人，我把自己認識的人都介紹給他。可是讓我感到吃驚的是，他整個晚上都繃著一張臉。在我們離開的時候，他完全不跟我說話。最後我問他怎麼了，他滿臉怒容地回答說，在介紹的時候，我好幾次都是先把他介紹給比他年輕或是他覺得地位不如他的人，而不是把他們先介紹給自己。

四、指責時，對事不對人

在此，是指針對某個具體的行為提出真誠的批評，而這也是應對人格障礙的基本方法之一。當然，對極為敏感的自戀型人格者提出批評會更加難辦——這就是為什麼，在你覺得「有必要」的情況下，再提出批評，如此，可以降低事情變得一發不可收拾的風險。記住，你的批評不應該以改變對方對自己、對世界的看法為目的，而只是促使對方改變自己的某些行為。

例如，我們絕不會建議你指責自戀型人格「總是自以為高人一等」或者「自私自利」。這麼說，一點用處都沒有。這種含混不清、直指對方的批評（言下之意——「你一直都是這樣」），只會激起對方的怒火，這時，無論他的自戀程度如何，都會想要證明你是錯的。

反之，如果你的批評指向某個有跡可循的行為，並且不會牽涉到對方自身的具體行為，比如「我不喜歡你遲到了，卻不事先告知」或「我能理解你責怪杜彭的原因，但我覺得我們還是換個話題吧！」**如果你遵循了我們的第一條建議：但凡有可能，真誠地表達對自戀型人格者的讚許，那麼你的批評，對自戀型人格者而言就會相對比較容易接受，或者沒那麼難以接受。**然而，這些看起來都很容易做到，但都不是出自本能的反應；下面這個例子才是經常會發生的情況，卡特琳娜的丈夫是個極其自戀的男人：

確實，比爾總是不停地吹噓自己是如何說服所有的客戶、網球打得多麼好、他的合作夥伴無法離不開他等；總是一副渴望得到別人誇獎的樣子，我真的非常受不了，所以我從來不誇他。果然，這樣做讓他很不高興，責怪我不誇獎他，於是他安排自己時間的時候根本不考慮我。所以，我最終忍無可忍，覺得他自私，對他破口大罵說「你只想著自己，我要離婚！」

若想要避免陷入卡特琳娜所描述的這種爭吵，報復行為是沒有用的，因為自戀型人格者會以此，不斷地引起其他的報復行為。這些行為雖然出自本能，但卻起不到任何作用，所以要先給自戀型人格者應得的稱讚，再藉機提出批評。

五、對於自身的成功或禮遇，保持低調

我們都知道嫉妒是怎麼回事，在發現別人擁有自己很想得到，並自認「我應該也可以得到」時，嫉妒就會產生；這種令人不大舒服的情緒，會讓我們感到無比壓抑。在自戀型人格者身上，這種情緒會強烈十倍。因為他覺得自己理應比你得到更多，因此，你獲得的禮遇在他看來會是一種令人備受煎熬的不公。所以，要避免跟他談論自己剛剛度過的美妙假期、獲得的遺產、最近應邀參加的名流晚宴、如今位高權重的童年好友，或是不久之前的晉升。

以上這些，都會給他帶來比別人更大的痛苦，你們的關係也會因此受到影響。雅尼克，三十二歲，房地產公司的業務員，聽聽他是怎麼說的：

我跟我的女上司關係還算融洽，因為我知道要時常稱讚一下她的新衣服，或是誇獎她如何搞定一筆大買賣。因此，她對我不像對別人那麼苛刻，有時我甚至還可以跟她討論她指派給我的工作是否太重等。很不幸，我還是考慮得不夠周全。

事情是這樣的，我妻子是空姐，所以我們可以買到非常便宜的機票，每逢假期我們就會到世界各地去旅行。某天，我情不自禁地說起我們在維也納度過的週末多麼美好。我的女上司聽了感到很吃驚，問我怎麼能這麼頻繁地出去旅行。在聽了我的解釋之後，她的臉沉下來，接下來的一整天臉都很臭。在那之後，我們的關係就不復從前了。她的收入很高，完全可以像我們那樣到處去旅行，但是我卻可以享受到跟她一樣的特權，這讓她深受刺激。我覺得我得重新找工作了。

這個例子表明，對於根本不存在競爭的特權，自戀型人格者同樣會心生嫉妒。

你不該做的

一、不要硬碰硬

自戀型人格者，暫且不說他們讓人難以忍受的行為舉止，令人生氣；他們驕傲的嘴臉，有時會讓你想對他們想採取一種全面「封殺」的態度，甚至絕交。你會想要反駁他們，對他們擺出一副敵視的面孔，甚至傷害他們的自尊。這或許會讓你得到一時的發洩，但如此，只會讓你們的不睦關係雪上加霜。此外，自戀型人格者會覺得你的行為完全不講道理，甚至令人不齒。因此，他很有可能會將你視為死對頭。所以，我們要再次重申前文的建議：**只要有可能就去誇獎、讚許他的成功，這樣能讓你的批評，在他心中留下一些空間「平衡」**。

二、小心！不要受到操縱

自戀型人格者往往都相當有魅力，他們會讓別人深受蠱惑和吸引，至少在剛認識的時候是這樣。也許，就是這種吸引人的能力，讓自戀型人格者覺得自己理應得到特別的尊重（回想一下茱麗葉的例子）。魅力、自信和對他人的不屑一顧，讓自戀者成為可怕的操縱者。操縱，意味著蓄意玩弄他人的感情，好讓他人站在自己這一邊。關於這一點，讓我們來看看這位擔任建築師助理的夏洛特，怎麼說：

我的老闆總能從別人那裡，得到他想得到的，最糟糕的是，你有時候會覺得自己是心甘情願！他最厲害的地方是讓你感到內疚，要是你跟他說週六不想陪他去見客戶（他特別喜歡帶著一、兩個同事去見客戶，其中至少有一個美女，因為這樣會讓他有優越感），他就會露出一副傷心的表情，問你是不是對他哪裡不滿意？是不是哪裡讓你覺得不高興？

總之，他那副失落的樣子，會讓你覺得很愧疚，於是，便答應犧牲週六的時間陪他去見客戶。但是，如果讓人內疚這招不管用，他就會馬上改變策略，他會說「我知道怎麼區別那些有工作熱情和沒有工作熱情的人」，意思就是如果你不陪他去，就說明你對這份工作沒有熱情。這就像是在威脅你，但是他又會說如果你去不了，他是完全可以理解的。意思明擺著，所以你還是會答應的。最後，我總結出他說服別人的四種方法：

- 奉承：「你是最好的。」
- 內疚：「我為你做了這麼多，你怎麼能……」
- 恐懼：「如果你……小心……」
- 拉攏：「我們在一條船上……」

擁有這麼敏銳的觀察力，夏洛特完全可以勝任這份建築師助理的工作。

三、不要一再原諒、寬容

正如應對其他人格障礙一樣，讓自戀型人格者明確知道「可以」和「不可以」接受的事情，非常重要。這樣一來，自戀型人格者就會減少試探你容忍度的心思。一旦意識到自己在跟什麼樣的人相處，你就應該試著通過確定自戀型人格者的哪些要求，是可以接受、哪些要求是忍無可忍的，來畫清彼此的界限。以下是雅尼克與女上司之間畫定的界限，可以看出相當費神：

- 接受：

—在她需要的時候稱讚她。

—在客戶面前常常尊稱她為「女士」。

—允許她在大老闆面前，把一些小事情上的成功據為己有。

- 拒絕：

—每天幫她泡咖啡（若我自己泡咖啡的時候，可以順手幫忙沒問題）。

—附和她對大主管、競爭對手或其他同事的批評。

—大主管在的時候，不讓我參加討論重要事宜的會議。

四、不要期待他會有所回報

如果有人幫了你的忙，正常來說，你會覺得對他有所虧欠，並尋找機會報答對方。感恩或許不是一種發自本心的情感（發自本心的情感，或許是避開那些我們有所虧欠的人）。但接受的教育、禮貌規範、別人的看法，有時則是牽涉其中的個人利益，會促使我們對那些值得的人表達感激之情。但對於自戀型人格者而言，事情會不太一樣，就像三十一歲的女性雜誌記者法妮跟我們講述的那樣：

妮可是我們雜誌社的實習生，是我推薦了她，因為她是我的大學同學。她表現出色，很快地我們就成了平起平坐的同事，一起負責同一個專欄。她也很快就在編輯會議上獲得發言權，並得到最有意思的報導主題，還可以出差。她一副志得意滿的樣子，主編也對她另眼相看。

這讓我有點受不了，其他的同事也一樣。有一次，我比她更快地完成工作任務，得到了去聖彼德堡做採訪的機會，而她則是去美麗的普羅旺斯，也很不錯。開完會之後，她來找我，眼淚汪汪的指責我「搶了」她的採訪，還說我應該知道她一直都對俄羅斯很感興趣，她在中學就學過俄語，一直夢想能夠去那個國家。她說得情真意切，我動搖了，於是打電話給主編，要求交換我們的採訪地點。她一得到自己想要的東西馬上就表現出一副大獲全勝的樣子，我感覺她對我沒有絲毫的感謝之意。現在，我看見她就覺得有壓力，感覺她隨時想要取代我，我必須處處小心。當初把她帶到這裡的人可是我啊！

這個例子清楚說明，若想要從自戀型人格者那裡獲得回報，根本是天方夜譚。自戀型人格者打從心底「不」覺得有義務，要做出互惠互利的回報，因為他覺得你給的，都是他應得的。因此，要避免落入「我對他好，他也會對我好」的「正常人」思考邏輯，這就好像我們把在童年時期跟慈愛父母之間的關係，放到競爭的環境裡就會遭遇挫敗一樣。

如何與自戀型人格相處？

你可以做的：

✓ 真誠地表達讚許
✓ 說明自己的想法
✓ 嚴格遵守禮儀規範
✓ 指責時，對事不對人
✓ 對於自身的成功或禮遇，保持低調

你不該做的：

✗ 不要硬碰硬
✗ 小心！不要受到操縱
✗ 不要一再原諒、寬容
✗ 不要期待他會有所回報

人際關係上的處理：

✣ 上司或主管：跟他在一起時，不要老說自己多厲害、成就多高；保持距離。
✣ 伴侶或家人：既然你選擇了他，說明他肯定有其他優點；重讀本章。
✣ 同事或朋友：小心！別讓他搶走了你的位置。

第六章

孤僻型人格

「獨處」就好比氧氣一樣重要，是生存的必需品。

你有孤僻型人格的傾向嗎？

	是	否
1. 在與人相處一整天之後，我會出現「想要獨處」的迫切需求。	□	□
2. 有時，我無法理解別人的反應。	□	□
3. 我對結交朋友，沒有很大的興趣。	□	□
4. 與人交談或相處時，我會漫不經心，想著其他事情。	□	□
5. 朋友為我慶生時，我感到更多的是疲倦，而非高興。	□	□
6. 別人經常說我心不在焉、放空發呆。	□	□
7. 我的休閒活動，大多是獨自一人進行。	□	□
8. 除了家人，我只有一、兩位朋友。	□	□
9. 別人怎麼看我，我不是很在意，也沒有興趣。	□	□
10. 我不喜歡團體活動。	□	□

三十三歲的卡洛兒是兩個孩子的母親，她跟我講述道：

我是在大學圖書館中，認識了安迪——我的丈夫。他整天都坐在圖書館裡，長得蠻帥的，一絲不苟的樣子讓我印象深刻。當時，我想要查閱的書他正在看，於是我們就聊了起來。他看上去很和善，但非常內向。因為我覺得他很吸引人，所以想跟他多聊聊；但真的好難聊啊！因為他總是用「是」或「不」回答我，讓我覺得我好像打擾到他。或許是因為我已經習慣了一般男孩子對我的關注，所以他的內向引起了我的好奇，就像是一種挑戰——我想要引起他對我的興趣。我成功了！兩個月之後，我們在一起了。以某種方式來講，主動的一方一直都是我。現在回想，當時的我這麼做，是不是自尋煩惱。

很快地，我發現安迪鮮少和其他的同學互動。沒課的時候，他都會跑到圖書館裡讀書，而不是跟同學到咖啡館聊天。現在還是這樣，我知道他唯一比較親近的朋友就只有保羅；保羅和我丈夫從小就認識了，他一樣對天文學很著迷。聽說，他們小時候經常在晚上，用安迪父母送的天文望遠鏡觀測夜空。而保羅後來真的成了天文學家，一半的時間都待在世界各地高山上的天文臺裡。安迪和保羅經常通信，現在他們透過網路保持聯絡。

那段時間，我因為安迪鮮少跟我說話而感到難過，甚至開始嫉妒他那位朋友。我想像著，安迪會跟保羅傾吐那些，他從來不跟我說的感想和看法；於是，我偷看他們的聯絡郵件。事實上，安迪對自己生活的描述就只有幾個字，比如「我和家人去了海邊」或「我換車了」，其餘的內容，都是他對天文學或電腦在科學和哲學方面的思考；他們還喜歡互相推薦各自喜歡的科幻小說。

安迪很會考試，後來他考上一所偏鄉學校，到那裡當數學老師；但這卻是災難的開始。他無法跟班上的學生們好好相處與溝通，於是很快就被解職了，但他沒有跟我說這件事。當時，回家後滿面愁容，進門後就坐在電腦面前，一動也不動。其實我知道，他不知道怎樣去面對別人的挑釁行為，平時要是有人跟他唱反調，他只會面無表情地聽著，一句話也不說，然後走掉。我想，他應是無法在一群不服管束的青少年面前樹立威信，那些孩子肯定立即就覺察到他古怪的一面。

好在，我丈夫跟一位大學老師一直保持著不錯的關係，這位老師建議他去讀博士班，這樣就可以在大學裡做研究。攻讀博士班是一件很辛苦的事情。他不分晝夜地忙於博士論文，假日也不得休息，花了五年的時間才寫完。但多虧這個博士學位，讓他在大學裡謀得一份研究員的工作。每個星期只有四節課，剩下的時間，他可以用來鑽研一門極其複雜的學科——微分拓撲學，連他自己都沒有辦法跟我解釋這是什麼。

我的朋友都覺得他人不錯，肯幫助別人，但不能指望他在聚會聊天時帶動氣氛。假日時，我很清楚地感覺到，一天當中，他無論如何都要有獨自相處的時間，即便只有一點點也好。他會帶上一本書（他特別喜歡科幻小說）出去散步。有陣子，他經常到海邊玩風帆，我很擔心，因為他都是獨自一人去。剛結婚時我經常對他發脾氣，因為我希望他能外向一點，展現多一點鬥志。慢慢地我明白了，我是沒辦法改變他的。從那以後，我開始學著去愛他原本的樣子。後來，我還發現，其實我丈夫和我父親有點像；我父親不善言談，而我也總是想方設法地想引起他的注意。

與世界斷開聯繫的孤僻型人格

安迪在與陌生人相處時，顯得非常內向，即便跟對方的關係有了進一步的發展，他的行為也幾乎沒有任何改變。**無論是工作、生活，或休閒活動，他都非常喜歡獨處。**他難以表達自己的感情，無論是在社交場合（朋友間的聚會）還是與人起衝突時（充滿敵意的課堂），他對別人的反應都表現得無動於衷。反之，在做研究或閱讀科幻小說時，則能完全沉浸在自己的世界裡。以上，都展現安迪具有孤僻型人格（類精神分裂型人格）的種種特徵。

孤僻型人格的特點

- 經常表現得面無表情、心不在焉，令人難以揣測。
- 對別人的誇獎和批評，表現得無動於衷。
- 喜歡獨處，偏好一個人的活動。
- 親密朋友不多，而且往往都是家庭成員；不容易結交朋友。
- 不會主動要求別人的陪伴。

孤僻型人格，在醫學上也稱作「類精神分裂型人格」；但是，這不等於「精神分裂症」，「孤僻型人格」（schizoïde）絕沒有「精神分裂症」（schizophrène）的意思，雖然這兩個字具有同一個希臘語詞根「schizo」——「斷開」、「與世界斷開聯繫」意思。精神分裂症並不是一種人格障礙，而是真正的疾病。患有精神分裂症的患者會出現譫妄和精神錯亂的症狀；安迪絕不屬於這種情況，他可是個出色的學者。

無論是批評或讚賞，都不在意

想要瞭解孤僻型人格者的經歷，並非易事，因為他們不喜歡談論自己。看到他們一副置身事外、無動於衷、默不作聲的樣子，該如何揣測他們對別人和自己的看法呢？根據心理學家的研究推測，他們的根本信念可能是：「與他人的關係是無法預知、令人疲憊的，是造成誤解的根本原因，所以最好躲得遠遠的。」

事實上，我們都知道他人是無法預知和令人疲憊的，但並不是每個人都有孤僻型人格！那麼為什麼與人相處，在孤僻型人格者看來格外疲憊呢？首先，因為孤僻型人格者無法像一般人一樣，去理解他人的反應，對他們而言，他人的反應是難解的謎題。於是，與他人進行交流時，孤僻型人格者需要付出特別的努力。**還記得自己跟語言不通的外國人聊天的情形嗎？這種感覺，或許就跟某些孤僻型人格者與他人進行交流時是一樣的——格外費力。**

另一個原因，可能是孤僻型人格者對人際接觸不大感興趣。跟一般人相比，他們不太在意別人的想法，包括別人的欣賞和稱讚。他們很少會有「想要獲得稱讚」的想法，因為他們對稱讚沒什麼感覺。與其他竭盡所能，想要獲得他人欣賞和稱讚的人格障礙者（自戀型人格者、表演型人格者）相反，孤僻型人格者要自給自足得多。他們可以從自己的內心世界和自己擅長的活動中獲得滿足。孤僻型人格者喜歡幻想、獨自工作、創造屬於自己的環境，而不是從別人身上尋求認同。你大概猜得出，孤僻型人格者大多偏愛長時間可以獨處的職業：不少的程式師、研究型工程師和某些手工藝者，都具有孤僻型人格傾向；還有某些與世隔絕的職業，例如燈塔看守人員。這些人往往都是所從事研究的專家，他們喜歡全心全意地沉浸在自己的專長領域之中。就像安迪，對他們而言，艱澀難懂或技術性很強的學科，要比與人接觸更有吸引力。

我們來聽二十九歲的馬克的故事。十六歲那年，父母擔心他過於孤僻，建議他接受心理治療：

的確，我總是在一個人的時候，覺得比較自在快樂。小時候，我特別喜歡跑到家裡的閣樓上，在那裡一待就是好幾個小時。我經常做白日夢，甚至把這天馬行空的想法寫成故事，但不會給任何人看。我寫故事不是為了給別人看，只不過是想把我虛構的這些小島和想像中的地理位置記錄下來。這些小島大多杳無人煙，我扮演的探險家需要對島上的動植物進行分類；我為了尋找靈感，把家中的自然史圖冊都翻遍了。

我在學校裡的感覺不怎麼樣。我成績很好，但在班上不受歡迎。我覺得自己跟別的小孩不一樣，我覺得他們很吵，我對其他男孩子的遊戲也不感興趣。所以，我很快就受到排擠，還得了個「怪咖」的綽號，大家總是「怪咖、怪咖」的嘲笑我。六年級的時候，班上的一個帶頭的學生還怒於我，把我當成了出氣筒。幸好，我結交了一個跟我個性相投的朋友，只不過他比我壯得多，於是再也沒有人敢欺負我們了。現在，我們還是朋友，並在同一家公司上班；因為我是在公司有職缺時，介紹他進來的。

青春期是我最難熬的日子。別人都三三兩兩地出去玩、追女孩子，而我總是一個人待著。在舞會上，我從來都不知道該說些什麼。跟人聊天讓我覺得很累，而且我總覺得猜不透別人想從我這裡得到什麼。與其如此，我更喜歡一個人待在角落裡埋頭工作，可是女孩子對我還是有吸引力的，就是這個原因促使我走出了「一個人」的世界。但我根本不擅長跟女孩子相處，不知道該跟她們說些什麼。聊天的時候，我總是說些自己特別感興趣而且遊刃有餘的話題：我試圖跟她們解釋飛行原理，或是怎樣借助天上的星星在海上定位。剛開始的幾分鐘，還能引起她們的興趣，接著她們就開始覺得無趣了。我有意識到這點，但沒辦法改變自己聊天的方式。另外，如果有別的男孩想引起她們的注意，我馬上就會退出，因為跟人競爭的狀態對我來說很不好受。

幸好，心理治療幫了我很大的忙。首先，心理醫生幫助我釐清所有讓我感到不自在的情況，某種程度上，這對我而言，是學會表達內心感受和個人想法的訓練；這是我平時無法做到的。此外，心理醫生還幫助我在聊天時，學會如何瞭解他人的需求——因為我不知道該怎麼與人溝通。

到了這個階段，我覺得自己可以接受小組治療，因為一開始我是抗拒的。這是一個訓練自我肯定的治療小組。我們通過角色扮演來模擬日常生活中的各種場景。例如，我曾經模擬過類似「你正在上課，你坐在一個年輕女孩旁邊，你必須去跟她聊天，並且邀請她喝咖啡」的場景。組裡的一個女孩扮演那個女學生。我表現得糟透了，不過別的組員也一樣，但心理師始終能夠維持著令人特別放心的氛圍，讓大家相互鼓勵。那一年，我在學習與人相處上，獲得很大的進步。

現在，我依然很喜歡獨處和智力型的活動，但我覺得與人接觸比以前有意思多了，因為我在跟人相處時，沒有那麼不自在了。我和我妻子屬於互補型，她比我活潑得多，也更擅長社交，而且，她很瞭解我，不會逼迫我超過自己跟他人相處的「底線」。我覺得，要是沒有接受心理治療，我永遠也不可能碰到她這樣的女孩，並娶她為妻。

馬克是個幸運的人。首先，他在學生時代就結交到知心朋友，這讓他不會有被所有人拋棄的感覺，並幫助他塑造更好的自我印象；其次，馬克在青春期就碰到了一個能根據他的個人需要，來為其提供治療的心理醫生，讓他的社交障礙問題，及早得到顯著的改善。

為什麼「孤僻」會成為痛苦之源？

在人類生活了千百年之久的傳統農業社會中，孤僻型人格可能不算什麼嚴重的事情。那時，人們在其一生中多半都與家族成員、同鄉的鄰里打交道，不用去結識陌生人；那時的孤僻型人格者，至多只會被外人覺得有些「不善言談」，但或許這讓他比一般人更能忍受長時間一個人的辛苦農作；而對女性而言，也更能安安靜靜地紡紗織布。

當然，若是正值青春年少的男孩，不知道怎麼跟異性打交道，會不知道怎麼追女孩——這些複雜難懂的生物；如果你是女孩，不知道如何回應男孩的主動出擊，會覺得避開他們更加省事。但如果這是在農業社會，這些事情就會變得容易解決。因為通常你的婚姻，可能是兩家父母在你出生的那一刻就決定好了，所以，無須自己尋找真命天子或真命天女。

也就是說，在以「生存」為基本需要的農業社會中，「擅長言辭」並非當時男人看重的特質，雖然這對夫妻之間的融洽相處，有所幫助。但與其如此，當時的人們更希望男人腳踏實地、身體強健、任勞任怨；女性則應該勤勞賢淑、對丈夫千依百順、全心全意地照顧孩子；以上這些人格特質，才是最重要的（還有豐厚的嫁妝），有趣的是，你會發現，其實這些與孤僻型人格的典型特徵，十分吻合。（至少這樣的女性不會抱怨丈夫少言寡語！）

從進化論的角度來看，我們甚至可以認為，孤僻型人格是那些需要長時間獨處之人的優勢，比如獵人、牧羊人或漁夫。

但是，時序到了現代社會，一切都變了。世界上有一半的人生活在城市裡，無論是在學校或公司、路上還是度假，我們都在不停地認識不同的人。人們必須懂得如何認識陌生人、學習與人打交道、如何給人留下好印象。這對某些人來說，尤其是在另一種環境中可能會如魚得水的孤僻型人格者而言，是很難做到的。現代社會，對人與人之間的溝通，強加了極為苛刻的要求：**若想吸引合作夥伴、說服雇主、領導團隊、實施某項計畫，你就得不停地說、說、說；我們的職業和感情都維繫於與他人的良好溝通上。**

因此，孤僻型人格者很可能會在情感上和人際交往中陷入孤立，並苦守著一份無須負什麼責任的職位，飽食終日。這也是為什麼，對於某些人而言，接受心理治療是有幫助的。治療雖然不會把他們變成長袖善舞、侃侃而談的人，但至少能幫助他們以合適的方法面對現代社會中，無法避免的人際交往。

電影和文學作品中的孤僻型人格代表

✪卡謬的小說《局外人》（Étranger）中，主角總是跟現實保持著距離，對他人的反應無動於衷，沉浸在自己的內心世界裡，具有孤僻型人格者的部分特徵。

✪法國知名小說家派翠克．莫迪亞諾（Patrick Modiano）的數本小說中，主角多半喜歡幻想，只有在遇見鍾情的女孩時才會走出孤僻型人格的軀殼，但女孩們往往會離他們而去，尤其是在《淒涼別墅》（Villa Triste）中。

✪在美籍猶太人小說家保羅．奧斯特（Paul Auster）的小說《月宮》（Moon Palace）裡，窮困潦倒的主角就這麼由著自己餓死在公寓，而不向任何人求助。他把自己封閉在孤僻型人格的幻想中。

✪在電影作品中，我們可以把那些愛打抱不平的英雄視作「精力充沛」的孤僻型人格者。他們性格孤僻、冷若冰霜、惜字如金，對女性和民眾的敬仰無動於衷。克林．伊斯威特和查理．布朗森（Charles Bronson）可謂這類人物的專家。他們大多飾演面無表情，跟壞人決鬥後，牽著馬匹繼續孤身走天下的「孤獨英雄」。例如查理．布朗森主演的《狂沙十萬里》（Once Upon a Time in the West，一九六九年）、克林．伊斯威特主演的《蒼白騎士》（Pale Rider，一九八五年）。

如何與孤僻型人格相處？

你可以做的

一、尊重他的「獨處」需求

別忘了，他人的陪伴對於孤僻型人格者來說，反而是一件很痛苦的事情。獨處是他的氧氣，讓他在勞累之後恢復精神；獨處還能讓他專注於自己擅長的活動。我們來聽聽瑪莉娜——前文例子中馬克的妻子是怎麼說的：

每次我們邀請朋友到家中吃飯，我都能感覺到馬克的不自在，即便他沒有表現出來。當然，他明白我們不能像原始人那樣生活，也知道我喜歡熱鬧。但我能感覺到他更願意待在家裡看書。不過他還是會毫無怨言地接受親友的邀請。等到要去朋友家裡吃飯的那天，一進家門我就能感覺到他情緒低落、臉色陰沉，一副鬱鬱寡歡的樣子。不過他不會抱怨什麼，仍舊很和善，他會坐在電視機前等著我準備好一起出門。

到了朋友家之後，他就像變了個人似的，聊天、開玩笑，表現得很有幽默感。大家都很喜歡他，覺得他好像蠻開心的。但我知道，他的這份輕鬆自如是經過多年對別人的觀察和努力，所「訓練」而來的，這對他來說是件需要花費很多氣力的事情。因此，在快要結束聚會的時候，他就會變得沉默，靜靜地坐著，就好像耗盡了所有的精神。這個時候，我就會藉口說第二天要早起，要先離開了；這時，他的眼睛會再次亮起來，就像小狗看見主人牽起皮繩就知道要帶自己回窩一樣（這個比喻是他說的，你知道他的幽默感了吧！）

其實，我們兩人都在努力：他接受訪親探友，並配合聊天的遊戲；我則拒絕太過頻繁的邀請，並在我願意的時候提前離開聚會場合。這樣的磨合結果，就是現在我們能融洽地相處。另外，隨著時間的流逝，他還跟我說覺得自己比以前更能接受他人的陪伴了。

由此可見，大概無須再解釋為什麼尊重孤僻型人格者的獨處需求，是多麼重要了。

二、給予適合其「天賦」的工作

梅爾是位非常出色的檔案管理員，三十八歲的派特——大學圖書館館長跟我們說：

她可以找到讀者詢問的任何資訊、輕鬆自如地處理資料庫。她大部分時間都坐在電腦前，保持跟讀者最低限度的接觸。她長得蠻漂亮的，但她根本不自覺；她從來不笑，走路貼著牆，我覺得她應該沒什麼朋友。她住在父母家樓上的一間套房中。

因為我是個工作狂，所以有時會讓她代替我去參加校內的某些會議。其實，我感覺到她有點不情願，但開完會回來，都會給我一份詳細的報告，記錄了誰都說了些什麼。我發現她在會議上很少發言，特別是在需要的時候，她並不是每次都會替圖書館說話。我向她指出了這一點，她聽了卻沒什麼反應。後來，我在信箱裡看到一封她寫給我的信，文筆非常簡練，幾乎不帶一絲的情緒，她在信中解釋了自己為什麼不適合去參加那些會議，說她難以記錄下所有人的每一句話，這讓她感到身心俱疲，覺得自己無法把工作做好。

我該怎麼回覆她呢？撇開別的不談，她是個很好的工作夥伴。於是，我決定不再讓她去參加會議，由著她坐在電腦前。現在，我發現情況有所改善，她跟我打招呼時，臉上都帶著微笑。

派特描述的情形，在職場中很常見：一名孤僻型人格者因自己的技術能力而深受賞識，被委任了管理職的工作，但這種需要與人交談、發言的管理職位，與他的性格格格不入。不僅使他信心大敗，最終也帶給公司不好的結果。我們再來看看另外一則案例。以下是盧克的自述，一位出色的工程師，差點成了一次「職業意外」的犧牲品：

我一直都非常喜歡數學和研究，所以，大學第一志願是工程系。但跟我很多的同學不一樣，他們都夢想著成為企業高階主管或政府高官，而我只想成為工程師。畢業後，我沒費什麼力氣，就在自己鍾愛的流體動力學領域找到了一份工作。工作兩年後，公司讓我監管一個三名工程師的小組，雖然這個工作比之前要累得多，但我還是能讓小組良好運轉。

於是，我被任命為工程總監。這一次，我必須跟不同的團隊合作、向管理層提交相關報告、參加很多會議，其中也包括跟客戶的會議。這讓我覺得很乏味，而且帶給我前所未有的壓力。我感興趣的是研究工作，而不是行政事務。我雖然能設法應付，但實在讓我疲憊不堪。我覺得自己並不是這個職位的最佳人選。

幸好，我在那個時候收到了一家外國公司的工作邀請，他們需要一位流體動力學研究專家。我馬上就答應了。現在，我有四個工作夥伴，都是研究員，我至少有四分之三的時間可以做自己喜歡的事情，只有四分之一的時間花在行政事務上。這家公司懂得發揮我的所長。當然，在我這個年紀，我的一些老同學已經成了手下管理著數百人的主管，但我所渴望的從來都不是這個。

盧克很幸運，找到一家能讓他發揮技術專長的公司，可是，還有多少像他這樣的工程師遭遇事業上的挫敗，被迫淪為汽車修理工，就因為公司期待他們能在自己並不擅長的管理工作上，有所建樹？話雖如此，我們的意思不是說孤僻型人格者都沒有領導團隊的能力（盧克就在適合自己的環境中做到了這一點），而是說應該仔細評估他們從事管理工作的可能性，並且不要把專業技能和管理能力混為一談。

三、用心傾聽他的內心世界

與封閉內向的外表不同，孤僻型人格者往往擁有極為豐富的內心世界。在學校，他們就是那種表面上對女孩不感興趣，但卻會在心中給心儀的女孩，偷偷寫下情詩的男孩。因為總在不停地幻想和想像，孤僻型人格者往往具有豐富而獨特的思維，而他們敏感的知覺，雖然有時顯得「有些天真」，卻可能創造出寶貴的純真詩意。**這種觀察事物的獨特視角，解釋了為什麼許多創作**

者、藝術家、研究員或作家，都是孤僻型人格者。

若想窺探他們豐富的內心世界，就不要用滔滔不絕的話語去打擾你心儀的孤僻型人格者。只需在你專注聆聽的時候，鼓勵他們開口說話就可以了。提出一個他們感興趣的話題、尊重他們的沉默寡言、付出足夠的耐心和專注。如此，或許就有機會聽到他們口中精采絕倫的話語，發現一個令人嚮往的世界；就像一件珍寶，在懂得對它善加呵護的幸運之人眼前，顯露真容。

四、試著欣賞其獨特的「沉默寡言」

孤僻型人格者的話不多，這是當然的。但你有沒有想過那些滔滔不絕的人，或許更令人疲憊呢？你是否曾經因為手上正有緊急的工作要處理，結果一個同事卻跑來跟你說，他怎麼度過週末而感到生氣？或者，某個朋友在電話裡不顧你想要掛電話的暗示，繼續向你大吐感情生活的苦水？又或者，吃飯時活潑的鄰座不停地問東問西，長舌聊一些不相干人等的八卦呢？還有那些總會讓會議無限延長的人，因為他們總是不知疲倦地講個不停？

與孤僻型人格者相處時，絕不會出現上述的狀況！所以，當你需要休息、安靜、集中精神的時候，或許，孤僻型人格者會是你最好的夥伴。為此，或許你可以考慮與孤僻型人格者一起遠足、去海上冒險、釣魚，或是週末相約研究某個東西、看書。因為，跟孤僻型人格者在一起，沒有人會打斷你說話！

你不該做的

一、不要強迫其表達強烈情感

你不能要求一輛家用汽車，具有運動跑車的性能；同理，你也無法強迫孤僻型人格者，對你表達強烈的情感——欣喜若狂或怒不可遏：

在我們的蜜月旅行中，我覺得自己難以忍受我的丈夫。我很愛說話，喜歡開玩笑，容易激動，會表現出強烈的高興或憂傷的情緒。當時，我們在義大利北部觀光，那裡的美景讓我著迷。每當我興奮地大叫「簡直太漂亮」時，我丈夫就會用一種平淡的語氣回答「對啊」，或者根本不理我！我們纏綿的時候，他看上去挺享受，但等到事後我依偎在他懷裡，他卻連一句溫柔的話都不會說。

幾天後，我們在飯店收到一封電報——他的一位叔叔突然去世了。我為他感到很難過，我知道那位叔叔對他而言就像父親一樣。我滿眼淚水，看著他把那封電報又看了一遍，一句話也沒說。最後，他看了我一眼，然後跟我說：「我們得回去了。」

我花了相當長的一段時間，才習慣他的不善表達。但沒關係，最終我發現他還有別的優點。而他對待我的方式也有了一些改觀，我也變得不那麼挑剔了。我們有時候還能互相開開玩笑。

二、不要在他面前滔滔不絕

孤僻型人格者的話不多，也極少打斷別人說話，所以看上去是很好的聽眾。也正因為如此，孤僻型人格者在「非自願」的情況下，會吸引那些渴望「滔滔不絕」向人傾訴的人。他們會對著孤僻型人格者不停地說、說、說……，如果他們稍稍注意一下聽自己傾訴的孤僻型人格者，就會發現對方的疲憊和厭煩。以下，是四十二歲的農場主傑曼跟我們分享的故事：

我妻子是個會計，就像外人說的，她是個一絲不苟的人。她工作很勤奮，說話的聲音從來不會比別人高，把我們的兩個孩子照顧得很好。唯一的問題是，我這個人喜歡說話，而她卻不是。在我對她獻殷勤的時候，她的沉默讓我很難過，總是有種熱臉貼冷屁股的感覺。我天南地北地跟她東聊西扯，她只是看著我，什麼也不說。我以為她對我不感興趣，於是就越想跟她說話，跟她講各種有的沒的，開各種玩笑，但，都沒有什麼用。

某天，我們一起去看電影《雨人》（Rain Man）。看完後，我開始對這部電影評頭論足，可她沒做什麼回應，到最後只說了句：「我看完一部電影會有所思考，但我不喜歡談論它。」就在那一刻，我突然意識到，幾個星期以來，我的話太多了。到現在，我們連續說話的時間都不會超過十分鐘。但我已經習慣了，要是想找人說話，我有幾個哥兒們，我跟他們可以整晚地聊天。另外，她對我每個星期出去一兩個晚上毫無意見。她會開著電視機，關掉聲音，做填字遊戲。

這個案例，提供了一個很好的相處建議（不僅適用於孤僻型人格者）。與人說話時，稍稍做些停頓，觀察一下對方的非言語反應（例如：眼神、動作、姿勢），有時，可以從中看到比做出回答更多的東西。

三、不要放任其孤獨自閉

如果由著自己的本性，孤僻型人格者恐怕最終會過上隱世的生活。一、二十年前，有些實驗室裡的研究人員從來不出辦公室，甚至睡在裡面。他們的日常生活幾乎沒有「出門」，穿著拖鞋走到咖啡機前，就算是出門了。

但現代的研究工作情形不同了，通常需要與來自世界各地的不同小組一起共事，或合作或競爭，這也讓這類足不出戶的研究人員漸漸消失（但在一些具有保密性質的國有大型機構中依然存在），或是促使適應能力強的孤僻型人格者，能在「獨處」和「社交」之間，學習取得平衡。

總之，如果你認識某個孤僻型人格者，不要在他面前喋喋不休，這會使他們疲憊不堪；更好的作法是偶爾拜訪他，邀請他一起去參加聚會。如此，可以幫助他提升人際交往能力，而這種訓練，也可以讓他在社交活動中不會感到那麼累，就像本章第一個案例中卡洛兒和她丈夫那樣。

如何與孤僻型人格相處？

你可以做的：

✓ 尊重他的「獨處」需求
✓ 給予適合其「天賦」的工作
✓ 用心傾聽他的內心世界
✓ 試著欣賞其獨特的「沉默寡言」

你不該做的：

✗ 不要強迫其表達強烈情感
✗ 不要在他面前滔滔不絕
✗ 不要放任其孤獨自閉

人際關係上的處理：

✣ 上司或主管：遇到工作問題時，留言給他而不是直接找他當面討論。
✣ 伴侶或家人：必須承擔可能會出現的溝通問題，並努力試著解決。
✣ 同事或朋友：讓他成為優秀的專家，而不是迫使他成為糟糕的管理者；欣賞他的沉默。

第七章

A型人格

「壓力」是興奮劑；凡事都要全力以赴、努力迅速的完成！

你有A型人格的傾向嗎？

	是	否
1. 我不喜歡無所事事，就連休假時也一樣。	□	□
2. 我常常因為別人動作太慢或不夠快，而生氣惱怒。	□	□
3. 我的家人經常抱怨我是工作狂，只顧著工作。	□	□
4. 我有很強的競爭意識。	□	□
5. 我總是把行程排得滿滿的。	□	□
6. 我吃飯吃得很快。	□	□
7. 我難以忍受等待、排隊。	□	□
8. 我在做一件事時，會同時想著接下來要做什麼。	□	□
9. 我精力旺盛，比一般人還要充沛。	□	□
10. 我經常感到一天二十四小時不夠用。	□	□

以下，是三十六歲諾爾貝的經歷，他是電信公司的業務管理人員：

面試的時候，我就覺得老闆是個不好相處的人。他在問問題時，總是不等我回答完就已經提出下一個，一副急匆匆的樣子，沒有耐性，有種「我在浪費他時間的感覺」。面試的當下，我想我應該是不會錄取。沒想到，我錄取了！後來我才明白，匆忙和沒耐性是他的常態。

開會時的情形更糟，一旦有人發言太久，他就會打斷人家；有時候甚至幫人家把話說完。此外，他難以忍受別人當面反駁，要是有人提出反對意見，他就會據理力爭，直到對方放棄自己的立場為止。但要是你過兩天再見到他，他就能接受你試圖傳達給他的意見，就好像他從頭到尾都沒反對過你的看法。老闆的這種個性，成為大家茶餘飯後的話題——當然，是在背地裡偷偷說。

我們還是很尊重他；必須承認，他的工作能力很強。他早上總是第一個到辦公室，最後一個下班。從一個辦公室到另一個辦公室，他幾乎是用跑的。只要有人跟他說哪裡出了問題，他馬上就會處理，而且相當精準，都能立刻解決問題：只有那麼一、兩次因為操之過急，考慮不周而鑄成大錯。他人不壞，但脾氣很暴躁，即便他強忍著，還是一眼就能看出，他生氣了。

有一次，他發現祕書給錯檔案，我眼見著他的面孔因為憤怒而漲得通紅，但當時有客戶在，所以他強忍著沒有發飆。有些日子，他顯得非常煩躁，好像隨時都會暴怒，這時，我們就會避免去見他；因為此時他會脫口而出極為傷人的話，莫名其妙大發雷霆。我不知道他的妻子怎麼能受得了他！或許他在家裡脾氣沒這麼大。我想，他工作這麼忙，或許待在家裡的時間也不多。

即便是在週末，想必他也是難以放鬆下來。我記得去年，大家一起去外地參加會議；開會地點很棒，旁邊還有一個網球場。於是，老闆和總務主任打了一場比賽；程度之激烈，不知道的人還以為是職業選手在比賽，老闆甚至還扭傷腳。所以，你應該有猜到吧？他總給我們超出負荷的工作，並期待所有人都按照他的節奏去工作，但我們可不想最後落個生病住院的下場啊！

高度競爭意識、追求效率不拖延

總是行色匆匆、沒耐性、急躁，每天的工作就像在跟時間賽跑般，諾爾貝的老闆似乎在跟時間較勁。跟他相處不是件容易的事情。要是他覺得別人跟不上他的節奏，或者因為錯誤而打亂了他的計畫，就會不停地打斷、催促別人；換言之，無法跟上他節奏的人，就是妨礙他與時間賽跑的阻礙。此外，他還具有一種高度的競爭意識，無論是平時的工作討論或是同事間的網球比賽，他都想要「贏」對方。即便是應該沉穩對待的情況，也會忍不住想要跟人一較高下。這種把別人視為拖累或競爭對手的觀念，令他時常處於與人「競爭」的緊繃狀態中。

而由上述的分享，我們可以推測其老闆是一種較為極端的A型人格，如果讓他做一次測試，肯定會以高分被歸為A1型人格。實際上，我們可以依序從A1（最高級別的A型人格）到B5（A型人格的反向類型）的等級對所有人格進行歸類。B5型人格者性情安靜，行動之前會花時間去思考，沉穩地傾聽對方的觀點，很少行色匆匆。若以政治人物為例（不一定準確，因為我們在媒體上看到的都是政治人物的公眾形象，對他們私下的日常生活並不瞭解），可以推測艾倫．居貝（Alain Juppé）屬於A1型人格；與此相對，雷蒙．巴爾（Raymond Barre）在公眾面前的行為舉止則比較像B5型人格。（編按：以上兩位都曾擔任法國總理。）

A型人格的特點

✣ 與時間賽跑：總想做得更快，在有限的時間內做最多的事情；沒有耐性，不能忍受拖延。

✣ 競爭意識：即便是在聊天或休閒活動等日常活動中，「想贏」的企圖心依舊很強。

✣ 全心投入：工作賣力、用心，就連休閒活動，也會將其視為某種「目標任務」，努力完成。

壓力是A型人格的興奮劑

在A型人格者的眼中，日常生活中的任何事件都是挑戰——他想「掌控」所有的情形。無論事情的大小，他都會全心全意的投入。**雖然在面對重大挑戰時，我們都會全力以赴，但對於A型人格者而言，「所有的挑戰」都是無比重要，沒有輕重緩急、大小之分。**

加拿大心理學家艾瑟爾．羅斯基（Ethel Roskies）對這種性格特點，做出了以下描述：「對於A型人格而言，所有的衝突都如同核戰爭。」A型人格的座右銘可能是「我必須掌控所有的形勢」或「我必須完成所有事情，無論大小」。我們來聽聽五十歲的醫院行政主管艾莉怎麼說：

跟所有的醫護人員一樣，我的工作壓力非常大：開會、查房、行政工作、急診，我總在追著時間跑。換成別人我想早就打退堂鼓了，可我就彷彿打了興奮劑似的，越工作越起勁。我習慣一心二用：一邊寫報告一邊聽別人說話，或者一邊在醫院裡穿梭一邊看文件。隨著習慣的養成，我做事的速度也越來越快。醫院主管給我起了個外號——「白色龍捲風」。

只要我感覺情況在掌握之中，就不會出什麼問題，但只要我慢了半拍，或覺得別人不夠快時，我就會變得非常焦躁。尤其，我非常受不了會議延時，我總想著自己還有那麼多事情要做，這時候，我就會打斷別人的講話，護理師們對我這一點頗為不滿。總之，那些不喜歡我的人會申請調職。這樣很好，因為剩下的醫務人員大多都能跟上我的節奏：快。

我的「運轉方式」一直都是這樣，但我丈夫覺得到這個年紀了，應該開始「放慢速度」。他經常跟我說：「往後退一步。」簡直開玩笑！我倒想看看在一個工作安排上稍微出點差錯，就有可能造成災難性後果的地方他能怎麼做。但最近，我到了晚上感到越來越疲憊，脾氣也越來越暴躁，我覺得自己的體力已大不如前了。我丈夫說我壓力太大。可對我來說，壓力就是我的生活！

艾莉將「緊迫感」形容為自己的「興奮劑」。另外，她的行為舉止體現出A型人格的另外一些特點：做事非常快、能同時做好幾件事、對所做之事全力以赴，但卻很容易失去耐性。

可是我們應該如何看待艾莉呢？她喜歡自己的工作，但意識到自己越來越容易疲勞。當她筋疲力竭地回到家中時，丈夫要忍受她的壞脾氣。艾莉是否為自己的性格付出了太多呢？兩個人誰說得有理：是覺得她壓力太大的丈夫，還是覺得壓力就是自己生活的艾莉？要回答這個問題前，先讓我們認識一下，什麼是壓力？

什麼是壓力？

壓力，是一種我們的身體在需要努力去適應某種情況下，所做出的自然反應。例如，在我們加快步伐去赴約會時，就會出現壓力反應；而這種反應又由以下三個部分組成：

一、心理表現：我們在看手錶的時候會做出估計，距離開會時間還有多久、距離開會地點還有多遠（環境所限），以及我們能走多快、是否能找到更迅捷的交通工具（可控的資源）。若環境所限與可控資源的差距太大（比如，距離重要會議的時間只有十分鐘，但還有兩公里的路要走，但卻看不到一輛計程車），就會感到很大的壓力。

二、生理表現：在開會的例子中，我們的身體會分泌不同的荷爾蒙，尤其是腎上腺素。腎上腺素會讓我們的心跳和呼吸加速，使皮膚和臟器的血管收縮，促使血液流向肌肉和大腦，增加血糖濃度，這樣我們的肌肉就會獲得更多的葡萄糖；以上所有這些生理反應，都為我們做好了支出體力的準備。

三、行為表現：我們會加快腳步，甚至跑起來。

由此可見，**壓力是一種既自然又有用的身體反應，它使我們做好適應某種緊迫情況的準備。**

現在，讓我們想像一下以上開會的場景，只不過這一次是在開車，而你被塞在路上。這時，也會出現同樣的壓力反應，你會覺得自己的心跳加速、肌肉緊繃。但坐在車裡，再怎麼緊張也沒用，因為收緊肌肉並不會令道路暢通。話雖如此，為何我們依然會出現同樣的壓力反應呢？

適當的壓力，能提高工作表現

很簡單，因為壓力反應來自我們遠古的祖先。我們的遠祖，就是透過這種「壓力」，在經過物競天擇的自然淘汰下，幫助他們在野生環境中存活下來。我們的祖先其最主要的壓力情境就是與對手搏鬥、逃脫捕食者的利爪，或是躲過森林大火、山洪暴發等自然災害。對付這些情況需要猛烈的體力爆發，而壓力反應正好起了推波助瀾的作用。我們是倖存者的後代，倖存者就是指那些能跑得更快，或者因為分泌更多的腎上腺素而擁有更強反應和適應力的祖先。

反觀在現今的都市生活中，我們面對的多數壓力情境並不需要猛烈的體力爆發、逃跑或打鬥。參加考試、面試時給對方留下好印象、修理出故障的設備；在這些情況下，體力基本派不上什麼用場。因此，很大一部分壓力反應都不適用。然而，腎上腺素和它的近親去甲腎上腺素，仍舊會對心理產生作用：提高警覺、減少反應時間，這會幫助我們完成緊急的工作或成功面對頑固的對手。

來看另一個例子。你要當眾演講，會後還有問答時間，但你一點壓力都沒有（熟悉演講內容，這次演講對你而言不是那麼重要）——你可能因此不夠積極，因而疏忽或有所遺漏，回答問題時也顯得無精打采；換言之，**不足的壓力反應，可能無法讓你達到最佳的表現水準**。相反地，如果壓力反應夠強烈（對演講內容不夠瞭解、聽眾要求高，順利完成演講對你而言非常重要），你可能會怯場，出現心跳加速、手心出汗、喉頭發緊等壓力反應的生理表現；你感到焦慮並心想，「我要是結巴就完蛋了」或者「他們發覺我怯場了」。這時在行為表現上，你可能真的會結結巴巴、忘記演講內容、手忙腳亂地回答問題。換句話說，太過強烈的壓力反應，也會影響表現水準。

由此可見，壓力反應存在一種中間狀態：你走上講臺的時候感覺到一定的壓力，心跳稍稍加快，精神戒備。在這種程度的壓力之下，你全副身心都被喚醒用以達成目標——順利完成演講。我們可以用以下這張圖，來看看工作表現和壓力之間的關係。

在最高峰的地方，就是最佳的壓力程度；這個最佳壓力程度可以喚起積極心，以獲得最佳的工作表現。（當然，壓力程度取決於你要完成工作的類型和期限。）這種壓力反應需要付出體力成本，因而必須懂得如何恢復體力。在演講完之後，你會覺得需要跟人輕鬆地閒聊幾句，或是獨自待一會兒，以便恢復體力。如果你的壓力反應持續時間過長，或在短時間內頻繁出現，疲憊感就會隨之而來。

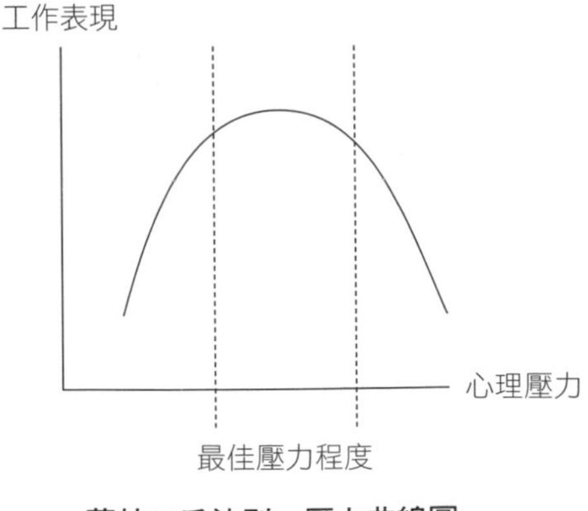

葉杜二氏法則—壓力曲線圖

好的，以上是一般人對於壓力反應的正常表現與調適，那A型人格在這種情況下又會如何表現呢？**A型人格者會表現出比一般人更為強烈、持久和頻繁的壓力反應。他們往往不會在意必要的體力恢復期，因為只要夠年輕，體力夠充沛，他們就能承受種種的壓力**。但隨著年齡的增長，「操過頭」的風險也會增加。

有人曾對A型人格者，在面對適度壓力情境時的生理反應進行研究。研究人員邀請A型人格和B型人格在電子遊戲中分別與另一位玩家對陣。觀察結果顯示，A型人格者的心跳頻率、血壓和腎上腺素的上升幅度，不論在速度和強度上都高於B型人格者。如果對方玩家在遊戲過程中做出語帶譏諷的評論（例如「你得加把勁了！」），那麼這種上升在A型人格者身上會表現得更加顯著。在這種程度的壓力反應下，A型人格者開始比B型人格者更加頻繁地出現錯誤，因而導致表現水準下降。由此可見，「抗壓力太好」不見得是好事，它有可能存在不可預知的風險。現在，我們來看一下A型人格的優缺點比較：

優點	缺點
• 全力以赴、效率高。	• 缺乏退守思維、難以放慢速度。
• 有理想有抱負、鬥志高昂。	• 犧牲家庭生活、好爭好鬥。
• 工作上受人尊敬、鼓舞人心。	• 容易因專斷而遭人排擠；打擊他人士氣。
• 精力充沛。	• 壓力過大，容易引起健康問題。

• 升遷速度快。 • 事業成功。	• 因缺乏退守思維而可能停止不前。 • 因衝突、健康問題和夫妻不和而引發事業危機。

看完這個表格，你就會明白我們為什麼在本書收錄A型人格了；對他人、合作夥伴、家庭而言，A型人格者可能不僅是難以相處的對象，就連A型人格者本人也深受其苦：過度工作、壓力過大，以及健康問題等。

此外，國際流行病學研究已經在數年間對成千上萬的A型人格者進行了追蹤調查，並獲得了一致性的研究結果：

✣ A型人格者罹患冠狀動脈疾病的風險比B型人格者高出兩倍。

✣ 脾氣不好、愛生氣、最好鬥的A型人格者，其罹患冠狀動脈疾病的風險最高。

✣ 患病風險會隨著如吸煙、高膽固醇、超重、高血壓、久坐不動等其他致病因素而增加。

事實上，A型人格者的健康問題引起了北美一些大型企業的關注。誠然，這些大企業的A型人格高階主管，都極富工作效率，但如果哪天他們心肌梗塞發作，無論在工作成效或醫療費用上，企業都將為此付出巨額的代價。因此，企業對旗下A型人格的員工都較為關注，多半會建議他們參加壓力管理和降低心血管疾病風險的課程。

推薦給A型人格者的課程內容（根據具體的方法、目的）和時間（連續幾個月的定期訓練或連續幾天的集中訓練）各有不同。課程可以按個人或小組形式進行。無論如何，這些課程的目標都是一樣的：幫助A型人格者培養適合自己的壓力管理方式，也就是說讓他們養成持久的新習慣——學習放鬆與排解壓力。讓我們來聽聽四十三歲的賽門的經歷，他參加了公司內部的壓力管理課程。

這段時間，人資部的主管越來越關注工作壓力的問題。當時，我們公司正經歷重大的人事變動，每個人壓力都很大。財政主管因為心肌梗塞休了好些天的病假，期間動了手術，在心臟中裝了支架。我自己也經常頭疼，試過好多醫生開的藥都沒什麼用。另外，我妻子也抱怨我越來越緊張，動不動就生氣。確實，我在家裡經常因為雞毛蒜皮的小事發火。比如，我女兒打電話的時間稍微長了一點、我兒子下樓來吃飯晚了幾分鐘，都能讓我大發雷霆。

最近，我的失眠問題也越來越嚴重，經常因為頭痛沒睡好，總是感到疲憊不堪。所以，當人資部主管告訴我們，公司從外面請來專業機構可以幫助大家管理壓力時，我就報名參加了。課程安排很適合工作繁忙的人：每兩週一次個人課程，持續六個月，十二堂課；以及每個月一次的團體課程，持續兩個月，加起來一共十四堂課。

我很快就喜歡上這套課程。首先，老師會開始分析平時遇到的具體壓力情境。第一次上課，我填寫了幾個關於自己壓力症狀、溝通方式、每日行程、生活方式的調查問卷。這讓我意識到很多事情：別人經常讓我感到惱火，而我要不加以克制、放棄跟對方的溝通，要不就大發雷霆。老師跟我解釋說，這兩種態度是引起重大壓力的因素。另外，我還發現，我好多年都不曾有過屬於自己的時間，除了每週打兩個小時的網球，其他時間全部都被工作和家庭生活占去，就連打網球時也有壓力，因為我總想保持十年前的水準，但又無法做到。最後，老師分析出我具有完美主義傾向，且不相信他人，所以大大小小的工作都自己來，因此造成自己的工作量過大。而幾個星期下來，老師與我共同討論、制定了我個人的壓力管理計畫，主要集中在四個目標上：

一、當別人讓我感到惱火時，用明確的語氣與對方溝通，而不是情緒化的字眼。

老師跟我一起分析了我的工作情境，然後進行角色扮演，他扮演跟我經常相處的同事。我漸漸懂得如何以有效的方式提出批評：坦率地表達自己的觀點，批評對方的行為而不針對個人。

以前，如果我的助理沒有按照我希望的方式把檔案準備好，我不會跟她再三重複，因為她要做的事情很多，我又不想因為某個細節增加她的壓力，結果到某一天，我終於徹底爆發了，說了「該死！你沒有按照順序把檔案給我準備好啊！你做什麼都不用心！你根本不在乎這工作！」之類的話。

她在事後會埋怨我，而我也會自責，如此，搞得大家壓力更大。但現在，我會這麼說：「下次，我希望你能按照順序把檔案整理好，這樣可以節省許多時間。」如果我看到她已經有些緊張了，我會再補充說：「我知道你有很多的事情要考慮，那現在又多了一件，但這對我很重要。」我開始學習用這種說話方式與我的同事溝通，結果大家的工作都變得更有效率了。

二、下放更多的工作

我總是難以下放工作，總覺得由自己來做的話會更好，而且往往確實如此，因為我的同事沒有我的經驗豐富。但若是在工作上一直如此的話，我事前就沒什麼時間思考，或者退一步看待問題，這讓我付出了不小的代價。老師幫助我列了一個可以下放的工作名單，這樣就迫使我跟他一起審視自己的完美主義傾向。

三、增強自己的抗壓能力

第一次上課時，老師就教我如何在幾分鐘之內透過呼吸進行放鬆。透過持續的訓練，我可以做到在呼吸之間有效地放鬆自己。現在，我每天都會這麼放鬆好幾次，尤其，一旦感覺壓力上來了，例如兩個電話之間、等紅燈，甚至開會的時候。現在，我回到家的時候感覺沒那麼累，也沒那麼容易發脾氣，頭疼問題似乎也好一些了。

四、依輕重緩急，安排事情的優先順序

在放鬆課程上，老師幫助我意識到，儘管我以事業為重，但擁有工作之外的生活也很重要。我們從小處著手，看看我能怎麼調整自己的排程，留出更多的時間給我自己和妻子。

我對這個課程很滿意。我原以為壓力管理就是泡個熱水澡，或者喝杯熱茶什麼的，但現在我明白了，完全不是這樣！實際上，這種課程能教會你如何在日常生活中養成新的習慣：學習如何在「工作效率」和「生活品質」間取得平衡。

壓力管理課程的常用方法及目的

常用方法	目的
學習放鬆	減輕壓力反應的生理表現，學習徹底恢復體力。
溝通訓練	減少好爭好鬥的表現。
思維訓練	學會凡事都有輕重緩急，學會退守，不用樣樣追求第一。
培養健康的生活習慣	提高抗壓能力，降低心血管等相關疾病的致病風險。

賽門跟我們分享的，是一次成功的壓力管理課程經歷。現在，他可以用心平氣和的態度與人溝通，也可以做到恰到好處的放鬆；他明瞭安排工作優先順序的重要性，如此，才能讓他的工作和家庭生活獲得完美的平衡，一直困擾他的長期頭痛和失眠問題，也才能有所解。由此可見，在老師的幫助下，他已經超越了紙上談兵、光說不練的階段。

事實上，不少研究都已證實，設計合理的壓力管理課程可以減輕A型人格者對壓力的反應；這種對壓力反應的減輕，可以經由測量A型人格者心跳和血壓變化得到驗證。

電影和文學作品中的A型人格代表

✪在希臘裔美籍導演伊力．卡山（Elia Kazan）執導的影片《我就愛你》（The Arrangement，一九六九年）中，寇克．道格拉斯（Kirk Douglas）飾演一位壓力極大、雄心勃勃的廣告商，在車禍之後突然對自己不擇手段往上爬的處事方式產生了懷疑。

✪美國導演勞勃．懷斯（Robert Wise）執導的名作《縱橫天下》（Executive Suite，一九五四年），講述了一家室內裝潢公司的五個領導人在總裁去世之後的權力之爭。威廉．霍爾登（William Holden）飾演的角色表現出極端的A型人格，最終奪得大權。

✪在法國導演雅克．羅菲歐（Jacques Rouffio）執導的影片《七次判處死刑》（Sept morts sur ordonnance，一九七五年）中，傑哈．德巴狄厄（Gérard Depardieu）飾演的外科醫生貝爾格（Berg）是個沒有耐性、控制欲強的人。他具有A1型人格追求刺激的傾向和容不得他人反駁的專橫，他以在最短時間內順利完成手術為榮。不幸的是，對遊戲和風險的喜好令他中了陰險狡詐的、有B型人格傾向的查理斯．文恩（Charles Vanel）所飾角色的圈套。

如何與A型人格相處？

你可以做的

一、準時赴約，切忌遲到

A型人格者難以忍受等待；等待，會讓他失去耐性並焦躁不安。若真的無法按時赴約，一定要打電話提前通知對方，並告知預計到達的時間。如此，會讓他馬上平靜下來，因為他會重新感到自己對時間安排的「掌控」，好馬上利用等待時間的空檔去做別的事情。但注意，一定要遵守重新約定的時間，不要因為再次遲到而使對方重新處於壓力狀態之下。

要知道，A型人格者總想著要控制周圍的一切情勢。若是想讓他保持良好的情緒，就要讓他覺得一切都在自己的掌控之中。

二、積極協商，不要被牽著鼻子走

卡洛是一名年輕的醫生。她跟我們講述了自己那位具有A型人格的上司：

一開始，我不知道該怎麼面對我的上司。他總是給我很多的工作：閱讀文章並寫成報告；總結小組的研究結果，再寫成論文，並向他提交專案報告，好讓他去申請經費。他是個超級活躍的

人，工作節奏非常快，並且想把這種節奏強加給別人。於是，他總要我在很短的期限內把工作完成，因為我不敢反駁他，所以只好夜以繼日地拚命趕工；我男朋友覺得我過的簡直是非人生活。

此外，由於我經常無法按時完成工作，這讓我的上司氣到不行。最後，我男朋友建議我跟他重新討論工作時程；我之前從來沒有對此提出過異議，所以很難開口。因為我上司自己就是個工作狂，所以沒有人敢跟他說他分派的工作太多，而且在像我這樣的年輕研究員眼中，他是個令人折服的權威專家。

我男朋友是做業務的，很習慣跟一些難搞的大客戶談判，於是他提議跟我演練一下。他扮演我的上司，像我描述的那樣急躁。我們演練了好幾次：我先說明我想要的期限，因為工作時間太少；剛開始的時候我態度很堅決，但總是在對方的堅持下，又妥協了。

即便如此，這個練習還是幫了我的大忙。某次，當我的上司再次提出讓人無法接受的「超短期限」時，我終於開口跟他說：「長官，我很樂意接受這個工作，但我覺得工作時間太短了。」然後我就按照我男朋友教的那樣繼續跟他說。最後，我成功獲得了自己真正想要的十五天工作時間（雖然我一開始跟他說的是三個星期）。我覺得他蠻吃驚的，等到下次他想強加給我一些事情的時候，我已經可以應付自如了。

現在，變成了他來問我需要多長時間才能完成工作，而且，我覺得他比以前更器重我！我發現，懂得如何協商是生活中最重要的能力之一；學校裡竟然沒教這個，真是遺憾！

三、引領他「置身事外」，看清事情的輕重緩急

A型人格者喜歡誇大所有的形勢，因為他覺得總有某個「目標和理想」要去實現。為此，他們總是不惜強忍身體的承受能力，並開啟最大限度的壓力反應。因此，要試著讓他置身事外，讓他意識到不是所有的事情都那麼重要。

心臟科醫生傑洛在一家心臟病康復中心工作，見過不少因心肌梗塞而來此做復健治療的A型人格者。他有一位患者M先生，是一家公司的老闆，亦是典型的A型人格者：

當我聽見推門的聲音和走廊裡急匆匆的腳步聲時，就知道M先生來了。他滿臉通紅、氣喘吁吁地衝進我的辦公室，說他以「從來不遲到」為榮。我順勢跟他說，這種情況恰恰說明他在生活中的行為方式：壓力太大！於是我跟他說：

一、寧願晚個五分鐘或十分鐘，也不要把自己逼成「滿臉通紅」的樣子！

二、跑得氣喘吁吁，說明預留的時間太短，因為他在來我這裡之前安排太多事情。

就像所有的A型人格者，他總喜歡把行程「安排得滿滿滿」。因此，他應該學會在行程上，保留一些彈性時間。我建議他把自己計畫在一天之內要做的事情減去十%。「好吧，」他對我說，「那要是事情沒能按時做完怎麼辦？」我讓他從排程中，找出那些「比較重要」的事情。最終，他承認自己從來沒有思考過所謂的「優先順序」，因為他認為所有的事情都很重要。

四、讓他享受「真正放鬆」的快樂

四十三歲的瑪麗已為人母。丈夫是A型人格者，連週末也不會忙個不停。

我丈夫工作很拚命，即便週末也不讓自己閒著。首先，他會忍不住要制定一個行程表：幾點起床、騎兩個小時的自行車、規定自己做一些修修補補的零活、晚上前一定要達到某個目標等。因此，要是孩子們來打擾他，或者有朋友不請自來，他就會不高興，因為這些都耽誤了他的時間。

我們假期去旅行的時候也是一樣，他會為全家人訂定一個旅遊計畫，手裡總拿著旅遊指南，如果我們不按照計畫走，他就會生氣。

孩子們最終受不了了，在所有人大吵大鬧兩三回之後，他開始反省，並承認自己的行為太過分。從那以後，只要他想讓所有人按照他的節奏來時，我們就會調侃他一下。慢慢地，我能帶著他做一些不帶目的性的活動，比如到鄉間走一圈、散散步，或者度假的時候在海灘上多待一會兒，雖然，他還是想方設法地想要學習滑水！

從這個例子中可以看出，「A型行為」和「A型人格」之間的差異。實際上，有些人只有在身處壓力環境中才會表現出A型行為；一旦壓力解除，他們就會放鬆下來，改變行事的節奏。例如他們會在假期或週末花時間去散步，看自己喜歡的書，參加體育活動時也不會帶著必勝的目的。

但另一些人，就像瑪麗的丈夫，卻在根本沒有必要的情況下自己製造壓力。即便是在假期，他們也會安排行程表，並規畫欲達成的目標；這些人，我們可以將其定義為A型人格者。

我們知道，只要還擁有青春的活力，A型人格者就不會懷疑自己的行為模式，但如果他們的年齡漸長、體力開始減退，這種行為方式就會讓他們感到疲憊不堪。

事實上，A型行為指的是一種對時間和場面控制的反應模式。因此，他可能與其他類型的人格障礙相伴相生。例如，A型—偏執型人格、A型—自戀型人格、A型—焦慮型人格等。

你不該做的

一、不要跟他據理力爭

A型人格天性爭強好勝。若你跟他明著要拼輸贏，他就會立即擺出「要贏」的姿態，如此，爭執不下可能會令雙方劍拔弩張。尤其是你本來打算協商事宜，但對方已經因為別的事情而處在壓力狀態之下了。來聽聽一家清潔公司老闆，是怎麼描述那位A型人格的合夥人。

與自己的合夥人融洽相處很重要，但同時也不能讓他凡事都壓過你。亨利和我比較互補。他對所有的事情都很專注，從頭到尾都要一手掌控，而且不計代價地把精力耗費在某些，我覺得無益的事情上。他比較專橫，也比較容易激動，所以人際方面的問題和公司的管理就由我來負責，我對這方面也比較感興趣，但我很難控制他。他經常忍不住會越俎代庖，不跟我商量就自己做決定。一開始，我一得知這樣的事情就會去找他，告訴他錯在哪裡，並馬上重新劃定我們各自的職責。他自然是火冒三丈，態度堅決，於是，我們的對話很快就變成了雞同鴨講。

慢慢地，我懂得以更好的方式去處理這樣的情況。我會利用雙方心情都比較放鬆的時候，比如在簽完一份大合約之後，跟他說些類似「你看，我得知上個星期你沒跟我商量，就做了這個決定，可能我們沒說清楚，這個決定應該由誰來做。我建議我們週一再談談這件事情」的話。這樣一來，他就有時間考慮，而且往往會提出我能接受的規則，就好像這是他的意思。我發現，只要我選對時機，並留足時間讓他覺得是自己的主意，我就能讓他去做所有我想要他去做的事情。

二、不要捲入毫無意義的競爭

A型人格者往往具有狂躁的一面，他們總想勝人一籌。吃飯的時候，他們總想成為最幽默的那個，說話要處處占上風，甚至不惜語出傷人；因為他們把吃飯，也當成了一場競爭。不要讓自己捲入這種由他們來強行制定規則的遊戲，他們從中得到的樂趣可比你多；再者，你缺乏訓練，一定會輸給他們的。不如後退一步，當個旁觀者看著他們自以為又在跟誰競爭了。

此外，同時也要避免任由A型人格者，提出需要相「比」的休閒活動：在網球場上打敗你、跑得比你遠、滑雪滑得比你快、下象棋贏過你等。除非你也樂在其中，否則就不要讓自己在工作之外，也要置身在緊張的氣氛中。

三、對於他們的憤怒情緒，不要太在意

A型人格者易怒，而且往往脾氣暴躁。如果A型人格者沒有其他人格障礙的症狀，那麼他的怒氣就來得快、去得也快。**對於他們來說，生氣是一種正常的情緒，就像憂傷和快樂。**相反，如果你是個本性平和的人，沒有什麼事情能令你情緒失控，那麼生氣對於你來說就會具有不同的含義：你要是生氣了，說明事態嚴重，往往預示著徹底的決裂。

我們再來聽聽卡洛對她的上司又說了些什麼：

醫院裡的人都見識過我上司生氣發怒的樣子。我第一次見到他發火時整個人都驚呆了。一位女護工來找他，告訴他自己沒能得到額外的護士崗位，這是人事處在一年多以前就承諾過她的。上司聽了臉漲得跟雞血似的，咆哮著指責她沒有做好醫護工作！

我聽了心裡氣壞了。所有人都知道這個護工非常敬業，而且其他更缺人手的部門獲得了優待也不是她的錯。我覺得他完全不講道理，而且還發這麼大的脾氣，簡直是粗魯。

但更讓我感到吃驚的是那位護工的反應。她異常淡定地看著我上司，等著他咆哮完，然後問他自己可不可以走了。他看上去有點窘迫，然後護工就走出了辦公室。第二天，我看見他們在查房的時候照常說話，就像什麼都沒發生過一樣。護工認識我上司十年了，她很清楚在他生氣的時候，提出反對意見沒有任何好處。於是，她選擇等待事情過去，而事情確實就這樣過去了。我不知道自己能不能做到像她那樣平靜面對。

或許做不到，的確，因為沒人有義務，毫無限度地承受不公的無名火。或許那位護工會在上司心情比較好的某天，去跟他坦誠地討論他亂發脾氣的問題。如果她的上司是純粹的A型人格者，或許就能意識到自己的偏頗，並努力克制自己的壞脾氣，因為這種脾氣，讓他自己也不好受。然而，如果他還有自戀型和強迫型人格的特點，那麼讓他理解別人的感受就會非常困難！

如何與A型人格相處？

你可以做的：

✓ 準時赴約，切忌遲到
✓ 積極協商，不要被牽著鼻子走
✓ 引領他「置身事外」，看清事情的輕重緩急
✓ 讓他享受「真正放鬆」的快樂

你不該做的：

✗ 不要跟他據理力爭
✗ 不要捲入毫無意義的競爭
✗ 對於他們的憤怒情緒，不要太在意

人際關係上的處理：

✣ 上司或主管：用工作效率贏得他的尊重，但不要讓他把自己的工作節奏強加給你。
✣ 伴侶或家人：鼓勵他養成良好的生活習慣，避免他英年早逝。
✣ 同事或朋友：懂得讓他在崩潰或排擠你之前，放慢彼此的工作或日常節奏。

第八章

憂鬱型人格

我的能力不足，世界充滿了艱辛和不公。

你有憂鬱型人格的傾向嗎？

	是	否
1. 我覺得自己沒辦法和大多數人一樣，熱愛生活。	□	□
2. 有時，我會出現「要是我沒有出現在這個世界就好」的念頭。	□	□
3. 經常有人跟我說「別老是往壞處想」。	□	□
4. 有時，在面對令人高興的事情時，我感受不到一絲的喜悅。	□	□
5. 有時我會覺得身邊的親近朋友（父母、家人），對我而言是種負擔。	□	□
6. 我很容易產生罪惡感。	□	□
7. 我總是會去想過去失敗的事情，一味地鑽牛角尖。	□	□
8. 我經常覺得自己不如他人。	□	□
9. 我經常感到疲憊不堪、萎靡不振。	□	□
10. 即便我有時間，我也會藉口推辭各種活動邀約。	□	□

「父親從來就不是一個幽默的人。」安娜跟我們講述道：

我小的時候，大概六歲，清楚地記得有一次，我正躺在扶手椅上睡午覺，忽然醒了過來，發現父親正坐在旁邊看著我。他看上去滿面愁容、疲憊不堪，一點都不像是個快樂的父親。他的表情讓我感到很吃驚，我也不知道他為什麼會這樣，於是我哭了起來，他趕緊把我抱在懷裡安慰。多年後，我跟他說起這件事，他也對當時的那一幕印象深刻。他解釋說，看著我睡在那裡，那麼可愛卻又嬌弱不堪，忍不住想到所有那些，我將來會在生活中碰到的困難，那些他無法讓我免受其苦的不幸，這讓他感到很難過。

這是父親典型的思維方式：他總是看到事情不好的一面。看著熟睡的女兒，他並沒有慶幸自己有這麼個可愛的小女兒，沒有，而是想到女兒未來生活中的種種危險！

另外，我還記得有一次我們搬家，我的幾位哥哥和媽媽都對「搬新家」感到很興奮，而我父親卻陰沉著臉，在房子裡走來走去，到處挑毛病，哪怕是牆面上一條細小的裂縫也不放過。他不停地擔心，直到把這些瑕疵都修復得妥妥當當為止。話雖如此，這種對細節的一絲不苟，對他的工作很有幫助：他在工程建設指揮部工作。我敢肯定，要是哪架橋梁或哪條高速公路匝道的建築圖上有不妥的地方，他肯定一眼就能看出來。

父親很少笑，每個人都注意到這一點。不過，他在看電視上播放的卓別林或勞萊與哈台（Laurel and Hardy）的老片子時偶爾會笑一笑。我覺得，他只有坐在電視機前面對虛構的世界時，才會輕鬆片刻、可以會心一笑；因為真實的生活從來無法讓他露出笑容。

週末的娛樂活動都是母親負責，因為在工作之外，父親從來不會主動去做什麼。一直都是母親提議大家去散散步、去參觀博物館等，而父親從來都是聽之任之。

他工作很勤奮，經常把文件帶回家來。他總是一副疲倦的樣子，在休息的時候，他兩眼空洞地望著遠方，面帶憂傷。此外，他們應邀去朋友家吃飯的時候，母親說他給人的印象蠻好的，面帶微笑，有時候甚至會幽默一下。他給人的印象多半是個表情嚴肅、工作賣力的人，但他不喜歡去別人家做客，那對他來說就像交作業一樣。

父親去世幾年以後（他得了胰腺癌），我在收拾家裡的舊文件時，偶然發現了他的日記。我猶豫再三還是看了，因為我想知道父親究竟是怎樣的一個人。

他的日記就跟他的人一樣，讀不出一絲的快樂。他在日記裡記錄了自己的日常生活，但大部分是關於沒能做什麼事，沒能說什麼話的自責。比如「應該讓杜邦來負責這個文件的」，或者「跟某人說話太過嚴厲，讓他生氣了。我應該委婉一些的」，又或者「我對孩子們的關心不夠，我不是一個好父親」之類的。但我覺得他是個稱職的父親，關心我們，也給我們足夠的空間，我的哥哥們也是這個看法。另外，在工作上，我知道跟他共事過的人對他的評價都很高。

失樂症

安娜的父親表現出一種較為恆定的悲觀主義情緒。在面對不同的情況時，無論是自己的小女兒還是新家，又或者是工作，他總是察覺潛在的風險。他平時性情陰鬱，就像他憂心忡忡的說話方式所表現的那般。他似乎很少體會得到生活中的快樂——他從不主動去做令人愜意的事情，或許，他覺得沒有什麼事情是令人愜意的。這種無法感受到快樂的狀態，被精神病學家稱為「失樂症」。此外，也可以從他的日記中發現，他會頻繁地出現罪惡感和進行自我貶低。

另外，這位父親還是個工作勤勉、一絲不苟的人，但日子卻過得鬱鬱寡歡；他性格孤僻，家人的陪伴讓他感到身心疲憊，或許是因為他覺得自己沒有足夠的社交能力。安娜的父親似乎在一生中，都表現出這些性格特點。因此這不是暫時性的憂鬱情緒，而是憂鬱型人格。

憂鬱型人格的特點

- 悲觀：總是看到事情不好的一面、可能存在的風險；高估負面影響、低估正面影響。
- 性情憂鬱：習慣性憂鬱、悶悶不樂，即便沒有發生不好的事情也依然如此。
- 失樂症（Anhedonia）：鮮少感覺到快樂，即便是在進行休閒娛樂或碰到好事等。
- 自我貶低：自我感覺「能力不足」，即便得到他人的好評，依然會有無能感或罪惡感產生。

以上是憂鬱型人格常見的特徵，但並不能涵蓋每一位憂鬱型人格者的特點。與很多憂鬱型人格者一樣，安娜的父親可以說是一個利他主義者，做起事情來一絲不苟。他工作很努力，一心想著如何把事情做好，總是擔心同事和家人。這種類型的憂鬱型人格被精神病學家稱為「憂鬱型性格」（Typus Melancholicus）。除此之外，還有其他更消極、更容易疲勞或對別人沒那麼關心的憂鬱型人格。

負面的認知三元素

我們至少可以這麼說，在他眼中的生活並沒有那麼美好。此外，他對自己的評價也不高（雖然他是位受人尊重的父親和優秀員工）。當然，他對未來也沒什麼信心，他認為自己和家人將來的生活都充滿艱辛。具體來說，他具有以下三重負面看法：

一、對自己的負面看法：「我能力不足。」

二、對世界的負面看法：「世界充滿艱辛和不公。」

三、對未來的負面看法：「我和家人的未來前景堪憂。」

這種對自己、世界和未來的三重負面看法叫做「認知三元素」（cognitive triad），是由美國精神病學家亞倫·貝克（A. T. Beck）從急性憂鬱症患者身上所觀察到的情形。但我們在憂鬱型人格者身上也可以看到它的蹤影，只不過程度不同。我們來聽聽莎賓娜的故事，她是一家藥局的助理，具有憂鬱型人格。

在我看來，生活一直都充滿艱辛；但以世人的客觀眼光來看，我的生活是幸福的：有一份穩定的工作、一個愛我的丈夫、兩個乖巧的孩子。但我總覺得自己脆弱不堪，只能勉強地生活著。我不太喜歡自己的工作，我學的是藥學，本來應該進入製藥工廠，但我現在做的卻是行政工作，我覺得自己永遠都玩不起這社會上的「競爭遊戲」，對於我這種敏感的人來說，這個遊戲太複雜艱辛了。每次先生跟我說起他辦公室裡發生的各種事情，我都會覺得「好複雜」。

我本來打算自己開家藥局，這樣，就會覺得是在為自己工作，但我一想到要還那麼多年的貸款，就被嚇住了，覺得自己撐不了那麼久；此外，要是哪天突然覺得無法再繼續下去了，怎麼辦？

我的孩子們都很乖巧，也很愛我，但我覺得自己不夠愛他們。在我情緒不好、覺得一切都難以承受時，我會認為孩子就是一個負擔，是一種難以承擔的責任。但是回過頭來想一想，面對這些事情，我總能把手裡的事情做完，但即便是這樣，我還是對自己感到不確定。有時候，我會覺得自己的生活一團糟，又說不出是為什麼。我覺得我內心的某個地方是希望自己更加快樂的。

我先生跟我完全相反，非常樂觀、精力充沛，也幸好他是這樣的性格才能支持我。我凡事都往壞處想的思維方式，或者從來不願去做任何正向思考的處事行為，有時候會惹惱他。這個時候他會說我像我母親；最可怕的是，確實如此！

莎賓娜所描述的這種凡事都得付出巨大努力的「艱辛生活」之感，是許多憂鬱型人格者苦不堪言的原因之一。此外，那種不堪一擊、比別人差的感覺，令她對自己的事業規畫望之卻步，也是許多憂鬱型人格的共同感受。憂鬱型人格者在本能上不太願意去尋找快樂，為什麼呢？**有可能是最初的嘗試使他們灰心喪氣，又或者可能是長期感覺不到快樂，已經讓他們不再心懷期待——不知道快樂的感覺是什麼。**如果你跟憂鬱型人格者提議出去玩玩、走走，或是去看一出精彩的戲劇，他們很可能寧願「宅在家裡」。

憂鬱型人格與憂鬱症

精神病學家將某些症狀較輕的慢性憂鬱症稱為「心境惡劣障礙」（精神官能性憂鬱症）。根據美國精神病學會《精神疾病診斷與統計手冊》（第四版）的分類，憂鬱症需持續至少兩年，才可以被診斷為心境惡劣障礙。

研究指出，有三～五％的人其一生中會罹患心境惡劣障礙。與憂鬱症一樣，女性病患的人數是男性病患的兩倍。此外，有一半的心境惡劣障礙出現在二十五歲之前，並在此後成為頑疾，所以往往很難將其與人格障礙加以區別。此外，很多具有其他類型人格障礙（尤其是依賴型人格和逃避型人格）的人，同時也會出現心境惡劣障礙，為此，更難斷定是憂鬱症促成了人格障礙的形成，還是人格障礙導致的失敗，使人陷入心境惡劣障礙。

如何區分不同類型的心境惡劣障礙和其他分類所定義的憂鬱型人格，已成為情緒障礙專家們的熱門研究主題；而在討論的過程中又有新的研究成果不斷出現，礙於篇幅，實在難以盡述。但有一個重要的概念值得一提：對「普通型」憂鬱症具有療效的藥物治療和心理治療，經過調整，似乎對心境惡劣障礙和憂鬱型人格也同樣有效。因此，在面對憂鬱型人格時，我們給予的其中一項建議，就是鼓勵他們儘早就醫。

遺傳和教育

莎賓娜提到了自己的母親，並發現自己與她十分相似；這一點，說明了什麼？就是憂鬱型人格受到遺傳因素的影響，已是不爭的事實。雖然很有可能症狀沒有憂鬱症那麼強烈，但具有恆定特質的憂鬱型人格也會受到遺傳因素的影響。此外，我們也經常發現，在憂鬱型人格的家人中，有相當高比例的近親或遠親，都曾在某個時期罹患過重度憂鬱症。話雖如此，成長和教育背景因素也不可低估。在莎賓娜的案例中，我們可以想像得到，在莎賓娜的成長過程中，其母親鬱鬱寡歡、滿面疲態、對一切讓人開心的活動都猶豫不決的生活態度，想必對她影響很深；而在莎賓娜日後成為母親和妻子時，她也在無意識中繼續「模仿」了母親的性格。

讓孩子形塑負面自我印象的成長背景，很可能會增加其日後長大之後，成為憂鬱型人格的風險；尤其，若從生物學角度來看，孩子屬於易感個體，更是印證了上述影響的可能性。傳統教育中，某些觀念會強加孩子無法達到的完美典範，這會使他們對自身產生能力不足感和負罪感，從而增加憂鬱型人格形成的風險。以下，是一位正在接受治療的公務員迪波的親身經歷。

我覺得，我從小的教育就是我不配擁有幸福。我父親是農業經營戶，他拚命地工作，從來都不休息。他總是自尋煩惱，總想像自己快要破產了。確實，他曾經歷過農業危機的重創，也曾陷入過生活的低谷。

我們兄弟幾個接受的，都是嚴格的基督教教育——我們都是有罪的人，要時刻記得是耶穌用自己的生命替我們贖罪，不能忘記上帝無時無刻不在看著我們，哪怕是獨處的時候。你可以想像，這樣的教育方式對當時還是孩子的我，產生了怎樣的影響——我變得既敏感又自卑。

幸好，在我後來念中學的教會學校裡，氣氛要比家裡輕鬆愉悅多了。同學會邀請我到家裡做客，我那時候才開始意識到，身為基督教徒，並不一定非得陰鬱沉悶。但這種思維習慣還是遺留了下來，我很容易產生罪惡感，常常責備自己自私自利，只想著自己——我母親就常常這樣責備我。但我的朋友們都蠻喜歡我，我妻子則總說我為別人考慮得太多，不懂得如何維護自己。

確實，每當需要表達自我，或是向別人提出要求時，我總是躲在一邊，就好像為自己考慮是自私的行為。雖然，現在我過得比以前快樂了，但並沒有解決任何問題。每次得到好消息或是碰上快樂的事情，我在高興之後馬上就會覺得自己要倒楣了，就好像所有的幸福都要受到不幸的「懲罰」。我認為自己不配得到幸福，而我覺得這樣的世界觀都是拜父母所賜；但我可憐的父母，還自以為做得很好，教育出優秀的孩子。

迪波很清楚地意識到，自己對生活和幸福的看法被一種過於嚴格和令人產生罪惡感的教育方式，扭曲了，但這種意識並沒有消除其罪惡感的「條件反射」。也就是說，跟我們一般人想像的不一樣，意識到自己的狀況，並不足以讓這種狀況得到改善。反之，**憂鬱型人格者會不停地審視造成自己現況的童年和父母教育，卻始終無法走出困境**。換言之，有所意識是很重要，但還遠遠不夠。這時，尋求醫師或心理師的幫助，就非常重要了。但一般而言，他們不會主動尋求幫助，原因如下：

一、他們並不認為自己的狀態是一種「疾病」，而只是覺得這是「性格」問題。

二、在他們大致能應付工作和家庭的義務、承擔起自己的「責任」時，就不會迫切需要尋找解決問題的辦法。

三、他們篤信「意志」的力量。雖然他們感覺狀態欠佳，但認為只要「打起精神」，表現得「有毅力」，自然就會好起來。這種信念往往會得到身邊之人的贊同，而這些人最喜歡用此類建議，鼓勵當事人好好振作。

四、他們認為藥物和心理諮詢對自己沒有作用，多半認為自己的狀況獨一無二；此外，也覺得對人敞開心扉沒有什麼好處。

五、他們認為藥物沒有任何作用，不過是些讓人產生依賴的「毒品」，無法根治真正的問題。

六、他們對負面感覺已經相當習慣，以至於無法想像「開心正向」的感覺，因此也不再對此抱有任何期望。

七、他們會形成一種「願意背負痛苦」的自我形象，並以此進行自我的重新評估，因而會背離需要向醫生求助的事實。

八、他們所處的困境有時會帶來某些補償——換取身邊之人加倍的關注，藉此對不再來看望自己的孩子們施壓等。

棄而不治的憂鬱症或嚴重的憂鬱型人格，會造成人力、財力的巨大損耗。為此，只要我們對「憂鬱」的瞭解越深入，前去就醫的人就會越多，而且往往是在身邊之人的鼓勵之下前去就醫。心理學一類的治療方法並不能為憂鬱型人格者帶來奇蹟般的效果，但或多或少能提供具體有效的幫助——心理治療與藥物治療。

心理治療

心理治療有不少的選擇，我們在本書的最後一章中有專門著述。在此，針對憂鬱症和嚴重憂鬱型人格的心理治療，主要有以下三大類：

一、精神分析導向的心理療法

旨在幫助憂鬱症患者瞭解，那些讓自己無法感覺到快樂的「心結」，甚至是無意識的「心結」；這不僅僅是單純的解釋，還有瞭解這些無意識機制是如何運作，包括它們在醫患關係中的表現，即「移情」。精神分析導向的心理治療，應根據憂鬱型人格者的個人問題進行相應的調整。此外，心理師要具有互動和交談的能力（患者會難以忍受長久的沉默，把沉默當作拒絕和冷漠的訊號，認為醫生對自己不感興趣），並主動和患者討論日常生活中面臨的現實問題。在患者出現嚴重的憂鬱症狀時，心理師必須能及時為患者開立抗憂鬱藥物，以免憾事發生。

二、認知療法

一種特別針對憂鬱症的治療方法。簡單來說，這種療法認為憂鬱症與患者資訊處理的異常有關。其目的，在於幫助患者重新審視自己對自我和世界的悲觀看法。心理師多以蘇格拉底式的提問方式介入治療，引發患者對自身憂鬱信念的思考。認知療法的優勢在於，有關憂鬱症的研究結果已經證實，這種療法的效果可與最有效的抗憂鬱藥物媲美。

三、人際關係療法

此療法是源自自我心理學。經證實，這種療法在治療憂鬱症時具有等同於，甚至優於認知療法的效果。我們在後文中會進一步討論。

藥物治療

作為本書的作者，我們兩人都是心理治療師，也就是說，我們相信借助言語的治療，就可以讓很多患者獲得幫助。但必須承認，我們曾經遇過不少憂鬱型人格者，他們都曾在數年間接受過不止一位具有相當水準的心理師的治療，但病情依然未見好轉，於是，心理師為他們開立了合適的抗憂鬱藥物。現在，我們來聽聽四十二歲的記者——伊蓮娜的漫長「憂鬱」病史：

從青少年時期開始，我就覺得自己的心理問題比別人多。我感覺自己比朋友們都要脆弱，一個小小的挫折就能讓我對一切失去信心。跟大家在一起的時候，我經常覺得不知道該說些什麼，而我的朋友們卻可以連著好幾個小時談天說笑。我的學業還算順利，但每次考試之前我都會覺得自己過不了，覺得考試太難。

其實我很少有快樂的感覺，除了我一個人安安靜靜地待在家裡、沒有人讓我去做什麼的時候。我嫁給了第一個對我感興趣的男孩，因為我怕那也是最後一個。我丈夫既是我的痛苦，也是我的幸運。說痛苦，因為他總是把這種脆弱不堪、無能為力的形象投射給我——他批評我凡事都往壞處想，說我不夠振作；說幸運，因為他情緒穩定，是個勇敢、可以信賴的人。對於我這樣一個對自己能力缺乏自信的人來說，他能讓我安心。當然，就像我很多接受過心理治療的朋友一樣，我也想試一試，心想如果我能瞭解自己問題的來源，或許就能找到解決這些問題的方法了。

於是，我去做了精神分析。我躺在長椅上，坐在我身後的分析師一句話也不說。對於一個很難開口說些什麼的人來說，這種情形真是令我惴惴不安。最後，我使出渾身的力氣，終於開口講述我的生活、我的童年和我的憂傷。可是那個分析師還是一句話都沒說！我感到完全被人漠視和拋棄了，而且我跟他說了自己的這種感覺。他聽了這個才回過神來，問我是不是第一次有這種感覺。總之，六個月以後我中斷治療。我想他可能有自己的治療方法，也許這種方法會適合其他人，但不適合我，因為對於一個像我這樣害怕被人拋棄、害怕別人對我不感興趣的人來說，這種治療實在讓我難以忍受。

後來，我的女性友人推薦我另一位女性精神分析師。跟她做治療效果好多了，她會對我的話做出回應。我跟她講述了童年生活，還有跟父母的關係。如果有需要，我甚至可以就某個緊要問題向她探詢建議。我覺得她幫了我很大的忙：我找回了一點自信。光是看到她對我的關注，就已經覺得自己並非一無是處了。我還意識到自己的罪惡感傾向是我母親造成的，她也有憂鬱症。四年之後，我和醫生都同意中斷治療，一來我的情況有所好轉，二來我開始感到某種單調無聊。

在這次治療之後，我感覺好多了，但依然有不少問題，尤其是跟別人相處的時候——總覺得我比別人差，總覺得自己要花費雙倍的力氣才能過上正常人的生活。於是，在讀了一篇文章之後，我去找了一位採用認知療法的精神科醫師。這種方法跟我以前接受的治療很不一樣。我們一起系統地梳理了我日常生活中的各種事件，他讓我說出自己都會在什麼時候感到憂傷；他把這個稱為我的「內心獨白」。接著我們一起分析了這些自我貶低的想法，並在他的幫助下得以對此重新進行思考。這次治療的時間比較短，共六個月，每週一次。我覺得這次治療讓我的「正向感」又提升了一些。在此之後，每當我出現諸如「我比別人差」或「我永遠都做不到」的念頭時，我都能比較快地跳出這種負面情緒。現在，我說話的時候也更有自信了。

總的說來，雖然我平時仍需要付出極大的努力，但經過兩次治療確實對我有很大的幫助。我的家庭醫生說服我接受抗憂鬱藥物的治療。我猶豫再三才決定服藥，因為我覺得自己的問題很深，不是一個小藥丸就能解決的。

但那簡直就是天翻地覆的變化！一開始我並沒有什麼特別的感覺，但漸漸地，我早上起來的時候感覺比以前有活力；一個月之後，我感覺精力充沛！我說的精力充沛，不是指我回到了得憂鬱症之前的狀態，而是一種我從未有過的狀態！做事更起勁，疲憊感也減輕了很多，而在跟人相處時，也不會感到局促不安了，可以有話就說！我身邊的人都對我的改變，感到很驚訝。

六個月後，當醫生建議我停止服藥時，我有點猶豫，但最後還是聽從了他的建議。剛停藥時，並沒有感覺到任何變化，但幾個星期之後，我又開始出現那種陰鬱的狀態。我前思後想又去找了醫生，請他重新開藥給我服用，而後我又恢復了良好的狀態。事實上，這三年來，我只要停止服藥，就會在幾個月之內再次陷入之前的狀態。我為此找過其他的醫生、精神科醫師和專家學者。最後，我接受了自己很可能餘生都要依靠藥物治療的想法，就像是高血壓患者需要終生服藥一樣。

現在，我說服自己，只要我服用抗憂鬱藥物就可以像其他人一樣享受生活。當然，有的人說吃藥有違自然，那要這麼說的話，戴眼鏡也不自然，可是沒有人會認為近視眼，就應該活在模糊一片的世界裡吧！生來就被設置成「性情憂鬱」也不是我的錯。如果某種藥物能夠讓我以正常的眼光看待事物，我想不出有什麼理由不去服用它。要是有人在十年前跟我說這樣的話，我肯定會被嚇壞的！靠藥丸解決問題？有沒有搞錯？但在我經歷了這麼多心理治療和藥物之後，現在的我，確實活得比以前更快樂了。

看完這一篇長長的故事，我們想說的是，其實伊蓮娜的經歷，幾乎是所有憂鬱型人格者所共有的。在某些病例中，抗憂鬱藥物可以有效地幫助憂鬱型人格者；如果試都不試的話，就太遺憾了。但不要忘記，**抗憂鬱藥物的效果至少也要幾個星期才能發揮。此外，目前還沒有實驗結果可以預知哪種藥物對哪種患者最有效。**因此，要做好心理準備，服用的第一種抗憂鬱藥物不一定有效，或許第二種也是。但請給醫生幾個月的時間，他一定會幫你找到對你最有效的藥物。

電影和文學作品中的憂鬱型人格代表

✪法國小說家喬治．杜亞梅（Georges Duhamel）的系列小說《薩拉萬的生平與經歷》（VIE ET AVENTURES DE SALAVIN）的主角薩拉萬（Salavin）喜歡自我貶低和自我歸罪，是個典型的憂鬱型人格者（同時具有某些強迫型人格的特徵），最後犧牲了自己的生活。

✪義大利詩人切薩雷・帕韋斯（Cesare Pavese）在他的《日記》（Journal）中，表現出一種悲傷的幽默和低自尊，讓人想到憂鬱型人格，又因為感情的接連受挫而雪上加霜。

✪在法國小說家弗朗索瓦・努里西耶（François Nourissier）的一些小說中，尤其是《斷了氣》（La Crève）和《一家之主》（Le Maître de maison）中，主人公時常因感到自己的能力不足和生活艱辛而悶悶不樂，像極了憂鬱型人格。

✪在法國導演貝特朗・塔韋尼耶（Bertrand Tavernier）執導的電影《日出時讓悲傷終結》（Tous les matins du monde，一九九一年）中，讓－皮耶爾・馬里耶勒（Jean-Pierre Marielle）飾演一位十七世紀的作曲家。他過著隱居生活，性情憂鬱，拒絕享受快樂，也不允許身邊的人享受快樂。他不堪忍受愛妻離世，可他的執拗，不禁令旁人覺得正是這種性格促使他深陷哀悼中無法自拔。

如何與憂鬱型人格相處？

你可以做的

一、用「提問」喚醒他的正向思考

原則上，憂鬱型人格者無論在任何情況下，都傾向於看到事物不好的一面。對於他們而言，瓶子總是「有一半是空的」。

愛德琳娜，二十七歲，是一家大型機械企業的資料員，剛剛晉升為技術監督員。她對此是這麼說的，「工作壓力會更大」、「我難以勝任」、「這個公司的技術監督缺乏條理」。

一般情況下，我們肯定會忍不住對愛德琳娜說：「你總是把一切想得太負面，別再抱怨了！」但這樣的回話顯然沒有任何好處且還會讓他覺得自己不被理解、遭到拒絕，讓她對自己憂鬱的生活觀更加肯定。反之，如果在認可她看法的同時，透過提問的方式，將她的注意力吸引到事物美好的一面，或許能幫助她形塑出比較平衡的視角。

例如：「工作壓力確實會更大，尤其是剛開始的時候；但這樣不是也會更加有趣嗎？」、「為什麼認為自己無法勝任呢？你是不是每次都習慣這麼說，但通常事情都順利完成呢？」、「監督缺乏條理嗎？那麼就說明公司對你委以重任了。」無論如何，最重要的，就是不要粗暴地跟憂鬱型人格者針鋒相對，而是把他的注意力吸引到「瓶子滿的那一半」。

此外，你也可以提醒他，在那些他曾抱有悲觀想法或不自信的情況下，最終的結果並非如他所想的那樣——一定失敗。

二、以「同理」請求的方式表達你的期望

憂鬱型人格者往往傾向於拒絕參加令人感到快樂的活動。這種態度可能源於幾個相互交織的因素：疲憊感、害怕自己無法應對、快樂時的罪惡感；尤其是認為自己不會在活動中，獲得快樂

的心態。為此，在面對憂鬱型人格者時要避免兩種極端的態度：

1. 放棄的態度：不再對他做出任何提議。例如「說到底，他只要努力就行了。」這種態度只會加重憂鬱型人格者的負面想法。
2. 強加的態度：強迫他參加或面對他無法應對的活動及情形。

再來聽聽，十八歲的琳達跟我們講述了她父母的情形。

度假的時候，我的父母鬧得不可開交。母親個性比較憂鬱，不大喜歡活動，一整天都待在長椅上看書或看電視。而父親則非常好動，想方設法地想讓母親打起精神來。結果是即便她不願意，他也會強迫她去海灘或拉她騎著自行車去遠足。他會經常邀請朋友來吃晚飯，因為他喜歡熱鬧。一個星期之後，母親崩潰了，大哭不止。於是，剩下的假期裡，兩個人呈現冷戰狀態。

琳達的父親應該對妻子的想法多幾分理解。例如，他可以讓妻子安安靜靜地自己待個一、兩天，再提議做一些比較輕鬆的戶外活動。以同理請求的方式表達自己的期望，而不是命令。比如這樣說：「你看，要是我們能一起去散步，我會很高興的。我知道這麼做一開始對你來說不容易，但最後我們都會很開心。」話雖如此，我們明白，在面對憂鬱型人格者時能保持冷靜和積極的心態，並非易事。為此，一定要耐著性子好好與對方溝通；畢竟，溝通總是優於命令。

三、用具體的話語，表達你對他的重視

憂鬱型人格者往往自視甚低，這種看法促成了他們憂傷的性情。因此對他們而言，最好的良藥就是你的關懷和重視，但一定要真誠。每天對憂鬱型人格者的所說所做，表達小小的正面評價，能在不知不覺中點滴滋養他們的自尊。但你的讚賞必須非常明確，要針對某個行為而非個人，這樣才能令人信服並產生效果。

例如：對憂鬱型人格的助手說：「你是個非常棒的工作夥伴！」這時，他會有兩種想法，其一，你意識到他的不足之處；其二，你意識到他的不足之處，但你覺得他實在不行，所以想要安慰他。如此，好意的讚美反而會讓憂鬱型人格者覺得被嫌棄了。反之，如果改說「我覺得你在某事件的危機處理上，做得很好。」她就會更加心悅誠服地接受這種對具體事件的讚賞。

四、鼓勵他們主動就醫

這就是上文中，對有關憂鬱型人格治療所提出的建議。這種人格障礙（如果是心境惡劣障礙，那麼就是一種疾病）無疑是一種可以借助藥物治療或心理治療，而獲得大幅改善的病症之一。因此，不去尋求可能行之的有效幫助，將淪為憾事。

但是這個方法，往往需要假以時日和恰當的言辭，才能讓憂鬱型人格者前往就醫。如果他拒絕去看心理醫生，那就建議他去跟自己的家庭醫生談一談，這樣或許他就不會有那麼強烈的排斥了。家庭醫生或許能夠說服他接受「嘗試抗憂鬱治療或去諮詢精神科醫師」的建議。無論如何，唯有試過才知道是否能說服他，為此，請不吝地鼓勵身邊的憂鬱型人格障礙者就醫。

你不該做的

一、不要跟他說振作、加油

「你振作點」、「有志者事竟成」、「打起精神來」……打從人類存在以來，不知有多少人曾對憂鬱型人格者，說過這些勵志話語，很顯然地，一點作用都沒有。即便憂鬱型人格者會遵從你的勸誡，但他依然會有遭到拒絕、不被理解和受到輕視的感覺。

二、不要跟他講大道理

「你沒有意志力」、「你太放任自己了」、「凡事不要往壞處想，這樣不好」、「你看我，我會為自己而做出努力，你呢？」以上這些大道理，和第一點的勵志話語一樣，對憂鬱型人格者而言，都是有害無益的毒藥！如果人們可以自由選擇，你覺得會有人主動選擇成為憂鬱型人格者嗎？當然不會。這種訓誡和歸罪的態度，無異於指責近視眼看不清東西，或扭了腳的人蹣跚而行。此舉，不但毫無幫助甚至會越幫越忙，因為憂鬱型人格者對自己的狀況已深感自責了。

三、避免讓自己也跟著意志消沉

憂鬱型人格者會不由自主地，與你分享他們自己的世界觀和生活方式。長期感受他們的憂傷情緒，一不小心，會讓我們也變得意志消沉，或者到最後隱隱覺得不分擔他們的痛苦，是一種罪過。如果說粗暴地指責鼓勵無法幫助他們，那麼跟他們一起憂傷和裹足不前，也不會讓對方的情況得到改善。即便長期面對憂鬱型人格者，有時會讓你忘記快樂的感覺，但仍然要懂得尊重自己對自由和快樂的嚮往和需要。

三十二歲的雅克跟我們講述了他的經歷，他的妻子瑪莉娜是位憂鬱型人格者。

剛結婚的時候，我總是細心觀察瑪莉娜一絲一毫的情緒變化，隨時準備安慰她，讓她安心。因為她在跟人接觸時很不自在，為此，我也漸漸地不再去看望朋友。我希望在週末出去走走，但這會讓她感到緊張，所以我星期天就待在家裡陪她。最後，我感到氣力耗盡，感覺被困在這種「沉悶」的生活中，好痛苦；結果，我自己先去看了精神科。是醫生讓我意識到，聽任妻子所有的苛求對她並沒有幫助。於是我重新開始跟她提議去跟朋友聚聚，或是週末出去走走。一開始，她還是一概拒絕，於是我就會自己去，這讓她很吃驚。

我們有過幾次很激烈的爭執，我跟她表達了自己的想法：我能理解她有時候可能沒心情出去，我尊重她的這種需求，但我也希望她能尊重我的需求。她一開始對我很不滿、責怪我，跟我耍脾氣（在這一點上，也是醫生幫助我要冷靜看待這個問題），終於有一天，她收拾好東西決定跟我一起出門。從那以後，情況就好多了，我們幾乎能夠每個月於週末出門一次，她也會陪我去朋友家。現在，我正嘗試說服她去看精神科。

我們鼓勵憂鬱型人格者就醫的建議，同樣適用於身邊有憂鬱型人格者的你。事實上，專業醫師的建議，能幫助你與憂鬱型人格者相處得更融洽，就像雅克的例子。**心理醫生能夠讓你意識到，你的行為可能在無意中助長了對方的憂鬱情緒**。此外，心理醫生還會給出一些建議，讓你能更好地應對日常生活中，可能發生的的具體爭執與問題。最後，心理醫生還能幫助你說服對方就醫。

再次重申，雖然憂鬱症不等於憂鬱型人格，但往往在治療上，兩者的手法十分相似。以上這些，就我們的專業來看，都是我們認為對憂鬱型人格者也非常有用的方法。

如何與憂鬱型人格相處？

你可以做的：

- ✔ 用「提問」喚醒他的正向思考
- ✔ 以「同理」請求的方式表達你的期望
- ✔ 用具體的話語，表達你對他的重視
- ✔ 鼓勵他們主動就醫

你不該做的：

- ✘ 不要跟他說振作、加油
- ✘ 不要跟他講大道理
- ✘ 避免讓自己也跟著意志消沉

人際關係上的處理：

- ✣ 上司或主管：定期查看你所在公司的運轉情況。
- ✣ 伴侶或家人：務必讓他閱讀這一章。
- ✣ 同事或朋友：在他表現出積極的心態時，真誠給予稱讚。

第九章

依賴型人格

我很弱小、能力也比別人差，遇到問題時，只能求助於人。

你有依賴型人格的傾向？

	是	否
1. 我在做出重要決定之前，一定會詢問他人的意見。	□	□
2. 我難以結束談話或打斷對方。	□	□
3. 我經常對自我價值產生疑惑。	□	□
4. 我很少提出新見解；在一群人當中，我傾向於跟隨意見。	□	□
5. 我身邊需要有可以依靠的親近之人。	□	□
6. 我可以為別人犧牲自己。	□	□
7. 因為害怕與對方起衝突，對於自己的想法我總是閉口不談。	□	□
8. 我不喜歡失去眼前之人，或是跟他們分離。	□	□
9. 我對不同意見和批評非常敏感。	□	□
10. 身邊的人經常說我應該得到更多。	□	□

「我是一個非常喜歡交際的人。」菲利普講述道。他今年四十七歲，是位會計師。

這就是我的問題，我承認，我非常需要別人的陪伴。很久以前就是這樣，我記得很清楚，剛上小學時，我特別害怕在玩遊戲的時候不能加入某一方，或上體育課時不能入選某支隊伍。為此，我願意接受最不受人歡迎的角色和位置：踢足球的時候擔任守門員或後衛，而所有的人都爭著要做可以射門的前鋒；又或者扮演印第安人或叛徒，而其他人則爭著要扮演英勇無畏的牛仔。沒想到，因為我的這種態度，結果大家都蠻喜歡我的，都爭著要我。當學校的孩子王把我吸收為他們中的一員時，我感到非常自豪……。

我知道，說到底，我就是個缺乏自信的跟屁蟲。靜下心來想想，我意識到，其實成長過程中很多事情，做決定或採取主動的那個人，從來都不是我。因為我實在很害怕自己的想法會遭到別人的否決和批評，所以我從來不敢反駁同學，就連對我自己也一樣……。另外，也正因為如此，我做了一些更糟糕的蠢事：有一年，我跟一群哥兒們混在一起，帶頭的是個小混混。我和他們整天混在一起，去闖空門、偷竊學校裡的體育用品，還有其他一些類似的行徑……，一旦參與了這些行動，我就不能在其他人面前退縮，因為能跟這麼膽大妄為的人混在一起，我實在是太高興了……。結果我們被抓到的時候，我的父母和老師都覺得我瘋了：因為我在他們眼中，是不會做出這種事情的壞小孩，而是那種會跟老師問好的乖學生……。

我對自己毫無信心。我總會憑空認為別人比自己高一等，別人的想法更好，別人的決定更有道理……，而我能做的，就是追隨他們，沾幾分他們過人之處和積極主動的光，我從來不知道如何跟人拉開距離。很長時間之後，我才意識到也許自己看錯人了。而這又會讓我感到自己很不幸，但無論如何，我從不會當著他們的面說。我對自己的判斷不太確定。

我是個非常忠誠的人。我需要朋友和熟人陪在身邊，而且是那些我知道他們喜歡我的朋友和熟人。一般來說，別人都願意跟我在一起，因為我是個利他主義者，非常樂意幫助別人。在工作中，我覺得別人會利用這一點：我的同事知道，只要對我客客氣氣的，基本上我可以為他們做任何事情。但我必須承認，他們也會幫我的忙——我經常拿不定主意，所以我會問他們的意見。我非常害怕犯錯和失敗。一旦要做出重要的決定時，我一定會問遍身邊所有人的意見。現在仔細想想，活到這個年紀，我一生中做出的重大決定，好像都是別人幫我的……。

小時候，是我母親幫我報名參加的足球俱樂部，而一開始我的興趣並不大，後來我表現得還不錯，教練們很喜歡我，認為我有團隊精神，也很聽話。我的職業是我父親幫我選的，我聽從他的建議，選擇了跟他一樣的專業——會計。事實上，我覺得自己比較喜歡文學，但我當時覺得他比我有經驗，知道什麼適合我，學什麼專業好找工作……。

我年輕時頗受女孩子的歡迎。我長得還不錯、愛交朋友、喜歡運動、為人謹慎，是個很好的傾聽者，從來不批評別人……。我交過不少女朋友，我那時一直住在父母家裡，那樣挺方便，因為我跟父母的關係不錯，他們能給我提供好的建議，尤其是我母親，我經常跟她說起那些跟我約會的女孩子……。但交女朋友也是一樣，很少是我選擇她們，而是她們選擇我。就算是一段顯然對雙方來說都是個錯誤的關係，我也很難開口提分手。我心裡總是在想，自己會不會在做傻事？再者，我很不喜歡失戀時一個人的感覺。我需要在結束一段關係之後馬上開始另一段關係，這樣我才能安心。仔細想想，我發現自己從沒一個人生活過！事實上，我生來就是為了過二人生活！

無論如何，我後來的妻子是這麼跟我解釋的，因為她很快就看透了我的性格。一開始，我對她的興趣不大，她比我大幾歲，外表也不是我喜歡的類型，脾氣也不是很好，學歷也比我高，這一點讓我有點在意……，但其實我們非常互補，夫妻關係也還不錯。她對自己極為自信，要求高，甚至有些專斷，對人也十分苛刻；至於我，比較隨和好說話，也比較合群。我承認，在需要對家事、房子、假期、孩子的教育等問題做出決定的時候，我很依賴她。

在家庭生活之外，我還跟其他很多人有來往。我需要幾個隨時可以詢問意見的親密好友，我對他們無話不說。此外，我還盡可能與以前的老朋友保持聯繫，我妻子有時會責備我有「關係收集癖」——有的人無法扔掉任何東西，而我則是無法離開任何人！我會給那些二十年不見，而且明顯不會再見的人寄賀卡。我就是這樣的人，我對自己跟他人的關係很投入，所以當一段關係結束了，我會覺得失去了一部分自我……。

有時候，我甚至會因為有些事情沒有參與的份，而感到焦慮——沒有邀請我的朋友聚會、沒有讓我參加的工作會議……，這些都會讓我感到不安。就好像我總是害怕被人遺忘在路邊，就是那種童年時害怕落選，害怕自己漸漸落單的恐懼……。

偶爾，我也會責怪自己怎麼這個樣子。我意識到這種處事方法讓自己失去了很多機會。比如，我後悔當初沒有選擇讀文學，或者至少應該把會計專業再學得精深一些。可是我在學校裡待得不是很自在，而且也沒有交到什麼真正的朋友。還有就是，我後來的妻子因為年齡原因催著我結婚生子。但不管怎麼說，老實說現在這樣也蠻好的……，對吧？但更高的學歷，說不定就能改變我的生活，你覺得呢？

孤獨是「脆弱、失敗」的代名詞

在菲利普的敘述中，他多次強調非常需要被人接受，需要在團體中獲得一席之地，即便那些人並不完全符合他的價值觀和期待。為了確保自己能跟他人融為一體，菲利普可以做出種種讓步：毫無異議地遵從他人的看法、絕不表達反對意見、毫無怨言地接受別人不願意做的事情等。

這是因為，**把菲利普推向他人的，不僅僅是他想跟人建立聯繫的渴望，還有他那種害怕落單的恐懼**。對他來說，「孤獨」就是脆弱的代名詞。實際上，菲利普害怕的是無法獨自做出正確的選擇和決定，所以他在做任何決定之前會找人進行確認。歸根究底，就是為了儘量避免「主動」採取行動——他堅信別人擁有自己所沒有的能力和特質。

他在生活中對他人具有很大的依賴性。菲利普總是讓夥伴幫自己做決定，因此也把塑造自己生活的權利拱手讓給了這些人，如此，使他自己生活在一種他自己並非真心喜歡的生活之中。

除此之外，根據菲利普上述的故事中，我們發現他的人格特徵，在每段跟他人或團體的關係中，很可能會慣性地經歷三個階段：

一、攀附階段：竭盡所能地去確認自己會被接受。

二、依賴階段：在很大程度上依賴他人或團體，通過別人的認可讓自己安心，讓別人替自己做決定。這是一段平衡期，在此期間，菲利普與周圍環境的共生令他獲得滿足。

三、脆弱階段：意識到自己對別人的過度依賴，並開始擔心在關係中斷或疏遠時，可能發生的後果。在這階段，主體會很快表現出具有病理性依賴的人格特徵。

以上種種，都可以確定菲利普具有依賴型人格的傾向。

依賴型人格的特點

一、需要得到他人的肯定和支持：

✣ 在沒有得到別人肯定時，難以做出決定。

✣ 總是讓別人為自己做出重大的決定。

✣ 鮮少提出想法意見，喜歡隨波逐流。

✣ 不喜歡自己一個人待著，或是獨自做什麼事。

二、害怕失去關係：

✣ 總是點頭稱是，以避免使他人不悅。

✣ 在別人提出反對意見或批評時，會感到不安和焦慮。
✣ 接受沒什麼價值的辛苦工作，好讓對方或團隊中的其他人感到舒服。
✣ 關係中斷時會惶恐不安。

追隨英雄、成就他人

依賴型人格者具有兩個典型的根本信念：第一，獨自一人是無法完成任何事情的；第二，別人比自己強，如果對他們和藹可親就能幫助自己，所以必須不停地尋求他們的支持，並盡可能跟他們保持緊密的聯繫。

於是，依賴型人格者會在周圍人身上，尋找他們可以幫助和支持自己的地方。依賴者對自己和自身能力的看法首先來自於他人對自己的投射。有位患者曾這樣總結說（他認為這是父母傳遞給自己的資訊）：「接受別人的一切，因為你離不開他們；不要自己擅自決定任何事情，因為你沒有這個能力。」

依賴型人格者深信，自己在這世上只能做個無名小卒，就像運動隊裡為了別人的榮耀而犧牲的那個隊員。可這種犧牲也並非一無所獲，別人的勝利會讓那個陰影中的隊員，獲得某種安全感。三十三歲的行銷員喬治，就是這麼形容的：

我總是給人當配角。小時候，當我把自己想像成某個文學作品或電影中的人物時，那個人物從來都不是主角，而是配角：小約翰而不是羅賓漢、阿道克船長而不是丁丁、羅賓而不是蝙蝠俠——總之，追隨英雄冒險，卻不用承擔身先士卒的責任。現在，雖然我已經知道是怎麼回事了，但還是像以前那樣，我總是傾向於拒絕那些需要拋頭露面的工作，為什麼呢？因為那樣會讓我感到自己孤立無援。我只有在一個團隊裡才能發揮自己的能力，兩個人的團隊更好，因為另一個人比我有經驗，就能明確地告訴我應該要做些什麼。

依賴，是人的本性

依賴是人的本性，因為人類是在一種完全依賴的狀態下出生。這種依賴性在萌芽期，也就是我們所稱的幼態延續（Neoteny）中重新出現。嬰兒一出母胎，其生存就完全依賴於周圍的環境。之後，小孩子也要依賴周圍的環境，不僅是為了生理上的存活，也是為了心理上的發展。

因此，「依賴—獨立」的辯證便成為人類最為突出的心理特點。**人類很早就懂得一定程度的依賴是一種自我保護的方式**。《聖經：傳道書》中的這句話，大概可以作為依賴型人格的座右銘：「兩個人總比一個人好……，若是孤身跌倒，沒有別人扶起他來，這人就有禍了。」

我們知道，個體的平衡往往取決於這兩種狀態的切換能力，也就是說能夠根據不同的情況表現出獨立和依賴。然而，如果說無法獨立是一種缺陷，那麼無法接受某種程度的依賴，也並非良好的心理狀態，而精神病學家將之稱為「退化」。

很多學者都對這一主題寫下過引人入勝的著述，其中最為引人矚目的大概是英國精神分析師邁克・巴林特（Michael Balint）的研究成果，他在數本專著中，都曾描述過這些人類所共有的需求，是怎樣從根本上驅使自己走上了他稱為「原愛」的研究之路的，這種成為他終身幻想的「原愛」，指的是一種有可能滿足個體所有需求的關係類型。

小孩子一開始就是以這種方式來感受周圍世界，所以奶瓶來遲了或是太燙都會令他們感到驚恐萬狀。接著，孩子會很快明白這個世界和組成世界的個體，並非圍著他一個人轉，於是，就會採取兩種根本的方式來做出反應。

第一種反應方式是以懷舊和追尋失落天堂的模式為基礎。如果做得好，就有可能透過別人來滿足自己大部分的需求，除此之外別無他法，獨自一人絕對無法滿足自己的需求。這種世界觀被巴林特稱為「親客體傾向」（來自希臘語 okneo，意指「依附於……」，也有「躊躇、畏懼」的意思），與依賴型人格的態度極為相近。

第二種反應方法是認定世界令人失望，想從周圍的一切中獲得滿足絕無可能，而依賴他人是最危險的企圖。巴林特將這種態度稱為「疏客體傾向」，是從「acro-bate」（意指「遠離堅實的土地、行走在邊緣地帶的人」）衍生出的詞。抱有這種態度的主體極為看重自己的獨立性，並對一切形式的依賴甚至約定，抱持懷疑的態度。

親客體傾向和疏客體傾向，代表了每個人在面對依賴需求時的兩種反應：自我防禦或自我沉

涵。事實上，兩種情況都是頗為極端的表現，而在文學作品中，我們可以在不少經典的愛情關係中看到這兩種態度：唐璜（Don Juan）是個男女關係無度的疏客體傾向者，而對國王馬克（Marc）無比依賴的崔斯坦（Tristan）則表現出典型的親客體傾向。

分離焦慮

雖然從某種意義上來說，「退化」是人類與生俱來的，但為什麼一些人會比另一些人具有更強的依賴性呢？我們目前還不清楚是否「遺傳」和「某些生物因素」對依賴特徵的形成，有所影響，但無論如何，專家學者們相信確實存在一些跡象——某些形式的分離焦慮，可作為成人期發展為依賴人格的預測因數。為此，我們有理由相信，某些父母行為、教育方式、生活事件，可能誘發依賴型人格恆定特徵的形成。

一、父母行為

以下是二十六歲的教師娜塔莉的自述：

我記得小時候，我有一陣子堅信我的外祖父母，才是自己真正的父母，而父母在我看來更像是想要照顧我卻又不得要領、不情不願的姊姊和哥哥……。母親生我的時候還很年輕，加上當時父母都沒有工作，於是，外祖父堅持要他們小倆口搬過來跟他們一起住。我一直都覺得外祖父是個超人，能解決所有的問題，而且知道所有事情的真相。然而，當有人跟他意見相左時，事情都會鬧得不可開交。首先，雙方會起衝突，最後，總是證明外祖父是對的；至少印象中都是這樣。

因為我的父母總是一副讓人不安心的樣子，總是依賴外祖父，所以我堅信，無論在什麼時候，都應該想辦法讓能力強大的人來愛惜和保護自己……，我花了很長時間才明白了這種心態的缺陷。但是最近我才發現，我那位無所不知、無所不能的外祖父是個令人生畏的暴君，他壓抑了周圍所有人的個性，其實大家都很怕他。

孩子是非常務實的個體，**他們並不會一直聽從「父母」的建議，更確切地說，他們會複製父母的行為**，或許是因為他們認為一個人的真實本性，是透過行為而非言語體現出來的。因此，父母一方或雙方對外界權威過度依賴的態度，必定會「感染」他們的孩子，即便他們會不停地鼓勵自己的孩子要「獨立」。

二、教育觀念

事實上，一個孩子要發展出自己的獨立性，需要經過兩個階段。第一階段，在投身探索行為之前，能夠擁有一個堅實的「靠背」——其實，獲得獨立的第一步就是離開那些自己所愛的人，孩子只有堅信自己所愛的人也愛著自己，他們才能接受和承受自己的遠離，表現出獨立。第二階段，看到遠離的所愛之人能支持和鼓勵自己，為了獲得獨立而付出努力，否則就會產生罪惡感，並失去獨立的勇氣。因此，以下這兩種類型的父母，會助長孩子成為依賴型人格的可能：

✣ 無法給予安全感的父母：無法給予孩子足夠的愛和尊重，無法對孩子表現出足夠的關懷，這樣就有可能讓孩子，形成必須加倍努力才能緊緊抓住自己生存所依賴的父母。

✣ 保護欲過強的父母：這類父母與第一種正好相反，他們給孩子灌輸的想法是：你太脆弱，世界充滿危險，只有對「強者」言聽計從，才能生存下去。

三、生活事件

最後，在聽過某些病患的敘述之後，我們發現，似乎某些生活事件——尤其是與父母中一方（有時是雙方）的長期分離，會讓孩子相信自己與父母的聯結不夠緊密（所以他們才會離去），從而導致對後來的每一段關係都緊追不捨。現在我們來聽聽五十六歲的商人薇薇安的故事。

我四歲的時候病倒了。我甚至不知道自己得了什麼病，從來沒人跟我解釋過。有可能是肺結核，我只記得當時應該蠻嚴重的，因為醫生要我父母把我送到一所遠離城市的兒童醫院待了六個月。我還記得當時自己的那種惶恐不安，因為他們騙我，說要帶我到公園裡盪鞦韆，結果我發現我的父母已經走了。醫院的人應該是跟我解釋過事情的原委，但我毫無印象；那時我記得的，就是我堅信父母再也不會回來了。

幾天之後，我不再說話，不再吃東西。然後，我黏上一位護士，因為她經常給我她在自家花園裡種的杏子。我除了這個什麼都不想吃。慢慢地，我開始聽她的話，重新開始像個四歲小女孩那樣說話和玩耍……。

六個月後，我父母來醫院接我。我已經不認得他們了，當時的情況糟透了，我不願離開那個護士。我父母深感愧疚，接著完全陷入我的遊戲和不安之中：我無論做什麼事情，都要先取得他們的同意……自那以後，我再也無法忍受任何的分離，我總是需要別人的支持和認同……。

當依賴披上偽裝

與其他類型的人格相似，依賴型人格也存在一些較為隱蔽的形式，在某些特定情形下才會體現出依賴型人格的特徵。以下是三十八歲的公務員馬蒂娜的故事。

我在友情和工作上，表現得頗為獨立。工作上，上司會交付我一些很重要的工作，而這並不會讓我感到害怕，我的問題主要來自感情生活。只要對某人不是太過投入，我就不會感到不舒服；但如果對方開始在我心中占有一席之地了，我就會竭盡所能讓自己不要對他形成依賴。

在感情生活中，我必須時常克制想要水乳交融的渴望。這並不奇怪，我親眼看到父親離開了母親，因為母親對他缺乏愛。母親獲得了孩子的監護權，但在成長過程中，她對我們不是很關心。因此，我總是在老師、同學和所有我身邊的成年人身上，找尋親情的彌補，好讓自己相信，雖然母親對我缺乏關注，但我依然是個討人喜歡的小女孩……。

除此之外，**依賴型人格還有另外一種情況，是表現為各種退化形式——對依賴的強烈拒絕。**以下是五十歲的中小型企業主管艾瑞克的經歷：

我知道自己對獨立的渴望有些過度。我一生中曾經遭遇過兩次重大問題，一次是失業一年，一次是得了重病。這兩次我都需要依靠別人——我的朋友和家人。不過，朋友和家人的支持並沒有讓我受到鼓舞，而是讓我對「接受別人的幫助」感到驚慌失措……。我覺得自己就像個寄生蟲，我感覺如果這種狀況繼續下去的話，就再也無法脫身了。我身邊的人都無法理解，為什麼我會表現得如此令人討厭，只有在事後我才能冷靜下來思考，並向他們解釋一切……。但是現在我意識到，我得改變這種認為「只有獨立」，才能體現「個人力量」的想法。

總的來說，依賴型人格有時會表現得討人喜歡和樂於助人，不與人起衝突，總是準備出手相助，即便會給自己帶來麻煩。古希臘作家泰奧弗拉斯托斯（Théophraste）將這類人稱為「逢迎者」。

他是這樣形容這群人的態度：「熱衷於逢迎的人，遠遠看見那人就會一邊打著招呼一邊高喊『瞧，這就是人們所說的貴人』，然後上前跟他攀談，讚美跟他有關的一切，雙手扯住他，生怕他離自己而去；接著，跟那人同行了幾步之後，逢迎者殷勤地詢問那人何時再能見面，最後，對他大加稱頌一番才戀戀不捨地離去……。」

但漸漸地，對方發現了這些「逢迎者」對自己源源不絕的情感需求，發現了他們令人煩惱甚至過分苛求的性格，於是想要遠離他們……。

家暴的惡性循環

絕大多數人所表現出的依賴傾向，都保持在正常的限度之內，但有時這種依賴傾向可能以「病態」的方式表現出來，並給個人帶來非常不好的結果。

如果依賴的需求過分強烈，就會造成主體對身邊之人的過度苛求，這就有可能對他人形成一種「罪惡感的壓力」，例如表現為「你不能放棄我，否則我會出事的，那就是你的責任」。

研究結果顯示，在前往精神病科就診的患者中，有二十五～五十%的人表現出依賴型人格的特徵，而在普通人群中，這一比例僅約二．五%，其中大部分是女性。此外，在憂鬱症和廣場恐懼症患者中，依賴型人格的出現比例極高。另外，其他很多的人格障礙也會表現出依賴型人格的特徵，例如表演型人格和第十一章會談到的逃避型人格。

而婚姻問題諮詢師發現，選擇依賴型人格者作為伴侶的人，往往自己就有病態人格的特徵，需要通過支配和占有對方來獲得滿足；事實上，很多被丈夫家暴的女性和酗酒的男性，都具有依賴型人格。

最後，還有一點是，依賴者因為長期「認為」自己無法獨立行事，因而最終「真的」失去了獨立行事的能力。依賴者逃避一切風險，拒絕採取主動，或是避免一切人際衝突的做法，如此，使他們在現實生活中變得不堪一擊。我們來聽聽六十六歲的退休人員呂斯是怎麼說的：

丈夫去世後，我的生活變成一場惡夢。我發現自己就是個生活白癡。我從來沒有自己一個人去過銀行、我不知道怎麼用支票本、不知道怎麼看地圖、不知道怎麼填稅單……，以前這些事情都是丈夫在處理。我不得不自己從頭學起。

那時候，我非常依賴外界的幫助——我的朋友和家人，常常把所有人都叫來救我的急。但當時為我治療重度憂鬱症的心理醫生堅決反對我的做法，並且幫助我學會料理自己的生活。這花了我好多年的時間，但我覺得現在總算是學有所得……。

電影和文學作品中的依賴型人格代表

- 唐吉訶德和桑丘．潘薩、唐璜和萊波雷洛、夏洛克．福爾摩斯和華生……，每個英雄的身邊都圍繞著一個依賴型人格者，他們行事審慎、忠心耿耿，在與英雄相伴的冒險之外，沒有自己的觀點或自主的生活。
- 在《魂斷日內瓦》（Belle du Seigneur）中，法國小說家阿爾伯特．科恩（Albert Cohen）生動地描繪了一個對愛人無比依賴的人物——阿麗亞娜（Ariane）。
- 美國劇作家田納西．威廉斯（Tennesse Williams）在《史東夫人的羅馬春天》（The Roman Spring

of Mrs. Stone）中，描繪了一位五十歲的婦人如何癡戀一個比自己年輕很多的男子，最終失去了自我和尊嚴。

- 法國小說家帕斯卡・萊內（Pascal Lainé）在《製作蕾絲的女工》（La Dentellière）中，描繪了一個依賴成性的年輕女子，她無法為自己而活著。一位自負的年輕學者迷戀上了她，但最後心生倦意離她而去。
- 法國導演埃德沃德・莫利納羅（Édouard Molinaro）執導的《麻煩製造者》（L'Emmerdeur，一九七四年）中，雅克・布雷爾（Jacques Brel）飾演一位商務代表，對成功阻止他自殺的利諾・文圖拉（Lino Ventura）產生了滑稽可笑的依戀之情。
- 在美國導演史丹利・庫柏力克（Stanley Kubrick）執導的電影《亂世兒女》（Barry Lyndon，一九七五年）中，馬里莎・貝倫森（Marisa Berenson）飾演的貴婦林登夫人始終活在男性的陰影之下，從未表達過一絲一毫的自我意願，只有迷離痛楚的眼神。
- 對依賴型人格描繪得最為活靈活現的，當數伍迪・艾倫自導自演的《變色龍》（Zelig，一九八四年），片中道盡了男主角遭遇的種種困苦——他不知道自己到底是誰、總是不斷模仿他人的生活、繼承對方的觀點和生活方式，甚至連外貌特徵和服裝風格也是。

如何與依賴型人格相處？

你可以做的

一、告訴他，凡事「樂在其中」就好

對失敗及其後果的恐懼，是阻礙許多依賴型人格者採取行動的關鍵。依賴型人格者認為身邊的人都比自己強，因此，害怕主動採取行動。所以，盡可能鼓勵他「凡事不要想著成功或失敗，只要好好投入即可」的觀念，很重要。以下，讓我們來聽聽二十一歲的大學生菲力的故事：

第一個讓我獲得自信的人，是高中的體育老師。當時我想學網球，父母幫我報名了他的私人課程。但我非常害怕自己會鬧笑話、讓他失望。第一堂課的時候，體育老師就對我說：「我根本不在乎你的表現，也不要求你打得多好。我只希望你勇於嘗試，樂在其中，只有這樣你才能學到東西。況且，你才開始學而已，打不好是很正常的事情。」也不知道為什麼，他的這番話讓我豁然開朗，從來沒有人跟我說過這樣的話。往後，不論我嘗試以大力發球壓制對手失敗，或是所有的擊球和發球都出界了，他還是會稱讚我，且總會在課程結束時強調我付出的努力。

二、給他魚吃，不如教他怎麼釣魚

依賴型人格者總懷有誘使你替他做決定的心思，而你也會不知不覺地掉進他的遊戲：為了幫他、為了節省時間，你會覺得自己比他有能力做出明智的決定；被人奉為專家或智者，也會讓你欣然自得。但俗話說的好，「給他魚吃，不如教他如何釣魚」。以下，是二十六歲的祕書梅拉妮的經歷：

去年，我們公司來了一位實習生，是一位女孩子。她完全沒辦法自己做決定，總是不停來問我的意見。老實說，新手在剛開始的時候都是這樣，但慢慢就能自己解決問題。但這個女孩一直都這樣，一段時間之後，我明白她的問題。於是，之後每當她問我問題時，我不會馬上回答，而是跟她說：「我會告訴你我的意見，但你先跟我說說你會怎麼做，或者你怎麼想的。」

一開始她有點不知所措，覺得我在嘲弄她或想為難她。所幸，她接受了我的做法。最後，她漸漸不再事事需要別人的肯定，只有偶爾面對比較難以決定的事情時，才會來詢問我們的意見。

三、主動分享你的問題，並詢問意見

採取這種態度有兩個好處。首先，你可以通過顛倒角色，幫助他擺脫需求者和獲得建議者的一貫角色，讓依賴者逐步感受和發現自身的價值所在。

其次，你可以幫助他改變「認為別人的能力總勝過自己」的想法。**改變一個人最好的方法之**

一，**不是跟他解釋應該做什麼、想什麼，而是直接做給他看。**告訴依賴者你也有對自己不確定的時候，或者你對他的想法也很感興趣，如此，比冗長的說教更能讓他從根本上明白。來聽聽四十歲的保險經紀人諾蘭是怎麼說的：

剛進職場的時候，我很幸運遇到一位「非常特別」的上司：他總是樂於提供我各種建議，但同時，他也不避諱告訴我他自己的疑慮，而且在拿不定主意的時候還會來問我的意見。一開始，我非常擔心自己的意見，可能錯誤百出而怕得要命：如果他因為我的失誤而做出糟糕的決定，那就太可怕了！可是他有一種可以接受失敗，並且努力解決失敗的非凡能力。看到一位我極為欽佩的人也會有疑慮，也會需要別人的幫助，讓我覺得自己沒有這麼孤單。

四、陪著他，一起拓展交友圈

多交朋友，可以幫助依賴型人格者不會對「單一對象」的依賴，過於深刻，而這正是邁向獨立的第一步。以下是三十二歲的視覺設計師昆妮的親身體驗：

我妹妹剛到巴黎時，很難融入這裡的生活。她一直都很依賴父母，也很喜歡黏著我，到哪裡都要跟著我。於是，我鼓勵她去健身房、合唱團，或邀請同事來玩，都但沒有用。所以我決定陪他一起解決問題，在兩個月內，我們一起參加了健走社團的活動，這段時間內，她請自己的同事還有朋友到家裡吃了幾次晚飯，而過了一段時間，我不再參與其中，她也可以自己搞定了。

五、讓他明白「沒有成群結隊」，不是排擠

如果你與依賴型人格者保持聯繫，或者是朋友、同事的關係，那麼當依賴型人格者發現你在他之外，有自己的生活，例如朋友聚會沒有邀請他、開展某個工作專案沒有讓他參與，他往往會感到備受傷害（卻不敢跟你當面表達不滿）。

因此，不要想著對他隱瞞這樣的事情，或者不要因為罪惡感而委曲求全地拉他一起加入，而是真誠地把自己的計畫告訴他，跟他解釋你為什麼沒有邀請他。或許每次都解釋很麻煩，但我們建議至少在頭幾次這樣對待他時做出解釋，並儘快邀請他參加另一次聚會或工作會議，以表明你對他的看重，依舊如初。我們來聽聽二十九歲的工程師尚是怎麼說的。

我在公司有位同事，人很好，但占有欲很強。我花了很長時間才弄清楚他是怎麼一回事，因為他從來不當面說清楚原因，只會跟我生悶氣，露出失落的表情。後來，我才知道，他無法忍受別人不邀請他一同加入做「任何事情」。

有一陣子，我們組織了一個討論小組，研究多媒體以及它對我們職業造成的影響。我覺得這個工作蠻麻煩的，因為每個月都要抽出兩個晚上的時間討論。我知道他有兩個孩子，有家庭要照顧，所以就沒有邀請他；沒想到，他生氣了。我想他可能是覺得我們認為，他是個能力不足或者乏味無趣的人。還有一次，一位女同事在家裡辦了個聚會，她的公寓很小，而且跟我這個同事也不是很熟，所有沒請他。第二天，他得知了這件事，什麼也沒說，卻整整兩個星期都表現得鬱鬱

寡歡，直到我去問他怎麼了，才知道他覺得自己被大家排擠。現在我們知道，遇到這種情況得跟他解釋一下，好讓他明白別人這麼做，不是排擠或討厭他。

你不該做的

一、不要事事替他作主

依賴型人格者在面對日常生活中每件需要做出決定的事情時，都會十分苦惱。而本性質樸和熱心的人，總是會忍不住去幫助他們，替他們做決定。**然而，每次的幫助和建議，都會助長依賴型人格者今後再次要求幫助的傾向，而且更為嚴重的是，這會使他們更覺得自己的無能並持續貶低自身價值。**現在，我們來聽聽四十六歲的工程師山姆的經歷：

我的第一任妻子是個不成熟的人，非常黏人。我覺得她之所以喜歡我，是因為我總是表現得很有自信，雖然有時候是裝出來的——這是讓我心安的方式！話雖如此，我還是就這麼一頭栽進了她的陷阱——她完全依附於我，這讓我很高興，而且在剛結婚的時候，讓我感到身價倍增。但是過了一段日子之後，情況急轉直下：我是個善妒的人，無法忍受她對我的一丁點冷落。她長得很漂亮，所以總有人對她獻殷勤。我們因為這個大吵過好幾次，她指責我讓她透不過氣來，說我從來不曾做過什麼能讓她有自信，或是慢慢變得獨立的事情！老實說，我覺得她挑逗別人就是為了尋找自信。可我無法忍受這種事情，最後我們離婚了……。

二、不要嚴厲批評，他主動行動卻失敗的事情

鼓勵依賴型人格者不再依賴他人，需要極大的耐性，一旦你說服他自己做出決定和採取行動，你就得陪伴到底，因為依賴型人格者在事後，會回頭詢問你對他做出的這個結果有什麼看法，或者讓你明確指出失敗的原因。為此，你必須認清這一點：即便依賴者沒有他自己想像的那麼無能，或者，事實上他的確比你想像中的要無能許多，都必須留意小心你對他的評價。換言之，即便你有權對他的做事方法提出批評，但對他的每一次嘗試都要表示支持，並對結果做出客觀、具體的評價，而非單純的情緒化批評。我們來聽聽五十二歲的醫生馬汀是怎麼說的：

我覺得自己教育孩子的方式，存在很多的錯誤，尤其是對我的大女兒。我是個過分嚴厲的父親，而我妻子則是個保護欲過強的母親。我總想著讓孩子變得更加優秀和獨立，但我覺得那時候他們的態度不夠積極。當時，我覺得女兒是個什麼都不在乎的孩子，很有天賦，但惰性難改。或許這是真的，但我覺得給她設定過高目標的做法，反而讓她對自己的能力產生懷疑。幾年之後，她最終為此指責我。她說，就是因為我，她才會如此依賴別人的意見，因為害怕受到批評而不敢自己做出決定，就像她每次主動做點什麼我都會批評她。確實，她什麼都不做我會罵她，可她要是做了什麼，我又會說她做得不對，或者說按照我的標準來看，她做得不對。

三、不要為了強迫他快速獨立，而棄之不顧

或許出於厭倦，你會嘗試催促依賴者採取行動，就像把一個人推下水那樣，目的是強迫他做出反應。但是，這種作法很難對依賴型人格者發揮作用，反而會讓他們更加焦慮不安，加強「相信自己沒有能力獨自應對」的信念。想要幫助他們獨立，最好循序漸進；這是一條艱難的道路，因為需要時刻保持警惕，雖然在表面上，他會表現出想要學會獨自應對的意願，但實際上，卻總在不停地尋找理由以說服或放棄自己的目標。我們來聽聽六十五歲的退休教師米歇爾的故事。

我兒子對我們非常依賴，而他母親總是對他過度保護。在他十八歲進入大學那年，我決定讓他離家遠行，並對他提出了苛刻的要求：每個月給他一小筆錢，並跟他說從今往後我們不管他了，一切由他自己決定。我迫使他去讀一所位於法國另一端的大學，那裡有他想學的專業。結果這個嘗試很快變得不可收拾。他每天晚上都會打電話給我們（而且我後來得知，他在白天也會打電話給他母親）；他在那邊一個朋友也沒交到，也沒有好好吃飯。

幾週之後，我妻子去學校看他，結果看到他宿舍一片髒亂時差點沒暈倒在地。對此，我一點都不覺得驚訝，因為在家裡的時候，她總是跟在兒子背後替他收拾打掃，迎合他的所有願望，他連個雞蛋都不會買，更不會做飯……。最後，我們不得不做出讓步，讓他回來就近念書，因為離家太遠也讓他心裡很難受。

四、不要任由他成為好好先生

為了博得關注，依賴型人格者會透過各種方式換取這些，他認為極為重要的東西。他會表現得極為熱心、殷勤地送禮、接受一切乏味繁重的工作等。然而，透過這種做法，依賴型人格者會將你捲入一種難以察覺的惡性循環中——你會因為罪惡感而以他期待的方式予以回報：成為他的保護者，並把他納入自己的生活日常中，因為依賴型人格者對你的傾慕和忠誠，或許也是你獲得自信的方式之一。以下，是二十八歲的生物研究員奧特的親身經歷：

我父母第一次送我去參加夏令營時，我非常擔心其他孩子和教官對我的態度。我還記得，我總會主動承擔所有的苦差事：收拾飯桌、洗碗、倒垃圾等；而一起出去玩的時候，我也會用父母給的錢，為寢室裡所有的人買糖果和漫畫。過了一陣子，這種做法奏效了：我成了一些教官最寵愛的孩子，別的孩子也會帶著我一起玩。當時，我覺得這是獲得他人認可的唯一辦法。

五、避免他成為你生活中的寄生蟲

有時，依賴型人格者無助的脆弱和熱心，會使他們成為生活中「給人好感的寄生蟲」。為此，如果不對他們「總是希望得到幫助」和「討厭孤獨」的本質畫清界線，是不好的。為什麼呢？首先，這種依賴在某些時候，會令被依附的個體不勝其煩；其次，這種依賴是沒有價值的，因為別人在幾乎沒有投以任何關注的情況下，就輕而易舉地接受了他們。現在讓我們來聽聽三十二歲的理財顧問里奧的故事。

有個同學總是黏著我。他打電話給我通常一講就是好幾個小時，我會一邊接電話一邊做別的事情，看書、整理東西、寫東西等。有時候，還會賴在我家不走，我就忙自己的事情。到最後，他就像一盆綠色植物或是寵物，拿著一本書待在角落裡，我都把他給忘了。

如何與依賴型人格相處？

你可以做的：

- ✓ 告訴他，凡事「樂在其中」就好
- ✓ 給他魚吃，不如教他怎麼釣魚
- ✓ 主動分享你的問題，並詢問意見
- ✓ 陪著他，一起拓展交友圈
- ✓ 讓他明白「沒有成群結隊」，不是排擠

你不該做的：

- ✗ 不要事事替他作主
- ✗ 不要嚴厲批評，他主動行動卻失敗的事情
- ✗ 不要為了強迫他快速獨立，而棄之不顧
- ✗ 不要任由他成為好好先生
- ✗ 避免他成為你生活中的寄生蟲

人際關係上的處理：

- ✣ 上司或主管：成為他不可或缺的左右手，並要求加薪。
- ✣ 伴侶或家人：即便能從對方的依賴中得到滿足，但總有一天你會厭倦承擔做出所有決定的責任。
- ✣ 同事或朋友：友善地讓他承擔起自己的責任。

第十章

被動攻擊型人格

拒絕服從權威，以「迂迴」的方式進行反抗、拖延。

你有被動攻擊型人格的傾向嗎？

	是	否
1. 我認為，大部分的主管都是不稱職的。	□	□
2. 我難以接受屈從於人。	□	□
3. 我經常故意拖延工作，因為我對指派工作的人心懷不滿。	□	□
4. 別人指責我總是氣呼呼的。	□	□
5. 我曾經故意不去參加會議，然後藉口說自己不知道有這回事。	□	□
6. 如果身邊的人惹我生氣，我會從此避之不見，也不會告訴對方為什麼。	□	□
7. 如果別人對我提出要求時的態度不友善，我就不會去做。	□	□
8. 我曾經在工作上「蓄意搗亂」。	□	□
9. 別人越是催我，我就越是拖延。	□	□
10. 我一直都對上司或主管有怨氣。	□	□

二十八歲的卡洛，跟我們講了她的一位同事南西的故事：

初次接觸，南西跟其他的同事沒什麼差別——認真工作，與同事相處融洽，不會「興風作浪」；但這是我剛開始與她共事時的想法。幾個星期之後，我發現這種風平浪靜只是假象，南西和我們主管安德雷兩人其實較勁得很厲害。我注意到，每次開會安德雷要大家表達想法時，南西都不發一語，一副不滿、充滿敵意的樣子，就好像開會讓她很厭煩。然而，如果安德雷直接跟她說話，她就會擺出和藹可親的態度，但大家都看得出來那是裝的；安德雷也看得出來。

開完會後，我們幾個聚在一起時，南西就會對安德雷的決定或是銀行管理層新下達的指令，大發議論，就好像她既聰明又能幹，總能看出疏漏之處。話雖如此，她還是會遵照新規定去做，但做法相當刻板，一絲不苟，以致大幅降低她的工作效率。她很清楚這一點，但可能她覺得這麼做既可以「破壞」新規定的繼續進行，別人也不能指責她，因為她是照著規定走的。南西試圖讓我們相信：我們總是受人擺布，安德雷的能力不及我們，我們在銀行高層的眼中一文不值。

當然，因為跟她相處久了，所以我們逐漸習慣她的這種態度，也就不會太當一回事。但幾個月前，她用這一套成功說服了一位新同事——莎莉。莎莉的情緒完全被她點燃，開始在會議中質疑安德雷的決定或拒絕加班。安德雷很快就搞清楚是怎麼一回事了，他把南西叫到辦公室訓斥了一頓。南西出來的時候重重地甩上了門。第二天，她沒來上班，她請了兩個星期的病假。

南西不在的這段時間，莎莉冷靜下來，最終接受我們的看法：安德雷確實有不足之處，但總的來說他是個善良的人，也頗為公正，為維持公司的正常運轉費了不少的心。南西回來之後，我去找她談談，說既然大家都在一個辦公室，就應該保持一種良好的氛圍。可是她向我辯解，說自己跟任何的衝突都沒有絲毫的關係，說安德雷和這裡的工作環境才是引起爭端的唯一原因。於是，她又開始在會議中擺臉色、拖延工作。安德雷要求她調職，但是她拒絕並且去找了工會；辦公室裡的氣氛變得讓人透不過氣來。

最令人感到不解的是，南西在工作之外，蠻討人喜歡的。一開始，我們週末會一起去看電影或購物，她很和善，而且很有幽默感。但只要一到辦公室，她就會變成黑巫婆。我覺得她這種態度，部分的原因是現在的工作對她來說有點大材小用。她有歷史系的碩士文憑，比我們所有人的學歷都高得多，然而，現在就業市場不景氣，她只能委屈接受這份行政工作，但她也不願接受現實或是尋找其他的工作，而只是遷怒於上司。

順從等於失敗

在工作中，南西的角色似乎就只知道與人起衝突、唱反調。她質疑別人的決定、工作拖延，試圖拉攏別人一起跟她頂撞上司，她將所有來自上級的指令，都視作對自己的冒犯。根據她的同事卡洛的描述，安德雷是個不錯的上司，他試圖緩和辦公室裡的緊張氣氛。**如果說南西對安德雷有怨氣，很可能不是針對他個人，而是因為安德雷是「權威」的代表。**

此外，南西還質疑整個銀行高層規定的合理性，並堅信自己受到了不公平的對待。因此我們可以說，南西似乎具有一種「無法容忍被他人差遣」的性格特點。她不會公開表達自己對上級指令無法容忍的態度，也不會大聲反對上司，而是拖延上司指派的工作；在會議上不參與討論，而是在會後大發議論地譴責別人的說法；她不會直接跟人發生衝突，而是唆使一個略顯天真的年輕同事。簡而言之，在上司面前，南西採取了一種被動反抗的姿態，或者說「迂迴」的反抗方式。

在工作之外，當沒有人對她提出任何要求的時候，南西是一位討人喜歡的朋友，這就說明，她的問題主要來自與「權威有關」的現象——無法忍受被人差遣、被動反抗；南西表現出被動攻擊型人格的特徵。

被動攻擊型人格的特點

✣ 在職業或個人領域中，對他人要求會做出習慣性的反抗。
✣ 只要是「指令」都會誇大質疑，並慣於指責權威人物。
✣ 採取迂迴的方式反抗：工作拖延、故意降低工作效率、生悶氣、故意忘記、抱怨不被理解、不受信任或受到不公平的待遇。

在某次企業研討會上，我們向一群企業管理人員和高層描述了這種人格；或許這是讓他們最感到束手無策的人格之一。為什麼呢？因為在這種情況下，工作氛圍肯定不好，而且你會看到被動攻擊型人格者表面上接受了你的決定，實際上卻不是如此。不僅如此，之後還會發現工作執行中的種種延遲和錯誤。某些被動攻擊型人格者，知道如何將自己的行為保持在可以容忍的限度之內，另一些則會越界，最終被調職或被解雇。究竟，該如何解釋這種有時幾近自殺的行為呢？

存在於權威間的人格障礙

被動攻擊型人格者的根本信念可能是：「順從等於失敗。」為此，命令，有時甚至連簡單的要求，都會觸發被動攻擊型人格者的反抗情緒和挫敗感。然而，他們很少會以真誠的方式表達這種反抗，因為他們的另一個信念可能是：「說出自己的真實想法，太危險了。」因此，他們往往會被動地表達出對權威人物的挑釁，這也是為什麼他們會被稱為被動攻擊型人格。

我們都見過被動攻擊型人格：在餐廳裡，跟店員示意自己的餐點遲遲不來，結果店員越是拖著緩慢的腳步走向廚房；讓孩子趕緊回房間寫作業，結果他卻躺在床上不動；跟女兒說電話講得太久了，叫她趕快下來吃飯卻拖拖拉拉；護理師遲遲不來，因為她覺得你按鈴按得太過頻繁；祕書在受到批評之後，隔天就請假了。以上，這些情形都牽涉到兩個人，而且這兩個人之間存在一種權威關係：上司和下屬、顧客和工作人員、家長和孩子。

但是你呢？你就從來沒有做出過被動攻擊型人格者的舉動嗎？假設聽到這樣的話——「如果別人對我提出要求的方式不夠友善，我就會想辦法不去做那件事」，對於這種假設，你會表示贊同還是反對呢？如果是贊同，我們是否都具有被動攻擊型人格的傾向呢？

叛逆期的孩子

事實上，**某些行為只有在個體生活中的各個面向，和個體的一生中都以幾近恆定的方式表現出來時，才可以將其定義為人格障礙**。然而，在許多令人不願屈從的情形中，我們很容易發會現具有「被動攻擊型行為」的個體；但要從中區分出「被動攻擊型人格」是不容易的，究竟要如何區分呢？首先，這個個體必須終其一生，幾乎對所有人提出的要求或下達命令的情形時，都會做出被動攻擊的行為，才可稱之為被動攻擊型人格。

例如，青少年都會經歷一段叛逆時期，在家裡或學校做出被動攻擊型行為：賭氣、不做功課、不願意幫忙做家事而惹父母生氣等。但這在他們的心理發展和形成身分認同的過程中，是正常階段，不能將這階段的青少年認定為具有被動攻擊型人格的傾向。因為，等到他們離家之後，自然就不會再跟父母作對，或是等到他們找到某個自己感興趣的東西時，就不會再拖延。簡而言之，這種情況跟人格障礙沒有絲毫關係，而只是一種在這個年齡階段極為普遍的暫時性行為而已。

話雖如此，有時青春期存在的被動攻擊行為，會在不知不覺中對一個人造成深遠的影響，使其長大成人後，繼續保有被動攻擊型的人格傾向。我們來聽聽三十二歲的洛朗絲是怎麼說的，她在經歷了一連串工作和感情上的失敗後，前來就醫：

與醫生討論我的生活過程中，我漸漸意識到，有一種情況從青春期開始就不斷出現：每當我覺得受到別人（父母、上司或男友）的限制時，我就會感到無法忍受，並把對方推得遠遠的，最終結果就是分道揚鑣。面對這樣的情形，我不知道別人是怎麼做的——是他們比我聽話，還是他們能以更委婉的方式進行反抗呢？

例如，在歷任交往的對象中，總有那麼一刻，我會因對方「擅自決定」而做出破壞行為。比如羅丹，他曾打電話到我辦公室說：「我們週末去諾曼第度假吧！」這時，我立刻火冒三丈，但是我什麼也沒說。我喜歡諾曼第，但我無法忍受他替我做決定。

於是，我週五晚上就在辦公室裡拖拖拉拉，藉口說工作太多做不完；他催促我快一點，結果我反而找了更多的工作讓自己加班。結果當天晚上沒去成，他不得不把出發時間延到星期六上午。但是第二天，我又抱怨說太累，還說覺得週末時間太短，不想去了。一開始，他會真誠地跟我道歉，但後來，他對我越來越感到不耐。結果，我開始在性生活上報復他，經常跟他說我不想做。當然，他最終離開了我。

我在工作上也是同樣的態度。我總會覺得上級的決定有失公允，或者叮囑過於專橫，我會想方設法地拖延、不動聲色地反抗。上司們很快地都開始討厭我，但我還是在這職位上待了很久，因為我的能力不差，而且只要他們給我一定的自主權，我就會交出令人滿意的工作成果。本來這樣下去是可以的，但是我從來都不滿意，我總是向上司要求更多的自主權，直到鬧得不歡而散。

我意識到這種無法容忍任何形式權威的態度，已經影響到了我生活的各個層面。我在汽車擋風玻璃上看到違停罰單時會立即撕掉，完全不顧之前已經發生過的後果——我的帳戶已經因為多次過期未付的累計罰金，被停用了。就連在飯店也是一樣，中午之前就要退房的規定會讓我感到很不滿，我總是會想辦法拖延。

我不知道自己為什麼會這樣，我好想知道原因。我父親是個很專橫的人，他想讓所有人都按照他的方式來。多年來，我看到母親跟他吵個不休，抱怨活得太累。每次他們要一起出門的時候，母親都會花上好幾個小時去準備，直到父親忍無可忍。

父親對我和我姊姊也一樣專橫。他總想控制我們出門的時間、我們穿衣服的方式，甚至替我們選擇交往的朋友。姊姊會激烈地反抗他（其實她跟我父親很像），並甩上門走掉。可我呢？我不敢這麼做，我害怕父親生氣，於是我就會像母親那樣在暗地裡反抗，比如拖延時間、不好好學習、不好好吃飯之類的。直到最終把父親惹火了，我就會感到一種莫名其妙的滿足感。或許我會有這些行為的部分原因，是母親給我樹立的榜樣，造成我現在這個樣子。

洛朗絲能清楚地意識到自己的問題，這很好，且這往往是一個必經的重要階段。但還不足以帶來真正的改變。她是在後來才發生了真正的改變。

電影和文學作品中的被動攻擊型人格代表

✪在法國導演皮耶爾・格蘭尼亞・德弗利（Pierre Granier-Deferre）根據西默農（Georges Simenon）的小說改編的電影《貓》（Le Chat，一九七一年）中，尚・嘉賓（Jean Gabin）和茜蒙・仙諾（Simone Signoret）飾演一對老夫妻，彼此的謾罵和被動攻擊型行為，使兩人痛苦不堪。（如果你還沒結婚，建議先不要看。）

✪在美國導演愛德華・迪麥特雷克根據赫爾曼・沃克的同名小說改編的電影《凱恩艦事變》中（我們在偏執型人格中，曾經提過片中那位專橫無能的艦長），一副基弗表面上對上司言聽計從，但隨後便會質疑上司的命令，並鼓動艦員群起反對，而自己卻帶著一種被動攻擊型的滿足感，悠然地躺在鋪位上，不採取任何行動。

如何與被動攻擊型人格相處？

你可以做的

一、友善地對待他

被動攻擊型人格者，對於他人的輕視非常敏感。為此，若你粗暴或高傲地對他們提出要求，馬上就會激起對方的敵意。另外，你可以站在他們的立場思考一下：在上司最近一次強硬地要求你做什麼事情時，你是如何反應的呢？即便你聽從了他的決定，但你並不想去執行，因為他專橫的態度讓你相當不悅。所以，想像一下被動攻擊型人格者那種壓抑怒火的感覺，你就會明白，友善地對待他們，有助於順利地完成你交付給他的工作任務。

為此，即便你們之間存在上下關係，你也應該耐心地表現出友善的態度，或者說兩句關心的話語，以表示你對他的看法有所理解。舉例說明：你在餐廳用餐，過了十分鐘以上，你的餐點都還沒送來。你把那位臉很臭的女店員叫了過來。現在，比較一下這兩種說法，哪一種比較好：

✣ 第一種：「我都等了十分鐘了！也太慢了吧！可以請你們快一點嗎？」

✣ 第二種：「不好意思，我知道你要招呼很多客人，但因為我趕時間，如果你能幫我催促一下廚房快點上菜，我非常感謝你的。」

雖然以上兩種說法，都無法保證能夠獲得預期的效果，但第一種說法肯定會引起店員的被動攻擊型反應。店員也許會很快地為你上菜，但她會想辦法為難你，例如：上菜了卻「忘記」拿餐具；或者你要結帳時，帳單「消失不見」；又或者把你安排在一桌很吵的顧客旁邊。

在法國已故知名劇作家尚・阿諾伊（Jean Anouilh）的某齣戲劇中，有個資產階級家庭的管家，在革命爆發後成了原先主人的管理員。管家對參觀者吐露，在舊時代，當主人的專橫行為惹他不快時，他會在暗地裡實施報復：上菜之前往湯裡撒尿！這種被動攻擊型舉動，堪稱到了無以復加的地步——挑釁行為不僅是間接的，而且被挑釁的對方根本就看不到這種行為！

再看另一個例子：祕書手上已經有許多待辦工作，並為此加班；但你有幾封信，不得不請他在今天完成，你會怎麼說呢？

✣ 第一種說法：「這幾封信務必要在明天早上完成，很重要！」

✣ 第二種說法：「不好意思，我知道你的工作已經排得很滿了（同理心的表達），但我明天一早就需要這些信函。其他工作可以先放著，請先幫我處理信件好嗎？」

採用第二種說法，你就給祕書留有一定的自主權：她要打完你的信函，但你會幫她重新安排待辦工作的優先順序。就某種程度來說，你邀請她共同參與了自己的工作安排之中。這種說話方式，可避免對方出現被動攻擊的行為，導致最終什麼工作都沒有完成。

二、主動詢問他的想法意見

我在一家成衣店工作，負責挑選布料，我的助手負責下單和交付生產。我習慣的做法是：在我選好布料之後把清單交給他，由他負責後續工作。我發現，當訂單出問題時，他從來不會想著要怎麼解決或是跟對方商討一下，而只是一動也不動地聽著供應商表達自己的觀點。接著，等我收到和預期不符的布料樣品，或者樣品延遲交貨時，他才會跟我解釋，是供應商為難他。

這種情形經常發生，但我肯定只要他願意，他是有能力解決這些問題的，因為他是個聰明伶俐的人。結果我不得不親自去解決這些問題，而我手上已經有很多工作了，這樣的話，要助手有什麼用呢？我差點為此對他大發脾氣。

但我知道他很敏感，對他發脾氣只會造成我們關係的破裂；他或許難以忍受自己只是個任務執行者。於是等到下一次，我就給他看我為了下一個成衣系列選擇的布料，並且詢問他的想法，問他是否有什麼建議。一開始他貌似很吃驚，但也說了幾個自己的想法——有些還真是不錯。我對他所有的想法都表示肯定，並且採納了其中的幾個。這一次，跟供應商沒有再發生任何問題，他在供應商面前維護了自己也能參與決策的觀點。

很多人都希望能遇到這樣的上司——事前會三思，而非把自己的意願強加給下屬。這個例子，再次驗證了許多相關領域研究都已經證實的基本心理學之事實：**如果讓對方感覺到能參與跟自己有關的決定，大部分的人其工作態度和效率，都會表現得更好。**

當然，這種方法並不適用於所有決定，但許多上級主管們往往因為沒讓底下員工參與跟自己工作有關的決定，引發了不少有故意為之嫌疑的拖延和「搗亂」行為。有時整個工作團隊都會做出被動攻擊型舉動，而且原因往往就是上級的管理不當。

三、鼓勵他表達真實想法

被動攻擊型行為是一種間接挑釁行為。做出這種行為的人，認為間接表達不同意見的風險要低於直接表達，這樣比較安全。話雖如此，在很多情況下，主動邀請被動攻擊型人格者坦率地表達意見，可以讓雙方得以共同討論並（部分地）解決可能發生的潛在衝突。我們來聽聽法蘭克是怎麼說的，他在一家培訓機構擔任諮詢師團隊負責人：

查理最近才加入我們的團隊。一開始，我對他的印象很好。他看上去很有活力，又聰明，總想著怎麼把事情做好。我讓他負責帶動課堂氣氛的職責，並跟另外一個比較有經驗的諮詢師夏爾一起推廣「雙人實習」的專案。幾個星期之後，我發現事情有點不對勁。查理在開會的時候顯得悶悶不樂，實習生對他的評價只過及格線，而且他幾乎沒有招來任何新客戶。我問夏爾是怎麼想的。夏爾跟我說，他覺得查理在自己負責的實習課上無精打采。另外，夏爾得經常提醒他要按照教學大綱來上課，而教學大綱是夏爾制定的。

我仔細思考這件事情。夏爾喜歡仗著自己比年輕人經驗豐富來決定一切，是有點專制的人。我找來查理，讓他說說自己的看法。可他幾乎什麼都不說，不論我怎麼問，他都說一切都很好。於是，我拿出他乏善可陳的業績評估，結果他也拒絕發表任何意見。

最後，我對他說：「我覺得你沒有跟我說真話。這樣子我們就無法解決問題。如果我們無法開誠布公地交談，我就沒辦法改善目前的狀況，這對所有人來說都是很遺憾的事情。」他一句話也沒說就走了。但第二天他來找了我，一副局促不安的樣子，費了好一番功夫才說出他的想法，也是我之前料想到的——夏爾總想控制一切，藉口查理缺乏經驗而把最有趣的課留給自己，並拒絕接受查理對教學大綱提出的任何修改意見。

於是我做了幾個決定：改讓查理跟朱莉一組。朱莉是個性格開朗的諮詢師，此外，我還讓查理負責制定另一門新學科的實習內容。等到他在機構裡地位得到了進一步的鞏固，我再要求他跟夏爾合作。儘管最後問題解決了，但為什麼他沒有在第一時間和我出真心話呢？我覺得，或許是因為他太過禮貌了，他是個新人，是那種不願招人討厭的男孩子。

要是表現出被動攻擊型行為的人，能在第一時間與你開誠布公地說出問題點，那一切問題就都能迎刃而解了。然而，事情沒有這麼容易。他們之中的一些人是因為羞怯而不敢吐露心聲，就像上一個例子中的查理；而另一些人則出於更為複雜的原因，就像下面這個例子中的韋德（三十六歲），他跟妻子馬蒂娜一起接受婚姻治療。

我對妻子馬蒂娜感到最憤怒的一種行為，通常是在晚飯之後發生——我在一旁看報紙，她把碗盤放到洗碗機裡，然後清洗放不進洗碗機裡的餐具。可她總是乒乒乓乓地弄得很大聲；這些噪音搞得我很煩躁生氣，於是，我就會起身去問她需不需要幫忙。但他總是面無表情地回答我說不需要，還說她比我更懂得怎麼收拾東西。我就又回來坐下，她繼續洗碗，但聲響會比詢問前小聲一點了。可是第二天晚上又開始了。我跟她說碗盤的聲音弄得太吵時，她只會回說我出去溜一圈不就好了。

最後，我在治療的過程中跟醫生說了這個問題。心理師花了很長時間才讓馬蒂娜開口說出自己的感受：她晚飯後的行為是為了表達對我的不滿，因為我不怎麼跟她說話。簡直讓人難以相信，是我在不停地嘗試跟她搭話，但每次都無功而返啊！那時候我才明白，她收拾碗盤時弄出那麼大的動靜，是為了懲罰我，而且她對我有那麼多的不滿，以至於我想要改善現狀的努力都付諸東流，她對我的怨恨太深。

我覺得自己並不符合她對一個丈夫的期望，即便雙方都做出了最大的努力，我們還是無法相處。我們已經打算離婚了，心理師正幫助我們平穩地度過這個難關。

在這個例子中，我們首先可以看到，婚姻治療的目的並不在於不惜一切代價，維持一段夫妻關係，有時幫助夫妻雙方和平地分手，也是婚姻治療的目標之一。馬蒂娜的例子還讓我們看到，有時候，被動攻擊型舉動的主要目的是報復，而被動攻擊者並不一定想要對自己的行為做出解釋，因為這樣有可能會讓他再也無法拐彎抹角地實施報復。在這種情況下，無論如何都應該讓他注意到自己的行為，這樣他就無法再假裝那是無心之舉了。

如果韋德這樣對馬蒂娜說：「你把碗盤的聲響碰撞的實在太大聲了。我覺得你好像有什麼話要跟我說。」馬蒂娜很有可能會不承認，但也不太好意思繼續下去了。

另一種類似的情形，相信大家都曾遇到過：

「你為什麼板著一張臉啊？」

「沒有啊，我沒板著臉啊！」（心裡話：我今天晚上都會繼續板著這張臉，因為我要懲罰你吃晚飯的時候，只招呼朋友都忽略了我。）

四、提醒他遵守遊戲規則

現在，教育孩子的方式遠不像一兩代之前那麼專制了。你可以比較一下，你給予孩子的自由是否高於你在同一年紀獲得的自由——誰還會禁止孩子在吃飯時說話？或是只允許孩子在被別人問問題時才說話呢？

學校也是，處罰行為變得更加罕見了，老師們也不像在上幾代學生眼中那麼可怕。在課堂上，學生們獲得了更多自由表達的機會，老師會鼓勵學生參與討論自己教授的內容。甚至在軍令如山的部隊裡也是如此，沒有人會因為專橫長官的故事而捧腹大笑，因為這些故事跟現實離得越來越遠。換句話說，新的一代，自童年起就已經習慣了表達自我和親身參與。

而在新一代邁入職場面對專制的上司時，又會發生什麼事情呢？或許他們的忍耐力比不上那些前輩，因為後者從童年起就習慣了專制的父母，然後是專制的小學老師，再來是專制的長官。現在，**對於很多的年輕人來說，職場或許是他們「第一次」必須無條件接受他人意見的地方。這也就不奇怪為什麼很多的年輕下屬都難以忍受「受人差遣」，並常常質疑上級的合理性了。**

再者，年輕員工往往接受過上司在他們這個年齡時，沒能受到的良好教育，這就又給了他們一個質疑上司決定的理由。為此透過被動攻擊型行為表達不滿，因為他們覺得，就現今萎靡不振的就業市場來看，直抒胸臆太過冒險，這樣工作會不保。

因此，現在我們只能建議公司單位，盡可能採取「參與式」的管理方法，因為這種做法符合新一代的習慣和需求，也符合大力提倡平等關係的社會價值觀。無論是家庭、學校或夫妻之間，就連醫病關係也是如此，現在的患者會要求醫生對治療方式做出解釋。話雖如此，這種方法不見得處處行得通，因為，只要權威關係存在，被動攻擊型行為就還是會出現。

面對這種頻繁出現的有意搗亂行為，提醒對方注意遊戲規則或許有用。我們在下文中分享的這段說話方式，或許，你可以在嘗試跟被動攻擊型同事和解失敗後，試一試。

「幾個星期以來，你的工作態度給我帶來麻煩，例如……**（描述具體的行為）**。我感覺你不願意接受某些我指派給你的工作**（表達你的觀點）**。我曾讓你表達自己的看法，但你並沒有這麼做**（描述某個明確的行為）**。我明白，你可能覺得去做一件你不感興趣的工作沒那麼容易，或許你會認為這件工作無法展現出你的價值**（同理心的表達）**。但我要提醒你，這裡有這裡的規矩，你拿這份薪水就是為了做好我所期待的工作**（提醒遊戲規則）**。這個規則並不好玩，你可以認為自己應該承擔更有意思的工作**（同理心的表達）**，我完全可以理解。或許你甚至會認為我不夠資格當你的上司，我也不介意你有這樣的想法**（同理心的表達）**。但如果你想繼續跟我一起工作，你最好接受這個規則**（提醒遊戲規則）**。所以，這是接下來幾週我要求你去完成的工作……」

以上這段話語中，有兩個談話重點：

1. 告訴對方你對他有所關注，你尊重他作為自由個體表現出的情緒和想法。
2. 提醒對方你們之間的上下關係無關私領域，你是他上司是無可爭辯的事實，但牽涉形勢的遊戲規則，並不取決於你和他，而是整體的公司制度。

當然，我們不會天真地認為這樣一番話就能解決所有的問題，但我們還是建議你不妨試試。

你不該做的

一、不要假裝沒看到他的反抗行為

老實說，如果你的伴侶或同事「板著一張臉」，有時，你是否打定主意不做任何反應，只想等著事情過去呢？如果是的話，我們必須告訴你，這是一種錯誤的態度。不要忘記，被動攻擊型行為是一種有話要說的表達方式。如果你裝作對此毫無察覺，對方就會變本加厲，直到你有所反應為止。因此，**一旦你發現對方出現類似故意搗亂、賭氣、暗中報復的跡象時，請立刻以「提問」的方式做出回應。**

例如在面對臉色很臭的伴侶時，問他：「我感覺你好像不太高興，是我誤會了嗎？」透過這個問題，可以讓對方無法安然於自己的被動攻擊型行為。在長期的關係中（伴侶、同事），這樣做能促使對方更快、更坦率地表達自己的不同觀點。

二、不要以家長的姿態批評他

被動攻擊型行為是一種反抗權威的行為模式；而我們呱呱落地以來，見到的第一個權威典範就是父母，這就解釋了以下兩個事實：

1. 我們會不由自主地以父母教訓我們的方式，對他人提出批評，發表評判好壞的道德高論。
2. 我們都難以接受這種一板一眼的批評，因為我們討厭被別人當作孩子看待。

因此，請務必放棄以下這種批評方式：「你的行為讓人無法接受」、「這麼做真是不知羞恥」、「你的做法非常不好」。與其動輒得咎以好壞加以評判，不如向對方指出具體行為的後果。

✣ 不要這樣說：「你又遲到了。這種行為讓人無法接受。你這麼做是對所有人的不尊重。」（說教式的批評）

✣ 可以這樣說：「今天早上你開會又遲到了。這影響到了整個團隊的工作（對工作產生的後果），為此我感到不高興。」（具體指出影響後果）

話雖如此，困難之處就在於，我們最容易脫口而出的，多半是說教式的批評，因為這是我們在處於學習階段的整個童年期和青春期，最常聽到的說話方式。

三、不要陷入互相報復的遊戲

讓我們來聽聽十六歲的瑪麗，是如何與心理師描述她跟交了新交男友的離異母親之間，「令人大開眼界」的關係：

媽媽總是在晚上跟她的新男友出去，這讓我很生氣，所以我就故意比她還要晚回家，這讓她很擔心。結果她為了懲罰我，扣我的零花錢，或許她覺得我沒那麼多錢，就不會一直出去（她錯了，我男朋友經常請我出去玩）。此外，我用「忘記」做家務來反抗她，我媽就用不再幫我洗衣服進行反擊。所以，我就不停的長舌講電話，因為我知道這會讓她不高興，結果，她就說要去男友家過週末。現在，家裡的氣氛變得令人窒息。

瑪麗和她母親陷入了一場相互報復的遊戲，這種情況在家人或夫妻之間十分常見。但需要注意的一點是，這種情形的關鍵所在（瑪麗希望母親對自己多一些關注）從來沒有從這個叛逆少女的口中，清楚地表達出來。或許是因為她覺得自己已經是個大人了，所以拒絕承認自己對溫情和關注的需求。在這個案例中，心理師必須幫瑪麗察覺自己仍需要母親的關懷，並鼓勵她向母親坦率地表達自己的想法。

如何與被動攻擊型人格相處？

你可以做的：

- ✓ 友善地對待他
- ✓ 主動詢問他的想法意見
- ✓ 鼓勵他表達真實想法
- ✓ 提醒他遵守遊戲規則

你不該做的：

- ✗ 不要假裝沒看到他的反抗行為
- ✗ 不要以家長的姿態批評他
- ✗ 不要陷入互相報復的遊戲

人際關係上的處理：

- ✣ 上司或主管：換部門吧！他可能會拖你下水。
- ✣ 伴侶或家人：引導他開誠布公地表達自己的想法。
- ✣ 同事或朋友：去見他之前重讀本章。

第十一章

逃避型人格

我是低人一等的，與別人積極接觸可能會讓我受傷。

你有逃避型人格的傾向嗎？

	是	否
1. 我曾經因為害怕感到不自在，而拒絕別人的邀請。	□	□
2. 大多數情況下，都是我的朋友選擇我，而不是我選擇他們。	□	□
3. 跟別人聊天時，我鮮少主動說話，因為害怕別人覺得我說的話沒意思。	□	□
4. 如果我在某人面前出醜了，我以後都不敢再見到這個人。	□	□
5. 在社交場合上，我比一般人顯得更加局促不安。	□	□
6. 我曾經因為羞怯，而在個人生活和職業中錯失不少機會。	□	□
7. 我常常在事後發覺自己對一些雞毛蒜皮的小事，過於擔心。	□	□
8. 我經常害怕令別人失望，或者害怕別人覺得我是個乏味的人。	□	□
9. 跟陌生人聊天，對於我來說非常困難。	□	□
10. 我曾不止一次為了在跟別人會面時感覺自在一些，而提前喝點酒或服用鎮靜劑。	□	□

「在青春期的時候，妹妹露西不像我那麼愛到處玩樂」，二十五歲的瑪麗講述道：

她有兩、三個認識很久的閨蜜，她們總是膩在一起，很少去參加聚會，並總是以種種的藉口推拖——太累、有工作要做、擔心會無聊等。我們一去參加聚會的時候，她看上去總是一副驚慌失措的模樣，到哪兒都跟著我；我得先開口跟朋友們說話，她才會時不時應上兩句。她話很少，而且總是在附和別人。

她在校成績優異但非常害怕參加口試；總是說自己會怯場，並搞砸它。在家中，她跟媽媽的關係不錯，兩個人有點像，都很溫柔謙讓。不過，我一直覺得露西很怕爸爸。我爸是個專制的人，總是替別人做決定。後來我開始反抗他（最後甩上門離開了家），反觀露西，從來都沒跟父親發生過衝突。

露西沒有男朋友，但我知道她很喜歡一個男孩，卻從來沒有對他表露過一絲一毫的愛意。學業上，以她的成績完全可以上大學，甚至念到碩士班，但是她就念到高職畢業而已。她很有責任心，深得老闆的賞識，我跟她說你應該要求加薪，但她卻不敢。總之，我一想到她，就會覺得她一直都在過著跟自己不相稱的生活——她應該得到更多。

害怕失敗與自我貶低

露西對所有可能讓自己遭到拒絕或陷入尷尬的情形，都具有一種強烈的恐懼：參加口試、認識新朋友、告白；或許，我們可以這麼說，**令她感到痛苦的是一種對「被拒絕」的高度敏感**。

為了減少或消除這種遭到拒絕的可能風險，她總是跟那些可以讓自己完全放心的老朋友打交道，從而避免一切「存在風險」的情形。在遇到不認識的人時，露西只有在姊姊的保護之下才敢開口說話，而且也不會提出自己的想法，只是一昧地點頭稱是。此外，一般而言會跟父母衝突不斷的青春期，她也不曾跟父親針鋒相對過。

這種對失敗和拒絕的過度恐懼，使她特別偏愛可由自己掌握的情形——只跟交情深厚的多年朋友相處；她不會冒險跟父親發生衝突；她選擇了一份只需墨守成規的工作，既不敢要求加薪，也不願承擔換工作的風險。我們會覺得她對自己的工作感覺還不錯，這可能是因為她對自己的評價不高。綜觀以上，我們可以推斷露西具有逃避型人格的所有特點。

逃避型人格的特點

- ✣ 極度敏感，非常害怕別人的批評和嘲笑，總是擔心自己鬧笑話。
- ✣ 只要無法確定對方懷有無條件的好意，就會避免與對方建立關係。
- ✣ 避免可能令自己受到傷害或感到尷尬的情形，諸如結識陌生人或發展一段親密關係。

✣ 自我貶低，經常低估自己的能力並貶低自己的成功。

✣ 因為害怕失敗而始終保持謙遜和退讓的態度，或是從事大材小用的工作。

除此之外，研究者發現逃避型人格具有兩種不同的面向：

1. **典型逃避型人格**：如上文中的露西，或許她是焦慮多疑的人，但依然能與某些人建立積極且持久的關係。

2. **孤獨型逃避型人格**：另一些則是既焦慮又多疑，無法相信他人，進而無法與人建立起積極持久的關係，只能痛苦地活在孤獨之中。

這兩種逃避型人格之所以不同，很可能是童年時期與父母關係的好壞有關。當然，口試前怯場，或在暗戀的人面前結巴，都不足以被定義為逃避型人格。回憶一下，我們在每章提到的性格特點都必須足夠持久，並涉及工作、友情、陌生人或家人等生活中的各個面向，才能被定義為人格障礙。

很多的青少年，無論男女，都會經歷一個與逃避型人格極為相似的性格發展階段：懷疑自身價值、難為情、羞澀內向、動不動就臉紅，最害怕的就是成為笑柄或感到尷尬。他們不會參加團體活動，只願意跟相識已久的老友互訴傾訴。對這個充滿疑惑和混亂的階段不必大驚小怪，它往往是人格發展的必經階段。隨著成功經驗的增加，被他人接受和認可的感覺，會增強這些少男少女的自信，而過去羞澀內向的少年往往會成為神采飛揚的大人。

但逃避型人格者卻不會經歷這種幸福的蛻變。他們依然會對自己充滿懷疑，並不惜一切代價地尋找安全感，即便過上略顯局促的生活也在所不惜。

乖小孩的悲劇

露西在生活中總是擔心自己會出洋相、笨手笨腳，或是遭到別人的拒絕。這並非因為她覺得別人都對她不友善，而是因為她覺得自己沒有什麼能讓人喜歡的地方，也就是說她覺得自己「不夠好」，而且害怕別人看穿這一點。逃避型人格者的根本信念之一可能是：「我低人一等。」另一個信念則可能是：「跟別人接觸可能會讓我受到傷害。」或許，正是第二個信念讓露西將自己跟外界的聯繫降到了最低程度，而只跟相知多年的老朋友相處——因為跟她們的交情能讓她確信自己不必擔心些什麼。

讓我們來聽聽另外一個案例，四十二歲的大學老師雅克的故事。

從小我就一直覺得自己羞澀膽怯，比別人要差一截；我父親是軍人，這對我改變自卑的個性，並沒有任何幫助。首先，我父親很專制，我很怕他，尤其怕他生氣，而我母親也怕得要命。所以，為了避免惹他生氣，同時也為了吸引他的注意，我的整個童年期和青春期都在扮演「乖小孩」。其次，我父親每次變動崗位時我們就得跟著搬家，於是，我幾乎每兩年就要換一所學校，所以我一直都是個「新生」。

那些入學的日子在我的記憶中就像惡夢一樣，我的心狂跳不止，在新的班級裡等待老師點到我的名字，眾人的目光對我來說就像是酷刑。等我慢慢地交到一、兩個還不錯的朋友時，我父親又被分派到了另一個城市，我又必須被迫轉學了。

你可以想像，我的青春期過得多麼艱難。剛進大學時，我終於成為小團體的一員。他們說什麼我都表示贊成，為的就是讓自己跟他們融為一體。我總是樂於幫助別人、借東西給別人、幫別人搬家。有人過生日的時候，最漂亮的那份禮物一定是我送的。當然，我總是太過「友善」，只不過我並沒有意識到這一點。別人樂於接納我，我覺得有些人還蠻喜歡我的，但總有一、兩個男孩會對我冷嘲熱諷，而我根本無法對他們的嘲諷做出什麼回應。我覺得，要是這群人某天做壞事，我肯定會被抓出來當替死鬼。反之，女孩們都喜歡我，我比其他男孩敏感，她們當我是閨蜜，我也願意扮演這樣的角色。不過很顯然，想要擺脫這個角色就不那麼容易了，而當我愛上其中的某個女孩時，我竟不敢表白，結果弄得自己痛苦不堪，即便是幾次少有的嘗試，也以失敗告終。

後來我迷戀上了一個比我還要笨拙的女孩。面對她的時候我不會感到膽怯，因為她的出身不如我，所以我不會因為她的家庭而惶恐不安。

我的職業也是情非得已的選擇——因為我深信自己無法適應職場上的激烈競爭，所以竭盡所能留在能讓我感到自在的地方——大學。我通過了所有的考試，取得了助理教授的職位。我的情況開始好轉，因為大學的環境令人感到安心，我的同事人都很好，而且我不用經常跟他們見面。

再者，我在自己的專長領域頗有名望，這也給我所在的大學帶來了聲譽。我跟妻子的關係有點乏味，但她能讓我安心，是我在工作之外可以依靠的港灣。

但我的一個學生愛上了我，從此一切都改變了。當然，起初我有所顧忌，所以拒絕，但她的態度比我強硬。她就像那些我二十歲時不敢接近的女孩。我覺得，一個如此有魅力、出色的女孩愛上自己的感覺，給了我一種從未有過的自信。這麼說或許有點不齒，但我覺得她就像一劑治癒我的良藥。雖然最後我們的關係結束了，而我妻子從頭到尾都蒙在鼓裡（或是她裝作什麼也不知道）。我感到很苦悶，因為這種全新的自信讓我想去嘗試不同的生活。我發現自己已經不再是當年那個，只是為了尋找自信才娶了妻子的人。但我對我的妻子還有感情，也不想讓她承受痛苦，也不想對孩子不管不顧。有時候我會想，也許我一直都那麼羞怯，就不會有那麼多麻煩了。

從這個例子可以看出，對個體有益的先驗改變可能誘發新的困境，也就是在卓有成效的治療之後，可能會出現新的問題。此外，外遇往往會令當事的一方或各方，付出高昂的心理代價，所以，千萬不能以此作為治療方法啊！

社交恐懼症

社交焦慮，指得就是一種對他人批評的恐懼——在公開場合發表演講、走進一間有好幾個人在等待自己的房間、跟陌生人攀談……，事實上，這些情況都會讓我們產生或多或少的焦慮。但對於某些人而言，這種焦慮過於強烈，從而演變為一種真正的恐懼症。他們竭力避免一切「存在風險」的情形，也就是那些會令他們暴露在他人目光和評價之下的情形。

社交恐懼症主要發生在以下幾種情形：害怕在公開場合演講、害怕在毫無準備的情況下跟某人見面、害怕在別人的注視下填寫或簽發支票、害怕臉紅等。

除此之外，我們可以把這種面對別人時的焦慮分為以下三種類型：

一、**正常的焦慮**：我們所有人都會在某些情況下表現出「正常的」社交焦慮；被介紹給身分顯赫的人、參加口試或工作面試、認識某個自己傾心的人。

二、**社交恐懼症**：意指更為強烈的焦慮，並習慣性地逃避某些令人擔憂的情形。

三、**逃避型人格的焦慮**：隱藏得更深，並伴隨對他人的評價和拒絕幾近等號的恐懼。

遺傳因素

根據研究結果，三到六個月的幼童對新鮮事物的焦慮，會在成年時再次出現。就像其他的人格障礙，逃避型人格的成因也各有不同。

遺傳因素對所有類型的焦慮症，或多或少都有些影響。而逃避型人格者的直系親屬和兄弟姊妹中往往會有焦慮者。此外，教育經歷很可能也會令個體產生低人一等和可能遭到拋棄的感覺，例如**過於嚴厲的教育、「高高在上」的某個兄弟或姊妹、學業不遂、外貌不如人等，都可能對逃避型人格的形成，產生不同程度的影響**。另外，具有顯著逃避傾向的母親或父親，也可能成為孩子在面對困難時效仿的對象，如此，就更不用提遺傳對焦慮行為的影響了。總之，就像所有的人格障礙，逃避型人格的先天因素和後天影響也難以明確區分。

百憂解效應

在所有的人格障礙中，逃避型人格無疑是最受現代醫學關注的人格障礙之一。除了本書末章會提到的心理治療之外，一些藥物也可以用來幫助逃避型人格者和社交恐懼症患者。

在一九八〇年代，精神病學家發現，某些用來治療憂鬱症的抗憂鬱藥物對逃避型人格者的「羞怯」，具有相當的療效。媒體上提到最多的就是百憂解。這種藥物之所以廣為人知，是因為它在憂鬱症治療中的顯著效果，且耐受性良好。實際上，根據用藥前個性羞怯、卑微的患者描述，在服用百憂解之後，可以感覺沒有那麼焦慮，且變得更加自信，與人相處時也更加自如。

這種「百憂解效應」登上了各大報刊的頭版頭條，結果很多的人都開始「嘗試」百憂解——即便沒有出現明顯的憂鬱症狀，而只是為了增加自信和社交時的輕鬆自如。

人們要求醫生開立藥方不是為了治病，而是為了更好地應付現代生活的種種苛求。因為無論是樂在其中還是不勝其煩，我們在生活中都會碰到很多這樣的情形：必須自如地應對陌生人、在繁忙的工作中保持最佳狀態。

確實，有些人在藥物的作用下感覺更好了！他們在面對別人時感覺沒有那麼脆弱了，在日常生活中也更有自信。實際上，我們在仔細研究百憂解對這些人服藥前狀態產生的「奇蹟」之後發現，其中某些人之前多半都曾具有逃避型人格、心境惡劣障礙或社交恐懼症的特徵，但從未接受過特別的治療。

然而，百憂解並非唯一可以改善，這種在面對他人時的脆弱感的藥物。在我們寫下這本書的時候，就已經存在一系列同類的抗憂鬱藥物。依照在法國出現的時間，我們可以列舉出以下幾種：Floxyfral、Deroxat、Séropram、Zolo……這些藥物都可以改變5-羥色胺（血清素）的迴圈——一種在大腦中自然生成的分子。然而，它們也並非可以治癒所有逃避型人格的靈丹妙藥，因為：

- 因個體而異，此藥物並非對所有的病患都有效果。
- 某些病患的焦慮甚至在服藥後加重，因此必須專注地觀察治療初期的反應。
- 藥物不能替代心理治療；藥物治療輔以心理治療往往比單獨一種療法更為有效。因此，在服用藥物的同時進行心理治療並非矛盾之舉，這兩種療法可以相互提升效果。

無論如何，我們建議逃避型人格者應該去跟醫生討論一下自己的問題，相信醫生會給予最正確的有效治療方法。

電影和文學作品中的逃避型人格代表

- 尚-雅克．盧梭（Jean-Jacques Rousseau）在《懺悔錄》（Les Confessions）中，描述了自己在社交場合遭遇的幾次尷尬和臉紅的情形。我們或許可以由此推斷，逃避型人格有益於長期的腦力工作，因為這種工作往往需要規律的生活和某種程度上的獨處時間。
- 英國作家路易斯．卡羅（Lewis Carroll）自小口齒不清，似乎一生中都難以自在地跟成年人相處，反而更喜歡跟小女孩為伴，尤其是友人的女兒愛麗絲．李德爾（Alice Lidell），後來還為她寫下了《愛麗絲夢遊仙境》（Alice's Adventures in Wonderland）。但路易斯對夢幻世界和抽象學科（邏輯學、數學）的偏愛，也表現出孤僻型人格的特徵。
- 在美國作家田納西．威廉斯最為動人的中篇小說之一——《玻璃動物園》（The Glass Menagerie）中，男主角講述了與母親過著隱居生活的姊姊。姊姊因為害怕跟人打交道而不願去參加母親替她交了學費的打字課。她平日裡的夥伴是兩本喜歡的書和一堆玻璃做成的小動物。「我不覺得我姊姊是真的瘋了，」男主角說道，「只不過她精神的花瓣，因為害怕而蜷縮了起來。」
- 在義大利導演迪諾．里西（Dino Risi）執導的電影《安逸人生》（Le Fanfaron，一九六二年）中，尚．路易斯．特蘭蒂尼昂（Jean-Louis Trintignant）扮演了一位逃避世事、羞澀內向的年輕人，與魅力非凡的維托里奧．加斯曼（Vittorio Gassman）踏上了一段穿越義大利的瘋狂之旅。
- 舒斯特（Joe Shuster）和西格爾（Jerry Siegel）創作的漫畫人物「超人」——當他脫下超人的外衣時，就成了《星球日報》（Daily Planet）羞澀內向的記者克拉克．肯特（Clark Kent）。克拉克具有逃避型人格特點，尤其是在面對美麗的同事露易絲．連恩（Lois Lane）時，無法表達自己的愛意。

如何與逃避型人格相處？

你可以做的

一、幫助他「循序漸進」達成目標

逃避型人格者自覺低人一等、害怕遭到他人的拒絕和恥笑，然而這種情況是可以改善的。就像所有與焦慮有關的病症，減輕焦慮情緒最好的辦法就是以循序漸進的方式，讓當事人面對自身的害怕，並讓他們意識到實際情形並沒有想像中的那麼糟。

「循序漸進」很重要。如果你希望幫助逃避型人格者克服自己的恐懼，那麼就不要邀請對方參加一個人他都不認識的三十人大型聚會。他會表現得手足無措，害怕並不知道在這麼多陌生人面前應該說些什麼。因此，我們的建議是，先向他提議跟你和你的幾位他知道的朋友一起去看電影。一起看電影並不屬於難以應付的情形，如果你們在看完電影之後一起去喝上一杯，總可以找到聊天的話題，雖然逃避型人格者可能還是難以表達自己的真實想法。

在工作上，也請先給他一些不太會遭到反駁，且他非常清楚應該做些什麼的工作。慢慢地他會建立起更多的自信。以下，我們來聽聽商務主管尚・盧克是怎麼說的：

確實，瑪麗斯剛進公司的時候，遇到了不少困難。她的第一份工作是業務，這個職位表面看來很符合她的實習經驗和簡歷。她要負責幾個客戶，記錄他們的要求，並把這些要求傳達給生產部門，以滿足客戶的要求。但很快地我發現，這份工作讓她苦不堪言。首先，她無法對客戶的要求提出異議，也無法讓生產部門的人接受這些要求。結果落得兩邊不討好——客戶埋怨她不守信用，生產部門的人責怪她任由客戶提出過分要求。她因此大受打擊，向我提出辭呈；我覺得她是個有潛力的員工，所以拒絕了她的辭職請求。

我們進行了一次長談。最後她告訴我，在我把這個工作托付給她的時候，她就覺得自己無法勝任，但不敢跟我說。我跟她解釋說，人生中十有八九的情況下都應該明確地表達自己的想法，至少我是這麼認為的。

之後，我的一個合作夥伴皮耶爾說他缺助理好幾個月了，於是，我就推薦瑪麗斯。這是個偏行政的職位，她的工作表現非常出色。於是，我試著要求皮耶爾至少每週兩次帶著她一起去見客戶，這樣她就可以慢慢學習如何與客戶談判。瑪麗斯從中學到了不少東西。之後，皮耶爾放手讓她自己去處理一些比較簡易的商務談判。我覺得我們對她的做法還蠻成功的。

瑪麗斯是個幸運的人，這家公司的同事和氛圍允許她按照自己的學習節奏工作，不斷地進步。可是有多少逃避型人格者因為受挫而灰心喪氣，甚至丟了工作；或是在大材小用的職位上，飽食終日無所事事呢？

二、明確表達你對他的想法很在意

逃避型人格者總會認為自己的想法沒有多大的價值，而且（更可怕的是）他會認為如果他反駁了你，你就會對他採取拒絕的態度。為此，你要做的就是——讓他明白你想要知道他的觀點，而非單純地對你附和，藉以破除他的逃避想法。然而，不要希望一次就成功，必須要在建立信任關係之後，多試幾次。來聽行銷人員萊恩的故事：

我覺得我應該好好感謝我的第一任上司。我性格比較內向，而且有些自卑，開會時總是感覺渾身不自在，尤其害怕每個人都要發表意見的「腦力激盪會議」。通常，我只會說同意剛才發言人的看法。我的上司注意到了我的這種舉動，結果有一次他讓我第一個發表意見；這下子可沒有辦法再逃避了！

我顫抖地說出自己對日程討論的問題，沒有什麼特別的想法，結果大錯特錯。所有人都看著我，有個人還不停地追問我，幸好我的上司馬上就問了下一個人的看法。當時我真想找個地洞鑽進去。我嚇壞了，而且人人都看得出來。於是，我上司開始表揚我最近幾個月的工作表現，好讓我放鬆下來。接著，他問我工作中有什麼讓我最感興趣的。關於這一點，我就敢表達自己的想法了，因為不是什麼難事。他對我說：「雖然我看得出你在會議上，難以開口表達自己的想法。但我不得不要求你這麼做，因為這樣對大家都有好處，對你來說也是一種學習。就算沒人同意你的看法，但有新觀點才有辦法『討論』！對吧？」

從那天起，我就把「表達觀點」當成是對自己的承諾，即便這對我來說很不容易；在之後的討論中，也無法做到自如地應對別人的反駁，但我的上司如果覺得討論得差不多了，就會打斷那個人。漸漸地，我越來越能應付自如。同時，我開始接受小組治療，這對我幫助很大。這真是我的運氣，因為在那段時間，我既年輕又內向，若是換個苛刻點的上司可能就會徹底「毀了我」。

「害怕他人不開心」是逃避型人格者背負的沉重負擔，但是你也可以利用這點來激勵對方，向對方表明，如果他沒有那麼逃避，你會更加欣賞他；萊恩的上司就成功地做到了這點。

三、表現出樂於接受不同觀點

逃避型人格者會認為反駁別人，肯定會引起讓自己顏面盡失和落為笑柄的衝突。尤其，在專制的上司和逃避型下屬之間，有時確實會發生這樣的情況：逃避型下屬馬上就會明白，自己任何的反對意見都會遭到懲罰。於是很快地，他們就會變成言必稱「沒錯，先生」或「我同意你的說法，女士」的應聲蟲。

若逃避型人格者第一次表達自身看法時，你就立即反駁，他很可能會深感震驚，並越來越堅信「沉默是金」的信念。因此，即便他的看法不對，也不要在第一時間就反駁他，而要對他表示，他的看法讓你有所思考，並對你感興趣的觀點表示贊同。如果你真的不得不反駁他的觀點，比如在工作中，那麼你應該先謝謝他表達想法，接著再解釋為什麼你不同意，但不要貶低他的看法。

例如「所以，你覺得我們應該拓展新客戶？謝謝你坦率地跟我表達了你的想法，並參與尋找解決的辦法。顯然，尋找新客戶看起來是個不錯的辦法，但我覺得目前這個辦法行不通，原因有這麼幾個……。」

或許，有些人會認為：我的天啊，這是在工作，又不是在看心理醫生！要是我覺得某人的想法行不通，我「直接」告訴他就好了，哪來這麼多時間廢話！

請各位仔細想想，事實上，說完上面這段話大概只需要花費你十五秒，浪費時間並不是最糟糕的事情。其次，鼓勵逃避型的同事開口說話、表達自己的觀點，等於是在開發他的潛力，此舉或許可以幫助你未來在工作執行上更為流暢順利。很多公司之所以關門大吉，不是因為缺少聰明的想法或長遠的目光，而是因為沒有聽取提出大膽設想之人的意見。

四、請用「先稱讚，後說明」的方式指責

逃避型人格者對批評異常敏感，所以你的批評，應該要讓他明白：

✣ 你批評的不是他這個人，而是他的某個行為。
✣ 你對他的批評，並不妨礙你在其他情況下對他的欣賞。
✣ 你理解他的想法。

或許你會覺得「天啊！要讓逃避型人格者明白的事還真是不少。」確實如此，但做起來並沒

有那麼複雜。我們就以牙醫派翠克為例，他想告訴自己的助理艾咪，必須懂得如何更妥善地處理某些患者的急迫要求，並且不要安排那麼多間隔時間過短的預約。

「艾咪」他會這樣說，「我知道你一心想著怎麼把工作做好，而且拒絕患者的要求不是件容易的事**（我理解你的想法）**。但如果間隔時間過短的預約太多，我就會很辛苦，而且會耽擱工作**（描述後果）**。所以，我想請你幫我把非緊急狀況患者的預約，排得間隔久一點**（以請求的方式提出批評）**。」

如此一來，艾咪就不會感到那麼無法接受，也會明白批評不等於否定。其實，**與逃避型人格者相處時，你可以想像自己面對的是一個在努力說中文的外國人。你不會在他每次出現語法錯誤的時候，都橫加批評或嗤之以鼻。**相反，你會表示自己很欣賞他努力學中文的良好意願，且這並不會妨礙你不時地糾正他的錯誤。

五、用「始終如一」的態度對待他

現在你已經很清楚，逃避型人格者比其他人更需要「安心」的感覺，這樣他們才能取得進步。然而，最能讓人安心的，就是雖然做錯了事，但別人依然會欣賞我們原本的樣子。一些老師就具有這樣的特質，他們能讓學生感覺到：無論成績如何，只要他們不放棄並付出努力，老師都會一如既往地尊重和欣賞他們。正是在這樣一種令人安心的氛圍中，孩子和成年人才能以最快的速度修正自己的行為。

所以，就算結果不盡如人意，也應該向逃避型人格者表明你對他們的欣賞態度，一如過往，不會因為某次的小犯錯而改變。

六、鼓勵他們主動就醫

隨著醫學和心理學研究的進步，其中最受惠的人格障礙類型，當屬逃避型人格。心理治療、新型藥物、小組治療，都能幫助他們改善症狀、取得進步，有時甚至是令人驚異的進步。我們來聽聽露西是怎麼說的，她就是本章開頭的案例——瑪麗的妹妹。

我姊姊總跟我說，要是我一直在別人面前埋沒自己，就只能過上「退而求其次」的生活。我明白她的意思，但我覺得自己只配得到這樣的生活，因為我覺得自己沒有姊姊那麼聰明和漂亮。

事實上，我覺得之前我已經接受了自己的樣子，但直到工作後才發現，我的這種態度成了別人「利用我」的可乘之機。我無法拒絕別人指派給我的任何工作，於是其他人總是把工作推給我，而且我也沒有因此而獲得加薪。我覺得，所有人，包括我的上司，都覺得我是個「軟柿子」。還有，因為我姊姊結婚了，所以出去得也少了，我就沒辦法再跟著她去參加聚會。所以除了工作，我基本上都是一個人待在自己的小公寓裡，心想著自己也許這輩子都不會結婚了，因為我誰也不認識，久而久之，我陷入了嚴重的憂鬱。

我姊姊（還是她）察覺到了我的異狀，建議我去諮詢精神科醫師。我害怕極了，馬上拒絕她的提議！最後，我姊姊不得不陪著我一起去，因為她知道我自己是不會去的。第一次見面時，我感到非常惶恐不安，那是個四十來歲的女醫生，看上去優雅從容。但我很快就發現，她很關注我對她說的話，而且會在我難以開口表達的時候鼓勵我。

她這種鼓勵的態度讓我感覺很好，因此我漸漸地敢於在有威望的人面前做自己，也不會再有被人評價或否定的感覺。是她讓我明白，只要勇於放手去做，我也能表現出幽默感。

治療過程中比較困難的一步，就是讓我意識到自己的根本信念——「我比別人差」。經過幾個月的治療，我開始重新思考這種信念，並跟她進行了討論：我接受自己作為人所擁有的價值，我值得別人的尊重，我並非「低人一等」。

但在日常生活中，我還是會做出慣常的反應，又開始在人前埋沒自己。後來，她建議我參加一個由她和另一位精神科醫師主持的自我肯定訓練小組。組裡的另外十個成員跟我一樣拘謹羞澀，一開始我感到很害怕，但後來慢慢放下了心。兩位心理師讓我們講述平時會令自己感到尷尬的情形，再讓我們透過角色扮演，跟另一位小組成員搭檔，重現這種情形。於是，我跟另一位小組成員重現了「要求加薪」的場景，他扮演我那位每次都推脫我要求的上司。其實，我在遊戲中的膽怯跟在真實情況中差不多，但透過不斷地練習，我對自己要去做的事情感到越來越肯定。

當我成功獲得第一次加薪後，我高興地告訴組員們，大家都為我鼓掌慶祝！此外，我也會配合別人的角色扮演，而且對於自己能幫助別人取得進步而感到欣慰。這個小組治療真是我生命中不可多得的經驗！我跟組裡的兩個女孩還成了朋友。我對不結婚這件事也沒那麼害怕，事實上，自從我變得沒那麼拘謹以後，對我感興趣的男孩也比以前多了。

上面這個例子可不是什麼童話故事！只要逃避型人格者願意改變，這種合適的治療就能幫助他們走出自我的小世界，走進人群中。

你不該做的

一、不要隨意調侃他

逃避型人格者的神經異常敏感。或許，小小的諷刺對一般人而言就像搔癢，但對逃避型人格者而言，卻可能殘忍地嚴重傷害他。為此，即便是出於好意的調侃，也有可能令逃避型人格者產生誤會。因為他們總覺得低人一等，所以不要在交情不夠深的情況下，調侃逃避型人格者。

二、忍住怒火，不要輕易發脾氣

逃避型人格者的舉棋不定、渾身不自在或局促不安的表現，最終可能會讓你失去耐性；終於有一天，忍不住用略顯粗暴的方式批評對方！若真是走到這樣的結果，你就等著看他下一次見到你時，表現得「更加」逃避和焦慮吧！

嚴厲的批評會讓逃避型人格者對自己的兩個根本信念——「我低人一等」和「他人否定」更加深信不疑。於是，你某次「不小心」的發怒，可能會讓你先前對他的努力，瞬間消失殆盡。為此，如果哪天你忍不住發火了，請務必在平靜下來之後再找他談談，以做出彌補。

我們來聽聽牙醫派翠克又說了什麼：

一連串相隔時間過短的預約，造成我極大的壓力，但我想到下午四點的患者取消預約，還有我能喝杯咖啡的休息時間，也就咬牙堅持下來。但到了四點時，艾咪告訴我有個患者正等在接待室！她拗不過那位患者的再三請求，就把取消的預約時間給他。

我想到自己喝咖啡的休息時間就這麼泡湯了，一整個暴怒。我責怪她不按日程辦事，不考慮我的感受，工作不動腦子。事後想想，這些話說得有些過分，因為她從來不會弄錯預約，對我也很關心，可是那天我可能就理智斷線了吧！我實在是受不了了！我看見她滿臉漲得通紅，根本無法回嘴。後來的幾天，我一走近她，她就會害怕；結果，她開始出錯了。我花了好幾個星期跟她解釋，她才又慢慢地恢復了信心。

三、不要任由他去承擔所有苦差事

逃避型人格者會避免參加群體活動，但有時也會讓步，比如在工作中。為了保證不會遭到他人否定，他們往往願意傾盡所能去換取在團體中的一席之地（前文中描述過的依賴型人格也會做出這種行為），他們會想盡辦法替別人辦事，甚至犧牲自己，以確保不會遭到團體的排擠。

在工作中，這種態度有時會招致一些同事或是沒那麼善解人意的上司所利用。我們來聽聽馬蒂娜的故事，她在巴黎一家大型醫院裡擔任護理長。

莉茲是位新來的年輕護理師。我很快就發現她性格很內向，在開會的時候不敢發言。看起來，她很擔心自己不會被大家接受。她會跟大家聊天，別人開玩笑的時候也會跟著笑，但就是很少主動發言。我覺得她非常有能力，也很有責任心，我對她很信任。但是慢慢地，我察覺到一些不太合理的工作狀況。

我在工作安排上留給護理師們一定的自主權，讓她們相互討論、安排工作時間，好以合理的方式分配週末班和假日班。但是我發現，莉茲的週末班比其他人都要多，有時還會應某個同事的要求臨時加班。後來我搞清楚這是怎麼一回事，同事們發現她難以拒絕人的弱點，於是利用這一點把她們不願意當班的日子通通丟給她！

於是，我在開會的時候表示，我覺得下一季的工作分配不夠公平，但並沒有提到莉茲，並要求重新制定工作安排；所有的人都顯得有些不自在。之後，我把莉茲找來談，我跟她說不能這樣「任人擺布」。我感覺她把我的話當成了對她的批評，於是顯得更加手足無措，我們談了半個小時她才放鬆下來，明白了我對她的評價是好的。現在六個月過去，她比之前更有自信。

這個例子說明，一個善解人意的部門主管，對於像莉茲這樣的逃避型人格者的信心建立是多麼至關重要。但遺憾的是，許多主管自己就總是一副緊繃、行色匆匆的狀態，而且忙於應付那些滔滔不絕、要求不斷的下屬或同事，未能抽出更多的時間，表達對逃避型人格者必要的關注；雖然，逃避型人格者會想辦法不讓自己引起他人注意。

如何與逃避型人格相處？

你可以做的：

✓ 幫助他「循序漸進」達成目標
✓ 明確表達你對他的想法很在意
✓ 表現出樂於接受不同觀點
✓ 請用「先稱讚、後説明」的方式指責
✓ 用「始終如一」的態度對待他
✓ 鼓勵他們主動就醫

你不該做的：

✗ 不要隨意調侃他
✗ 忍住怒火，不要輕易發脾氣
✗ 不要任由他去承擔所有苦差事

人際關係上的處理：

✣ 上司或主管：你很可能是在公共行政部門工作。
✣ 伴侶或家人：恭喜你，你成功地讓他沒有對你產生恐懼；多帶著他出去走走。
✣ 同事或朋友：請重讀本章。

第十二章

其他人格類型？

混合人格障礙、反社會人格、多重人格……，其他類型的人格障礙。

我們未曾奢望能在之前的章節中，描述所有類型的人格障礙，就像我們在序章時借用氣象學做比喻，雲的類型不僅有積雲、雨雲和層雲，還有積雨雲、雨層雲，也就是混合類型的雲。人格障礙也是，有些人格障礙具有好幾種不同類型的「混合」特點。以下，我們先舉兩個例子，因為在臨床上，這兩種人格障礙混合出現的比例，似乎要比其單獨出現的比例更高。

自戀—表演型人格

這種人格會表現出表演型人格的誇張、誘惑行為，同時伴隨自戀型人格的自覺高人一等與敏感。舉例說明，這種混合型人格就好像某個走進豪華酒店大廳的明星，不惜一切想要引起人們的注意（表演型人格特徵）；在入住之後，又以居高臨下的口吻不停地對酒店工作人員提出各種苛刻的要求（自戀型人格特徵）。

跟「單純的」表演型人格相比，自戀—表演型人格更不容易受到別人的影響，他們的性情往往更加固執。此外，與單一的自戀型人格相比，他們對別人的關注會更加依戀，自尊也比較脆弱。這種以折衷形式表現出來的混合型人格障礙較為常見：**主體在情緒飽滿時會偏向自戀，而在需要幫助和安慰時則會偏向表演。**

在美劇《朝代》（Dynasty）中，瓊．柯琳斯（Joan Collins）飾演的蛇蠍美人艾萊克希思（Alexis）就具有典型的自戀—表演型人格。事實上，我們經常可以在美國電視劇中，看到自戀型人格者和表演型人格者的混合角色設定；或許，他們善於誘惑又無情爭吵的特點，是提高收視率、營造戲劇張力的最佳方法。另外，同樣是美劇《大膽而美麗》（The Bold and the Beautiful）中，那位令人生畏的莎莉·史派特拉（Sally Spectra），也是典型的自戀－表演型人格代表。

逃避—依賴型人格

研究指出，在一些精神病學家將某些人診斷為逃避型人格之後，會再請另一些精神病學家對這些人重新進行評估，結果這一次他們會被診斷為依賴型人格；因而，這兩種診斷具有交叉重疊之處，因此臨床上有了這一種混合人格的出現。

一般來說，「單純的逃避者」會避開一切可能令其感到尷尬或怯懦的社交情形；而「單純的依賴者」則完全相反，會想方設法地尋求他人的陪伴，不惜一切地讓別人接納自己。話雖如此，現實情況往往更為複雜，逃避者多少還是會參加一些社交活動，例如學校、職場，或者是因為對愛情的渴望。因為逃避者害怕自己丟臉或「能力不足」，所以他會極力表現得樂於助人、乖巧聽話和「友善可親」，目的是為了讓別人接納自己——這就構成了「依賴型行為」。反過來，依賴者在與別人發生衝突時會感到局促不安，即便是再小的衝突也會如此，因為害怕被拋棄，所以會慌亂無措、尷尬不已，甚至逃走，這就構成了「逃避型行為」。

我們之所以選擇這兩種混合型人格障礙為例，是因為他們極為常見，但還有很多其他類型的混合型人格障礙，所以很難將之前每個章節中的人格障礙稱作「獨一無二」。

除了混合型人格障礙，還有一些我們在前文中沒有提到過的人格障礙類型，會在這裡一併介紹。一方面是因為他們較為罕見，另一方面則是因為他們較為棘手，若你在關係中有遇到以下介紹的人格障礙，我們認為最好的處理方法，就是跟他們保持安全距離——但也不是唾棄或完全不理睬的態度。如果在現實生活中，你不得不跟其中的某類人格障礙者保持定期的聯繫，比如他是你的家人、伴侶或同事，我們建議你立刻尋求醫師或專家人士的幫助，才能徹底解決問題。

反社會型人格

這種人格的最大特點，就是不遵守社會中的規範和法律，並伴隨著情緒衝動，難以堅持長期的活動和缺乏（甚至完全沒有）罪惡感。具有這種人格障礙的男性人數是女性的三倍。**跟所有的人格障礙一樣，反社會型人格在青春期就會有所表現**。具有反社會型人格的青少年會透過一連串與眾不同的行為引起師長父母的注意：翹課、打架鬥毆、偷竊、酗酒或吸毒、濫交、一時興起的離家出走、漫無目的的遠行等。這些行為在青少年中並不罕見，若在未來發展成反社會型人格則會更頻繁出現。如果能在青少年時期處理得當，大部分的人都會變得比較安分，並能在未來長大成人之後，重新適應社會生活，但他們通常還是會選擇具有冒險性質或居無定所的職業。

反社會型人格者的感情和職業生活大多動盪不安，而其中更有一些人在生活中，不斷地經歷著變化無常和情感衝動，這些人鮮少在意自己行為可能導致的後果，而且不會產生罪惡感，這也就不奇怪為什麼他們總是會做出違法行為。另外，許多研究也顯示，反社會型人格在因違反法律而入獄的受刑者中，占有很高的比例。（當然，導致犯罪行為的原因並不都是人格的問題，而是涉及各式各樣的社會因素。）

事實上某些特殊時期，反而特別適合反社會型人格者生存——戰爭、革命、探索新大陸；在這些時期，鍾愛冒險、容易衝動和鮮有罪惡感的人就會感到「如魚得水」。換言之，如果時空背景轉移，今天被關在獄中的受刑人當中，有些人很可能在另一番情景之下會成為膽大妄為的海盜、探險家或士兵。在古代，最大膽的野心家很可能會封官加爵。但是，某些反社會型人格者在同樣熱衷冒險行為的團體中，對團體的規則亦表現得不大安分，情緒太過衝動。於是，會遭到同樣具有反社會型人格的同伴排斥，只不過後者的適應能力更強。簡而言之，不論善或惡，就算是黑社會，也會要求組織成員遵守某些規則。

衝動、魅力不凡、縱酒狂歡——影視中的經典形象

反社會型人格者在電影作品中相當受歡迎，或許是因為看到他們違反了那些我們在平日裡遵守的規則，可以讓人得到某種宣洩的原因。

在美國導演昆汀・塔倫提諾（Quentin Tarantino）執導的電影《霸道橫行》（Reservoir Dogs，一九九二年）中，一幫有反社會型人格特點的盜賊，進行了一起銀行搶劫，結果慘澹收場。

其中的一位人物——金先生（Mr. Blonde），還表現出施虐型人格的特點：在搶劫的過程中，他毫無來由地射殺好幾名銀行員和客人，還趁同夥不在的時候虐待了一名淪為階下囚的員警，結果讓同夥大感震驚；因為他的同夥或許是反社會型人格者，但並非施虐型人格者。法國知名演員尚—保羅．貝爾蒙多（Jean-Paul Belmondo）在尚盧．高達（Jean-Luc Godard）執導的電影《斷了氣》（À bout de souffle，一九五九年）中，飾演惹人憐愛的反社會型人格者。他四處漂泊，唯一能讓他安定下來的就是他對珍．西寶（Jean Seberg）扮演的女友巴蒂西雅的愛，但最終為此丟掉了性命。

另外，在美國導演李察．唐納（Richard Donner）執導的系列電影《致命武器》（Lethal Weapon）中，梅爾．吉勃遜（Mel Gibson）飾演一位具有典型反社會型人格的員警。他非常衝動，會毫不猶豫地展開無論對自己或搭檔都極其危險的瘋狂行動，有時還會連累無辜的路人。同時，他還很會跟人打交道，魅力非凡，無法忍受乏味，喜歡縱酒狂歡；以上這些都是反社會型人格者很常見的特點。而片中，由丹尼．葛洛佛（Danny Glover）飾演比他年長的黑人搭檔，就像他的父親一樣，有了牽制他的作用，但他對這位搭檔有著很深的感情（類似導師—罪犯的雙人組合）。

由此可見，**反社會型人格的根本信念可能是：「如果你想得到什麼東西，就要馬上去拿！」**但是，他們當中的某些人，卻是能忍住這種「馬上就去」的衝動，因而行動前會更加謹慎。

在反社會型人格的罪犯中，最聰明的那個可能成為犯罪集團的首領，甚至做成不少大買賣，只要他請得起好律師。事實上，反社會型人格者並非只有缺點——他們擅長跟人打交道，而且通常很會耍寶、具有幽默感，對冒險和新鮮事物的喜愛，可以使他們成為有趣的同路人，他們會帶著你踏上一個人絕不會嘗試的冒險旅程（但不要忘記，一旦遇到問題，他們很可能會對你棄之不顧）。話雖如此，有些人雖然具有反社會型人格的傾向，但依然能對他人和法律有所意識，從來不會讓自己陷入險境，甚至，這些人有時會獲得前所未有的成功。

在美國導演亞瑟・佩恩（Arthur Penn）執導的電影《凱德警長》（The Chase，一九六六年）中，勞勃・瑞福（Robert Redford）扮演一位「優雅從容」的反社會型人格者，但他在刑期將滿時，卻忍不住越獄了。他犯下這個致命的錯誤是為了能夠再見見一個好人家的女孩——由珍・芳達（Jane Fonda）扮演。女孩跟一個與他同樣出身的年輕男子訂婚了，卻一直愛著他。她不惜一切想要把他從仇恨和愚蠢的行徑中拯救出來。

反社會型的男性與依賴型的女性

除此之外，反社會型人格者往往很受女性歡迎，因為他們渾身散發出冒險、大膽和叛逆的誘人氣息。但在一段時間之後，他們常常會令人失望：變化無常、無法長久工作、不誠實、揮霍無度、沉湎於打架鬥毆和飲酒作樂。所以他們在電影中的形象，要比在現實生活中有趣多了——現實中，一切不會如此美好。

而**在某些社會階層中，會認為反社會型人格者具有「男性氣概」，於是，這就會促使一些具有反社會型人格傾向的青少年，趁機刻意突顯自己這些業已存在的人格特徵。**紐西蘭導演李・塔瑪何瑞（Lee Tamahori）執導的電影《戰士奇兵》（Once Were Warriors，一九九四年），描述了奧克蘭貧民區一群毛利人的生活中，兩種對男性氣概的詮釋針鋒相對：對於「肌肉男」傑克（Jack）和他的同伴而言，「真男人」就要學會喝酒、勾引女人、對一切挑釁行為還以拳頭，還要設法跟法律周旋；而他的兒子則在一位教官的幫助下，透過重新認識毛利人的傳統，包括族人的格鬥技巧、社會規範和對他人的尊重，看到了另一種生活的可能。

此外，在另一些電影作品中還可以看到更為「冷酷的」反社會型人格者，他們的主要特徵就是沒有罪惡感。法國男星亞蘭・德倫（Alain Delon）在雷奈・克萊門特（René Clément）執導的《陽光普照》（Plein Soleil，一九五九年）中扮演的角色，冷酷地殺害了由莫里斯・榮內特（Maurice Ronet）扮演的好友，且還毫無愧疚地奪取好友的身分，並將好友的未婚妻和財產據為己有。此外，在由美國導演布萊恩・狄帕瑪（Brian de Palma）執導的電影《疤面煞星》（Scarface，一九八三年）中，我們看到艾爾・帕西諾（Al Pacino）扮演的反社會型人格者，從一個佛羅里達的街頭小混混，很快變成了獨霸一方的大毒梟（但他衝動的情緒和殘存的仁義，最終斷送自己的性命）。

總的來說，我們建議無論是在職場（最好不要選擇他們成為事業夥伴）或感情生活中，都要儘量遠離反社會型人格者，除非你嗜好具有自毀傾向的冒險活動。但辨別出反社會型人格者並不是件容易的事，因為他們不全然都是危險的罪犯，其中有一些人很擅長說服或誘惑。

我們也發現，男性反社會型人格者往往會跟女性依賴型人格者結為夫妻，因為最終只有這樣的女性才會留在他們身邊，對他們不離不棄，願意忍受他們的荒唐行徑。

邊緣型人格

邊緣型人格者，也經常做出衝動行為，原因是不時處於危機的狀態使他們的性情變化無常。邊緣型人格者苦於難以控制的情緒——尤其是對他人或對自己的強烈憤怒——往往會情緒低落，並伴隨空虛負面的感覺。邊緣型人格者會對身邊之人提出得到關愛和協助的過分要求，而在關係變得過於親密時，卻又會選擇突然逃離。

一些精神病學家曾用冬天的刺蝟來比喻邊緣型人格者：**他們想要相互依偎著取暖，卻因為靠得太近而刺傷了對方！**為了平息自己的憤怒、煩惱或絕望，邊緣型人格者會傾向於借酒消愁，或服食各種類型的麻醉藥劑，而且往往是以一種衝動而危險的方式。此外，他們的自殺率在所有類型的人格障礙中，高居榜首。

這些不幸之人往往對自己充滿了懷疑，對自己的需求也是一知半解（想法變化無常，不知道自己要什麼），從而導致在友情、性伴侶關係和職業選擇上突發變故。

許多精神病學家和心理學家都對邊緣型人格進行研究，不少的國際研討會也以此為主題。各方一致認為，心理師必須跟患者保持合理的距離——太過疏遠，會促使感到失望的邊緣型人格者做出更加衝動和挑釁的行為；太過親近，則會使邊緣型人格者退卻或感到不安，也會導致對方做出無法預料的舉動。雖然，現行有一些藥物對邊緣型人格者的情緒具有穩定作用，但這仍要取決於病患本身和常時的症狀。

脫序行徑、傷害自己，是典型的邊緣型行為

在美國導演李察・瑞舒（Richard Rush）執導的電影《夜色》（Color of Night，一九九四年）中，布魯斯・威利（Bruce Willis）扮演一位紐約的精神科醫師，他有一位邊緣型人格的女患者（會因為妝沒有化好而暴怒和絕望）。布魯斯・威利或許是工作了一整天，太過疲勞，於是語氣有些粗魯地向那位女患者解釋，她為什麼會遭遇一連串的失敗。女患者無法接受這說教式的解釋，衝出醫生辦公室裡的玻璃門，縱身從樓上躍下，摔死在街上——因為對自己和醫生的憤怒而做出的衝動行為。悲劇發生之後，布魯斯・威利逃到了加州跟一位同事講述了自己碰到的另一些具有邊緣型人格的病患，但我們覺得都沒有那位跳樓自殺的女患者那麼極端（還好，不是所有的邊緣型人格者都會自殺，也不是所有的邊緣型人格者都會當著心理師的面前自殺）。

造成邊緣型人格的原因，無疑非常複雜，但不少研究都表示，很大一部分邊緣型人格障礙者在童年時都曾遭受過某位親近之人的性虐待。（但並不是所有遭受過虐待行為的兒童，長大成人都會變成邊緣型人格者，也有可能正常發展或發展出其他類型的人格障礙。）

而一些研究則認為，**童年期形成的邊緣型人格和在災難後罹患創傷後壓力症候群的人，存在著某種相似性**。因此，如果覺得身邊有人正在因為邊緣型人格而痛苦不堪，我們建議最好盡快尋求醫生或專家的幫助。

說到影視中的邊緣型人格形象，在阿德里安・萊恩（Adrian Lyne）執導的《致命的吸引力》

（Fatal Araction，一九八七年）中，由麥克・道格拉斯（Michael Douglas）飾演的男主角，因一時的錯念而跟葛倫・克蘿絲（Glenn Close）扮演的邊緣型人格者發生關係。他的情人失心瘋似的投入到這段「一夜情」的關係中，後來又因為分手而做出了一連串脫序行徑，並企圖自殺。但她一心想要報復情夫的固執，更多體現出的是偏執型人格的特徵，認為讓自己受傷的人應該接受最嚴厲的懲罰。

分裂型人格

分裂型人格者對別人、自己和世界的感知，有著怪誕的信念。「怪誕」當然是相較於個體所屬文化群體的傳統觀念而言。例如：一個相信死人會從棺木裡爬出來實施報復的行為，在海地農民眼中不會是「怪誕」的，但如果一個巴黎的企業老闆這麼想，那就是太怪誕了。

在社會中，分裂型人格者會被神祕學說、東方宗教和新世紀信仰所吸引。他們常常會在各處看到「異象」（比如，一輛運送啤酒的卡車從一位分裂型人格者身邊駛過，這個人馬上就會看到母親想讓自己打電話給她的異象，因為她母親喝的就是這個牌子的啤酒）。此外，分裂型人格者往往還會對轉世（「我感覺到我去世的姊姊在通過我的身體跟人說話」）、特異的現象或外星生物深信不疑。這些事物對於他們而言，並非只是有趣的話題，而是他們在日常生活中每天都可以「感覺得到」的深層信念。

被解釋成「神祕現象」的分裂型行為

在大衛．林區（David Lynch）執導的美國電視劇《雙峰》（Twin Peaks）中，「圓木女士」似乎具有分裂型人格。她總是懷抱一根木柴，溫柔地跟它說話，並不斷收到電話留言。這部深受觀眾喜愛的電視劇始終彌漫著一股濃郁的詭異氣息：奇異人物的出場、超自然異象、印第安巫術、身體變形、駭人的幻覺，還有主要人物聯邦探員戴爾．庫珀，他自己就有怪誕的信念和離奇的行為（他會對著自己並不存在的祕書戴安娜，用答錄機錄下自己在白天的想法）。

我們的意思，不是說《雙峰》的作者具有分裂型人格，而是說明藝術家可以借助自己對人格障礙的瞭解寫出天馬行空的想像。俄國文豪杜斯妥也夫斯基就曾說過：「他並不需要通過用斧頭砍殺一位老婦，來描寫《罪與罰》中殺手的思維活動。」

此外，分裂型人格與精神分裂症似乎具有某種相似性：我們發現，精神分裂症患者的親屬中，出現分裂型人格的比例比一般人高出許多。但是，分裂型人格者對現實的接納度，卻是高於精神分裂症患者，前者很少會出現在精神分裂症急性發作階段的幻覺。一些精神病學家認為，分裂型人格是精神分裂症的次級表現形式。

分裂型人格者往往難以適應社會生活，除非能找到這樣一份工作：他們古怪的性情不會成為絆腳石（與世隔絕的職業）；或者身邊之人能夠接受他們，不會使他們產生遭受迫害的感覺（相交已久的工作夥伴，就像在農業社會中那樣）。

如果你身邊有分裂型人格者，我們會給出類似在面對孤僻型人格時的建議，尤其是要尊重其「需要獨處」的重要性。但我們認為，在面對分裂型人格者時，最好的辦法依然是尋求專業的介入。因為分裂型人格者往往難以適應社會生活，所以他們陷入憂鬱和嘗試自殺的風險極高。

施虐型人格

這是一種鮮少會引人注目的人格障礙，其典型特徵就是一連串以「折磨」或「控制他人」為目的的行為或態度。**施虐型人格者折磨或控制他人，是為了「獲得快感」，而非為了達到其他目的。**（比如，為了搶劫而暴打某人並非施虐型人格的行為。因為，在此施暴者的主要目的是劫掠受害者，而不是折磨他。）

為此，施虐型人格者會避免做出犯法的行為，他會想盡辦法通過「法律允許的」行為來達到折磨他人的目的：用傷人的話當眾羞辱某人、過度懲罰自己的孩子、用威脅或懲罰來恐嚇下屬、虐待動物、以他人的痛苦為樂等。其中，用羞辱性或令人不齒的行為逼迫別人，或許是施虐型人格的主要特徵。這種人格障礙在青春期就會有所表現，而出現在男性的比例較高。

在戰爭年代，施虐行為往往會被視作男子氣概的表現和震懾敵人的手段。從進化論的觀點來看，施虐狂具有戰勝對手和消滅敵人的優勢，藉以提高生存幾率。在北美洲的一些印第安部落中，青少年必須通過長時間虐待俘虜來展示自己的男性氣概。在北歐維京人的戰爭型社會中，九世紀的一位首領被人冠以「童心武夫」之名。因為他在攻占敵方城池後，禁止手下按照當時的慣例用長矛挑起小孩。這道禁令讓士兵們震驚不已，於是給他取了這個溫情脈脈的綽號。

從這個故事中可以看出，在那個年代，施虐行為何其自然；而遺憾的是，這種行為在歷史上屢次死灰復燃。反觀今日，年輕的施虐狂會以一種沒那麼血腥但非常殘忍的方法，透過參與作弄新生的行為來體現自己的價值，他們還會通過羞辱或奴役低年級的同學來獲得快感；**校園霸凌者，還可能多半有施虐型人格的傾向**。

如果說施虐型人格者在穩定的民主社會中不得不「有所收斂」，那麼戰爭和革命就為他們打開了自我實現的意外之門。他們總是自告奮勇地去審問嫌疑犯、看管集中營、實施報復行為和恐嚇民眾。事實上，戰爭最可怕之處在於，施虐行為最終可能會演變為正常人格者爭相效仿的典範。為此，在民主社會值得稱道的一點是，在戰爭時也會嘗試去控制並懲罰士兵的施虐行為；反之，在獨裁者統領的軍隊中，施虐狂很少會被送上軍事法庭審判。

施虐—受虐的關係

實際上，將近一半的施虐型人格者都會伴生另一種人格障礙，尤其是偏執型人格、自戀型人格和反社會型人格。我們可以在影視作品中，獲得驗證。

在英國導演彼得·格林納瓦（Peter Greenaway）執導的影片《廚師、大盜、他的太太和她的情人》（The Cook, the Thief, His Wife & Her Lover，一九八九年）中，由大個子邁可·坎邦

（Michael Gambon）飾演的角色，表現出可怕的反社會型人格特徵（犯罪集團令人生畏的頭目之一）和施虐型人格特徵：他喜歡在極盡奢華的晚宴中，通過言語和肢體的暴力去羞辱並恐嚇在座的賓客。他派人以極其殘忍的手段殺死了妻子的情夫，後來，妻子對他的施虐行為進行了報復。

另外，在美國導演維克多・弗萊明（Victor Fleming）根據史蒂文生（Robert Stevenson）的同名小說改編的電影《化身博士》（Dr. Jekyll and Mr. Hyde，一九四一年）中，史賓塞・屈賽（Spencer Tracy）扮演的好人博士無意中變身為少有的施虐狂海德先生。海德先生不停地以折磨他人為樂，尤其是對英格麗・褒曼（Ingrid Bergman）扮演的風塵女子肆意羞辱，從中獲得快感。而在大衛・林區令人心有戚戚的影片《藍絲絨》（Blue Velvet，一九八六年）中，丹尼斯・霍柏（Dennis Hopper）扮演的角色用同樣的手法折磨了一名由伊莎貝拉・羅塞里尼（Isabella Rossellini）扮演的依賴型女子，兩人保持著一種可怕的「施虐—受虐關係」。

綜觀上述，雖然我們都是以影視中的角色為例，但這並不表示施虐型人格只存在於電影、戰爭犯或連環殺手而已；實際上，這種人格潛伏在我們每個人的身上，可能在特定狀況下——狂熱領袖的帶動、群體效應、補償挫敗感的需要、復仇的渴望中，甦醒過來。

自我挫敗型人格

自我挫敗型人格者，指的是那些在生活中有其他選擇，但卻故意做出「破壞行為」的人。同樣地，要定義為人格，自我挫敗的行為須必須從青春期開始，就在生活上的各個面向中展現：工作、社交、情感、休閒活動，而且主體在完全可能獲得成功的情況下，放棄了這種機會。

例如，一名大學生考試總是遲到，但他已經為這些考試做足了準備；一名女子總是選擇對他粗暴蠻橫的伴侶，且女子已準備為他們犧牲一切；一名男子總是對朋友食言，而這些承諾是很容易兌現的，最終造成朋友間不睦，甚至絕交；一名職員固守著一份薪水微薄的普通工作，但實際上以他的學歷和能力完全可以讓自己獲得更好的待遇。

自我挫敗型人格者在生病時不會去看醫生，直到出現嚴重的症狀——即便治療既有效果，耐受性也好——他也會做出不按時服藥、不定期檢查等舉動。此外，如果發生了什麼令人高興的事情，自我挫敗型人格者馬上就會破壞這件好事，比如製造一起讓自己付出嚴重代價的意外。例如：具有自我挫敗型人格傾向的員工，可能會在得到眾人的稱讚和加薪後，很快就會犯下導致自己被解雇的錯誤。顯然，上述種種行為必然會招致周圍人的憤怒和不解：「我的天啊！他是故意的還是怎麼回事？」

然而，由於美國精神病學會的《精神疾病診斷與統計手冊》（第四版）並未收錄此人格，以及學界對於此人格障礙的定義頗具爭議。因此，不是每個國家都認同有這種人格障礙的存在。為什麼呢？可能原因有：首先，研究結果顯示，這種人格常常會伴有另一種人格障礙，尤其是依賴型人格、逃避型人格、被動攻擊型人格和邊緣型人格。所以才會有觀點認為，也許自我挫敗型人格並非單獨存在，而只是依附在不同人格障礙中的自我挫敗型行為而已。比如在面對晉升機會時，自我挫敗型人格者會做出「破壞好事」的舉動，原因有幾個：

一、依賴型：害怕承擔責任。

二、逃避型：害怕暴露在更多人的目光之下。

三、邊緣型：突然對自己的渴望產生了懷疑，並伴隨突如其來的情緒變化。

四、憂鬱型：害怕自己無法勝任新的職位，且會覺得自己不配得到這個職位。

五、被動攻擊型：為了「懲罰」信任自己的上司；他對上司是心懷不滿的。

另外，在法律上，被診斷出自我挫敗型人格者，有時反而會使其背負「指責受害者」的罪名。例如，對自我挫敗型人格做出的診斷，會對那些遭受丈夫毒打卻依然沒有離開的女性造成誤判。如果這些女性被診斷為「自我挫敗型人格者」，丈夫的律師就能以「指責受害者」為由，把造成夫妻問題的責任歸咎給妻子，並且試圖奪取孩子的監護權。實際上，這些遭受丈夫毒打的女性，大部分都因為長期的創傷後壓力症候群，而陷入一種無法獲得法律認可的焦慮和憂鬱狀態。同時，這些女性往往也是不願意離開家的依賴型人格障礙者，因為她們害怕自己無法獨自應對生活。我們還遠未談及大名鼎鼎的「女性受（被）虐狂」，女權主義者直到今天都還在為此而責怪佛洛伊德。

實際上，心理師也會使用「指責受害者」的招數。在試過各種方法而患者仍然不見起色時，將治療失敗的原因推給患者。為此，基於以上種種原因，今天已鮮有人會將病患診斷為「自我挫敗型人格者」，即便再次嘗試，這種診斷也依舊不會得到認可。

創傷後壓力症候群的人格改變

長久以來，精神病學家對有過駭人經歷者的人格改變，進行了觀察。最初的觀察結果是集中營綜合症（亦稱斯德哥爾摩症候群）——納粹和日軍集中營倖存者的人格發生了改變。除了遭受暴力行為，長期嚴重營養不良也是導致人格發生改變的原因。這種倖存者症候群會在事件發生後持續很多年，並出現一系列的慢性症狀：焦慮、淡漠、社交畏懼、情感遲鈍、睡眠障礙、持續的受威脅感。

在罹患創傷後壓力症候群或遭遇重大意外、災難的倖存者身上，也經常會看到這些症狀不同程度的體現。**為了降低罹患心理後遺症的風險，當事人應該在事件發生後儘早接受治療。**在治療過程中，首先要進行心理撫慰，讓受害者說出自己的創傷，但需要在能讓病患感到安心的治療氛圍下進行，而且對話者必須是具有專業資質的心理師。早期診斷和針對創傷後壓力症候群的治療，已經成為公共健康領域的一個重大問題。因為，未能及時獲得心理治療的患者很可能會在今後發展出令自己、家人和社會付出高昂代價的慢性病症。以下舉例一部影視作品，讓各位更容易理解此人格狀態的實際行為模式為何。

在加拿大導演泰德・科切夫（Ted Kotcheff）執導的電影《藍波》（Rambo，一九八二年）中，席維斯．史特龍扮演一位曾參與越戰的老兵，他表現出某些嚴重創傷後壓力症候群的症狀——遭到社會的排斥、性情淡漠、社交畏懼、隨時保持警惕。一名具有施虐傾向的員警逮捕了藍波，並對他施以酷刑，此舉，喚醒了他在越共監獄中的痛苦回憶，也喚醒了他暴戾的戰鬥人格。這部片，當時相當受青春期的男孩子們歡迎。

此外，一些醫生透過完全不同的角度進行研究；其在遭受過不同腦損傷（顱骨創傷、神經外科手術）的病患身上，也觀察到了人格的持久改變，但這個話題已經超出了本書的討論範圍，所以我們就不再多加贅述。

多重人格

雖然這種人格較為罕見，但依然引起不少精神病學家和大眾的關注。然而，多重人格未被視作一般定義上的人格障礙，而被認為是一種「天性特異的情感」。

多重人格者會陸續表現出若干種不同的人格，有時，這些人格會在年齡、文化程度、性別和性格上呈現巨大的差異。**在典型的多重人格中，每種人格都會對其他人格產生健忘；也就是說，不記得或很少記得其他人格說過、做過或想過些什麼。**多重人格者擁有的人格數量，遠遠超過《化身博士》中的兩種，每個多重人格者都會具有五到十種人格。而所謂的「宿主」人格，是與患者社會身分相符的那個人格，但並不一定會是前來尋求幫助的人格。

近來，精神病學領域發現——多重人格的誘因——似乎早已為人所知：在所有的多重人格者身上，都會發現一件童年時期的創傷事件，而且當事人在事件發生時都未能獲得情感上的支持。

童年的創傷經歷

我們曾經觀察過，由一位專門研究多重人格的心理師主持的治療，他的一位患者至少具有三種人格：第一種，正常的「宿主」人格，跟患者的社會身分相符——一名五十多歲的辦公室職員；第二種，它的出現每每令人感到意外——一個五歲的小男孩，喜歡唉聲嘆氣，很黏人。這種人格經常會在日常生活的小衝突中出現；患者的第三種人格是個咄咄逼人、愛與人發生口角的男人，他曾經幾次陷入跟陌生人的爭鬥之中。在患者恢複正常人格時，他對自己之前哀怨小男孩和好鬥男人的行為，完全沒有任何記憶。

在治療過程中，心理師通過催眠喚起這位患者身上的「小男孩人格」。患者開始閉著眼睛說話，他的用詞和聲音完全就是個眼含淚水的五歲小男孩，那種真切沒有任何人可以模仿得出。心理師讓「小男孩」講述一個過去了很久、已經被成人患者完全忘記的場景。他的父親，一個惡名昭彰的壞人，為了躲避遭到自己詐騙的敵對幫派而躲起來。那個幫派的人找到了當時只有五歲的患者，要他說出父親的藏身之所。他拒絕了，於是其中一個人掏出一把刀，把刀刃放在男孩的手腕上，威脅說要割斷他的手。男孩嚇壞了，吐露實情，結果那幫人找到並殺了他的父親。

後來，男孩無法告訴任何人自己做過的事情。於是，他人格中的一部分就定格在遭受創傷的年齡。這個人格會在患者因衝突而感到緊張時再次出現，即便是再小的衝突，也會引發患者五歲時的那種情緒。至於「好鬥男人格」對應的，或許是對父親（或者其中某個殺手）的身分認同。

雖然創傷事件並非都如此悲慘，但這些成為多重人格誘因的事件往往攸關性命，比如災難、性侵犯或性暴力。另外，多重人格多為女性，但或許是因為男性患者在診斷中被低估了；而多重人格中的一種人格往往具有邊緣型人格的特徵，伴隨衝動和自毀行為。

催眠治療

有一種相似的人格障礙叫做「解離性神遊症」：最典型的例子就是平日裡整潔乖巧的女孩，會階段性地離家出走，跟偶遇的同伴漫無目的地遊蕩好幾天，做一些偷雞摸狗的事情，諸如酗酒、吸毒等，然後回到家中又恢復了往日的人格，並對自己之前的行為毫無記憶。

此外，不是所有的人都會在經歷創傷後發展出多重人格，而是一些更容易將意識「解離」為不同狀態的人，似乎更容易發展出多重人格。解離性障礙會表現出一系列的症狀：短暫的人格解體（在幾秒鐘內感覺自己是另一個人）、乩童附身的感覺、靈魂出竅的感覺、自己看自己就像在看另一個人的感覺，以及催眠狀態，主體在這種情況下會進入一種有別於清醒和睡眠的狀態。

似乎那些最容易陷入催眠狀態的人，恰好就是在經歷創傷之後最容易出現解離性障礙的人。另外，**催眠還是一種治療手法，既被用來治療多重人格障礙，也被用來治療創傷後壓力症候群。**

在針對這兩種病症的治療中，催眠需在能讓患者感到安心的氛圍下進行，目的在於讓主體重新意識到被自己以解離機制「驅散」、從意識中剝離出來的那些令人難以承受的記憶和情緒。解離性障礙及其最為可怕的一面——多重人格——是個極為寬泛而複雜的主題，堪稱專業中的專業，我們在此只是做出了概述而已。

另外，北美似乎發生了多重人格的大爆發。造成多重人格者數量劇增的可能原因有幾個：因為這種人格障礙更為人所知，所以醫師和專家對其辨識和診斷的機率也相對更高，但我們也可以認為，或許在現代影視媒體的「誘導」下，會使易受影響和蠱惑的患者「自行」創造出多重人格；有時對這種人格癡迷不已的心理師，也會在無意中起了推波助瀾的作用。

當然，即便沒有多重人格，我們也會在不同的情形下表現出自己人格中不同的面向。誰不曾遇過在工作中信心百倍，回到家中卻渾身不自在的個體呢？或者相反，在家裡專橫跋扈，在朋友面前卻和藹可親、殷勤周到的人呢？

毫無疑問，在這本書中，無法囊括所有已被臨床診斷出（或沒有）的人格障礙。無論如何，我們希望這本書能幫助各位讀者，更全面地瞭解人格障礙的成因，以及在面對他們的時候，要以什麼樣的方式和平相處。人格障礙，不等於「缺陷」，就如同人的外觀有高矮胖瘦一樣，人的內心也會有不同的「樣貌」。為此，我們更希望藉由這本書，帶領讀者去發現你身邊（或你自己）的人格障礙中美好的一面。

第十三章

為什麼會有人格障礙？

遺傳基因、成長背景、教育環境……，錯綜複雜的產物。

就像我們之前提過的，要區分造成人格障礙的「先天因素」和「後天因素」十分困難；因為兩者之間，並非單純的線性關係，而是相互影響的複雜關係。在這種關係中，兩種因素會在人格障礙者一生中的不同階段，糾纏不清。

關於人格障礙成因的理論不勝枚舉，但得到證實的觀察結果卻少之又少……。既然本書的目的是希望帶給讀者生活中可以實際應用的方法，那麼我們也就無意在此對人格障礙的理論大述一番，而是對一些已經獲得研究證實的觀察結果（比如，邊緣型人格者在童年時遭受亂倫和性虐待的頻率，或者遺傳因素對分裂型人格的影響）集中討論。

原則上，研究者們都一致認為，**人格障礙是透過家族遺傳的先天易感因素，和來自嬰兒出生時（有的則是在出生前）就在發揮作用的環境影響下，所誕生的複雜產物。**關於遺傳因素和環境因素影響的討論已經開始了，而且還會持續很長一段時間。或許，這種影響因人而異，而且取決於我們所研究的人格特點，但無論如何，一定有某種程度上的影響。

人格會遺傳嗎？

在法國，人格遺傳說之所以令人感到震驚，原因有以下幾個：

一、**猶太教與基督教傳統：**依照宗教傳統的觀點，人擁有自由意志，無論是犯罪或行善，個體擁有絕對的自由。因此，認為某些人格特點由遺傳而定的觀點，與此宗教觀點互相衝突。（但

《新約》中關於「天才」的寓言，或許可以被理解為是對人與人之間遺傳因素不平等的認可。）

二、共和國傳統：這種傳統強調每個人都應該獲得平等機會，以及教育對個體發展的價值。討論遺傳因素作用，可能會被認為是對不平等或貶低教育價值的認同。（事實上，承認遺傳因素對人格的影響和對教育予以重視，絲毫沒有矛盾之處。）

三、精神分析傳統：這種傳統強調的是「童年事件」在人格形成中扮演的重要角色。一些精神分析師可能會認為，拋出基因影響說，是一種欲低估精神分析價值的企圖。

四、可怕的集體記憶：德國納粹曾藉口荒唐的「基因理論」對猶太人進行大屠殺。然而，這些種族主義者的信條跟目前的基因研究，實際上沒有任何關係。或許，在某些人看來，「基因」這個詞跳進黃河也洗不清了。

無論如何，越來越多的研究結果證明，某些人格特徵確實會在遺傳的作用下傳遞給後代。（養狗或養馬的人，還有大家庭的母親都知道這一點。）但我們如何在人的身上證實這一點呢？我們如何區分先天因素和後天因素呢？在面對這個問題時，研究者們創造出不同的研究方法。

雙胞胎研究

我們可以針對同卵雙胞胎和異卵雙胞胎的某個性格特點，或心理病症出現的頻率進行比較。同卵雙胞胎又被稱為「真正的」雙胞胎，他們擁有同樣的遺傳基因，而異卵雙胞胎，也就是「冒牌的」雙胞胎，他們的相似度則與普通的兄弟或姊妹一樣。

如果是「真正的」雙胞胎，那麼雙胞胎A所具有的某種性格特點，在雙胞胎B身上出現的頻率就會高於「冒牌的」雙胞胎，這就表示，遺傳因素對人格特點的形成，是有影響的。關於這個研究，更有有趣的是，研究分開長大的同卵雙胞胎（這種情況有時後會發生），可以讓我們更明確地區別遺傳因素和教育因素的影響，到底熟輕熟重。

領養研究

此外，我們也可以對領養小孩，在出生時就具有的人格特點和其親生父母的人格特點，以及養父母的人格特點進行比較。如果親生父母所具有而養父母不具有的某些心理特徵，更加頻繁地出現在領養兒的身上，那麼，我們就可以認為這些心理特徵是遺傳而得。例如，在某些類型的酗酒症和精神分裂症中就存在這種遺傳性易感因素。

家庭研究

此研究的目的，在於確定某種人格特徵，在血緣關係或近或遠的家庭成員身上出現的頻率。例如，分裂型人格在精神分裂症患者的親屬中，其出現的頻率更高。為此，我們就可以斷定這兩種病症具有相同的遺傳基礎。

但要注意，易感因素具有遺傳性並通過血緣關係傳遞的事實，並不表示這種易感因素無法透過「教育」和「環境」而改變。例如，某個具有酗酒症遺傳性易感因素的人，透過教育掌握了管理自己緊張狀態的方法，並懂得如何與具有酗酒風險的環境保持安全距離，則他就完全有可能在一生中都滴酒不沾。

環境因素

我們關注遺傳因素對人格的影響，並不表示我們否認童年事件或教育因素的影響。很多研究團體所關注的，不僅是患者對自己童年或生活的陳述，還有諸如民事部門、社會服務機構或醫療機構等外界觀察者提供的資訊。這些資訊包括：

- ✣ 患者家庭的社會人口特徵。
- ✣ 早夭。
- ✣ 一些家庭成員的嚴重疾病。
- ✣ 家庭暴力、虐待、性虐待。
- ✣ 家庭內部的教育或溝通方式（如果觀察得到的話）。

在關於遺傳因素和環境因素影響的研究中，有一種疾病堪稱絕佳的例證——精神分裂症。

研究發現，如果親生父母中有一方是精神分裂症患者，那麼孩子就有十％的患病風險，而如果父母雙方都患有精神分裂症，就會上升至五十％。此外，一些青少年（分裂型人格），其罹患精神分裂症的風險似乎要高於其他人，但透過對他們家庭的內部溝通方式進行研究，我們還發現，在溝通問題最嚴重的家庭中，青少年罹患精神分裂症的風險會增加；而那些已經罹患精神分裂症的青少年，如果生在過多指責、情緒起伏過大的家庭中，則復發的機率會更高。

由此可知，當我們能介入家庭，引導他們用更好地方式進行溝通時，罹患精神分裂症的青少年，其疾病復發的頻率和持續時間都會降低。雖然這些研究頗受爭議，因為可能存在反向效應——青少年的症狀越嚴重，家庭就會越混亂，從而導致溝通不良。

另外，以下是用來支持遺傳因素，對人格障礙造成影響的幾個論據（這裡，我們所說的親屬包括直系親屬和旁系親屬，也就是說這些人是在不同的家庭中長大的）：

✣在同卵雙胞胎中，若其中一人是強迫型人格，那麼另一人成為強迫型人格的機會更高。

✣精神分裂症患者的親屬，其發展為分裂型人格的比例高於對照組。

✣邊緣型人格者的親屬，其罹患情緒障礙（憂鬱症）的比例高於對照組。

✣偏執型人格者的親屬，其罹患偏執、妄想症的比例高於對照組。

除此之外，我們在前文中描述過的焦慮型人格與廣泛性焦慮症頗為相似，而廣泛性焦慮症患者的親屬，其罹患焦慮症的比例也比較高。同樣地，憂鬱型人格與心境惡劣障礙並沒有顯著的區別，而我們在心境惡劣障礙患者的身上發現，其亦伴有其他形式憂鬱的遺傳因素。

人格特質是一種光譜，而非生硬的區段

我們一直在討論按等級畫分的「人格障礙」，現在讓我們回到人格特質的光譜上。通過光譜可以獲得更為細緻的分析。例如，在對強迫型人格者親屬的研究過程中，研究人員可能無法找到任何符合強迫型人格特徵的家族成員。因此可能會得出遺傳因素對強迫型人格沒有任何影響的結論。但如果這位研究人員以「強迫度」的強弱（對秩序、精準和嚴格的偏好）為標準，對家族成員進行評估，他或許就會發現，雖然某些家族成員並沒有被歸類為強迫型人格，但他們的「強迫度」要高於普通人群。

在此情況下，我們可以推斷「強迫度」的光譜高低會受到遺傳因素的影響。我們可以透過研究在不同環境中長大的雙胞胎來證實這種假設。從某種意義上來看，或許，強迫型人格者只是這個家族「強迫度」的冰山一角。

最後，關於基因的影響，針對雙胞胎（同卵、異卵、一起長大、分開長大）的不同研究。都獲得大同小異的研究結果。我們在此僅以一項對七十五對成年雙胞胎進行的研究為例。在進行許多詳盡周全的方法論考證之後，研究人員得出了與前期研究相似的結論：遺傳因素在下列人格特徵中，扮演著重要的角色（在光譜中的影響超過四十五％），以下以降冪排列：

✣ 自戀：喜好浮誇，需要得到別人的欣賞、關注和認可（六十四％）。
✣ 身分認同障礙：長期的空虛感、不穩定的自我印象、悲觀（五十九％）。這個結果讓研究者頗感驚訝，因為他們原先認為這個光譜，更多地會受到教育經歷的影響。
✣ 冷酷：缺乏同理心、自我主義、蔑視、施虐傾向（五十六％）。
✣ 尋求刺激（五十％）。
✣ 焦慮（四十九％）。
✣ 情緒不穩定（四十九％）。
✣ 多疑（四十八％）。
✣ 內向（四十七％）。
✣ 社交迴避（四十七％）。
✣ 敵視：支配、敵意、苛刻（四十五％）。

無論如何，這些資料都顯示，教育環境大約具有五成的影響，這也證明了對遺傳因素的關注，並不會導致對環境因素的低估。但是，這兩種因素有時會在同一個層面上發揮作用。**一個已經具有遺傳性易感因素的孩子，會從焦慮型父母那裡接受到令人焦慮的教育；或者一個具有多疑易感因素的孩子，會將疑心重重的父母視作模仿的對象。**除非，父母中的一方或另一位親人具有互補型的人格特徵。

至於強迫特徵，遺傳因素對光譜的影響只有三十九%。相反，同一項研究還表明，遺傳因素似乎對以下光譜沒什麼影響：

- 暗示感受性—順從。
- 情感上的不安全感（害怕分離、尋找近鄰、難以忍受孤獨）。
- 親密關係障礙（性壓抑、害怕依戀）。這三個光譜涉及與親密之人的關係。可以想見，主體對母—子依戀關係的早期學習，會對這些光譜產生重大的影響。

另外一個與環境有關的小影響，是老么或在童年時罹患過慢性病的人，其形成依賴型人格的幾率更高。總之，關於人格障礙形成原因的研究證據，仍不夠充分，牽涉其中的遺傳和環境機制將為未來的相關研究，開闢出了一塊令人振奮的新天地。但無論如何，我們都應該在探究人格障礙這片新天地時，拋棄既有的意識形態和成見。

結論

如何幫助人格障礙者走入人群？

所謂的生存，就是在保持本性的前提下，為了「適應」而做出改變。這種需要在他人和自己之間不斷做出調整的自我改變過程，往往是在無意識的狀態下達成的。

如何改變複雜的生存問題呢？這只是主體本人應該付出努力的事情嗎？因為主體的行為而惹惱或受累的身邊之人是否應該對主體施加壓力呢？心理醫生應該為了改變主體的某些人格特質而介入嗎？事實上，這個問題並沒有想像中的容易。

主動改變自己的生存方式，或許是世上最困難的事情；對那些取得非凡成就的人來說也一樣。一項有趣的研究，針對近兩百年來被稱作「偉人」的三百位人物進行調查，結果發現當中有一部分的人，都具有人格障礙傾向；這些人包括法國人引以為豪的巴斯德（Louis Pasteur）和克列孟梭（Georges Clemenceau）等。這些人能改變歷史、科學或藝術的軌跡，卻無法改變自己的人格；可是，其特殊的人格特質，不正是成就他們豐功偉績的因素之一嗎？

這些偉大的藝術家們如果接受了有效的心理治療，或是服用了療效顯著的抗憂鬱藥物，他們還會如此具有創造力嗎？若邱吉爾的性情沒有如此複雜、難以讓人接近、沒有酗酒問題，他在面對希特勒和納粹的威脅時，還能表現出斬釘截鐵的果決嗎？

事實上，人格障礙能在某些特殊情況下，展現出非凡的一面，甚至成就偉大的功業，但他們在大多數情況下，多半都是難以適應日常生活，因此冀望改變。

為什麼改變，這麼困難？

我們的人格在出生時，就已開始形成，而一些具有遺傳性易感因素的人格特質，則在出生前就已形成。當我們清楚地意識到必須改變自己的生存方式時，至少已經二十或三十歲了，此時，人格的軌跡早已深入骨髓。也就是說，行為習慣形成得越早，就越難改變。這往往會讓主體在邁出第一步前就喪失勇氣。我們來聽聽二十七歲的祕書洛兒的故事，她是位逃避型人格者。

> 我知道自己應該對人再主動些，不要對別人的批評那麼敏感，對自己的懷疑少一些……，但我就是做不到，「改變」對於我來說，是個過於龐大、複雜、漫長的任務，我還沒開始就已經放棄了。仔細想想，我發現自己從未打從心底，想要試著徹底改變自己的習慣和信念。我看到自己的行為並對此感到懊悔：就是這些，我一直都是這樣。
>
> 小時候，我害怕別人的目光，於是與人保持距離；父母把他們看待事物的方式傳給我：我們微不足道，最好不要讓別人注意到自己……，這種想法深根在我腦中多年，真的有辦法改變嗎？

因為人格障礙者的生存方式由來已久，所以他們有時候意識不到自己的行為，存在不妥之處。一般而言，多半要透過家人、朋友或同事以直接的方式——提醒或批評，或間接的方式——拉開距離、關係的疏遠，才能讓他們注意到自己的行為和態度，似乎有異。再者，並不是所有的人格障礙者，都能「察覺」到身邊之人傳遞的資訊或者覺得他們說得有道理——自我反省，對人格障礙者而言，從來都不是件容易的事情，例如A型人格者會這麼對你說：「我沒有生氣，我只是在表達自己的看法。」

然而，**意識到自己的態度對他人造成了困擾，是做出自我改變的第一步**，而且是必不可少的一步。我們來聽聽三十四歲的工程師菲利是怎麼說的，他是位強迫型人格者。

我是在第一次交女朋友的時候，才開始意識到自己的行為會「引起」一些問題。之前，我一直都住在父母家裡，他們跟我有點像，而且已經習慣了我的行為方式。所以，當我開始跟一個有著不同行為習慣的人生活在一起時，情況就急轉直下了。

我的脾氣有些狂躁，喜歡把東西收拾得井井有條，需要把事情做得精確而有序；我不是很擅長表達自己的感受，而且很固執，而我的第一個女朋友恰恰相反。我這種個性，一開始對她很有吸引力，但後來就讓她受不了了。她抱怨我花在工作和物品上的時間，比花在她身上的時間還多。結果後來，她就開始故意把東西弄得亂七八糟、開始在朋友面前批評我，跟他們說一些令我難堪的事情……，我感到非常不舒服，最後我們分手了。我為此怨恨了她很長一段時間，甚至在幾次爭吵時說她是歇斯底里。但冷靜下來之後，我意識到其實她說得沒錯。這是第一次，有個人跟我的關係親密到讓我的問題浮出了水面……。

我這麼做是有原因的

佛洛德和精神分析學家們，很早就發現了這種讓我們不由自主地犯同樣錯誤、固執地、不斷地重複某些似乎毫無意義的活動，或反覆重溫某些痛苦的經歷和體驗，並將其稱為「強迫性重複」。雖然我們已經知道這個問題存在，但我們的人格特點，仍然會百折不撓地頑抗到底，就算再怎麼下定決心，一旦遇上過去行為中的「**相似場景**」，它們就會跳出來。以下是四十五歲的護理師艾瑪的自述，她是位被動攻擊型人格者。

我試過無數次想要做出改變，以至於我都覺得這件事對我來說是不可能的。我看過一些書，也聽取友人的建議，甚至去做了精神分析。我覺得我已經明白許多關於自己和自己世界觀的事情，總之就是明白了自己的問題，弄懂了讓自己痛苦不堪的原因。

但我感覺自己就像個糟糕的學生，在開學時信誓旦旦，可接著就敗給了自己的壞習慣。我可以在幾天的時間裡管好自己，然後又恢復成老樣子。只要再次碰到讓我覺得別人有所強加的情況時，我就會瞬間變成一個充滿敵意、氣呼呼的孩子……

就算自己的態度造成了很多問題，但人格障礙者從不會毫無理由地放棄這些態度。因為**即便是很極端的人格特點，有時也會帶來某些好處**：依賴型人格者通常會獲得別人的幫助、偏執型人格者不會輕易受騙、強迫型人格者很少會忘記帶鑰匙……，雖然這些「附加優點」相較於伴隨的缺陷而言，簡直不值一提，但有時，會成為人格障礙者維護自己思維方式和行為的理由。我們來聽聽二十四歲的大學生里昂怎麼說：

我母親是位超級焦慮的人，我們的整個童年都處在她的過度保護之下。我們家就像個太空站，再小的鬆懈也比在太空行走還要複雜和危險！在海灘上，我們必須戴上漁夫帽和太陽鏡，必須穿上防海膽的鞋子，必須每個小時塗抹一次防曬油等。如果我們晚上出去參加聚會，就算聚會地點離家只有幾步路距離，也必須在到達時打電話報平安。每次有什麼事她就會反覆強調，說她小心謹慎是對的。而每次出現問題，她的第一句話就是「我就知道會這樣」、「我就擔心會出問題」或「我之前跟你說過了」。因為她總是說會發生不好的事情，結果有時候就真的發生了，而且她讓我們也相信了這一點。

她有一堆這種用來教育人的故事。例如，有一次她把妹妹留在一位女性友人家睡覺，就那麼一次，結果妹妹得了支氣管炎；或者鄰家的小孩怎麼在獨自一人騎自行車的時候被車撞了。當時還是孩子的我們覺得，發生的事情似乎總在證明她是對的。直到進入青春期我們才開始意識到，沒有這麼多令人窒息的小心謹慎，照樣可以正常過日子……

自我協調與自我排斥

我們很依賴自己的個性，無論是優點或缺點；這相當合情合理，因為個性在很大程度上，代表了我們的身分。但有時我們也會希望能夠改變某些習慣：少一點焦慮、處事靈活些、嫉妒心不要這麼強、更加樂觀、疑心病少一些。**一般人往往清楚地知道改變並不會讓我們失去自我，因此欣然接收改變。但人格障礙者往往不是這樣，他們常常因為害怕失去自我或「失去自己的個性」（有點像是失去了自己的靈魂）而不願下定決心做出改變。**

然而，這種「改變人格」的風險依然只是理論之說。我們在後文會看到，大多數精神科醫師和心理醫生，在談到對病理性人格的治療時，多會使用「調整」或「緩和」之類的字眼，沒有人會嘗試或希望獲得根本性的完全改變。

此外，有些人對自我人格缺陷的依依不捨，在某種意義上來說是一種「人格崇拜」的特殊表現形式；這種對自己偏頗行為的自我欣賞，會使主體對這些行為的缺陷視而不見。我們來聽聽以下這位A型人格的講述：

我從來不會聽命於人，別人最好也不要來干涉我的事情。我這個人就是這樣，而且我也看不出有什麼理由要讓我改變自己。有時候，我知道自己做得有些過分，但我不願意總是想著「要做」或「不做」而控制自己。要是真的惹人生氣了，那就算我倒楣好了，因為我的個性就是這樣，我不想變成一個討好別人的「好好先生」，這樣不好嗎？

在精神病學和心理學領域，除了症狀本身，個體對自身問題的感知方式和接受與否，也相當重要。在某些案例中，主體會因自己的問題而深感不適：憂鬱症患者會反感自己行動的無能、恐懼症患者會因自己的恐懼而感到羞愧等。個體會感覺這種性格以一種侵入的方式造成了自己的問題，於是會以一種與「個人價值」或「理想自我形象」不符的方式，做出反應。他對自己不恰當的行為方式有所意識，並希望加以改變；這種對其症狀的關係稱為「自我排斥」。

與此相對，對自己的症狀具有較大的容忍，在忽視與接受之間搖擺不定的態度，則稱為「自我協調」。主體會將自己的性格障礙特徵，視作自身人格不可分割的一部分，認為這些特徵大抵與自己的個人價值和世界觀相符。因而，做出改變的意願就會遠不及「自我排斥」的主體。

多數的人格障礙者都抱有自我協調的態度，從而形成了改變的阻力。一個處於平衡狀態的人格障礙者，鮮少會有做出改變的動機。往往只有在周圍親友或情形的壓力下，或遭遇一連串困難和挫敗，甚至陷入憂鬱之後，人格障礙者才會開始反省，重新審視自己慣常的態度。其中，一些人格障礙者（焦慮型、憂鬱型、依賴型）對自己問題的意識要勝過另一些人格障礙者（偏執型、自戀型、A型……），或許，是因為他們承受了更多的痛苦。

協助改變

為此，人格障礙者往往只能在周圍親朋好友的幫助下，做出改變。面對人格障礙者時的惱怒不悅，或是看到所愛之人陷入自毀的態度中，卻無法自拔而感到的悲傷；以上，是很多人對人格障礙者直接施壓或干預其行為的原因。但這些良好的意圖和建議，有時，往往會造成更多的問題。

為了讓人格障礙者做出改變而施加的壓力，可能會被對方誤解為強迫性的壓制，有時候甚至會讓

對方更加堅定自己的信念。例如在偏執型人格者們看來，再沒有比以下這樣的話語更令人生疑的：

「什麼也別怕，我們只想讓你好……。」

此外，我們發現「想要改變對方的渴望」，往往正是造成夫妻失和的主要原因之一。夫妻雙方有時是為了改變對方、對於理想化的渴望，才組成了家庭（例如：一個女人會抱著讓對方戒酒的可望，而嫁給一個酒鬼……，然後又會因對方無法改變的行為，而感到失望），而有一些人則因為其中一方無法適應伴侶「性格的變化」而分手（比如：一個男人跟一個比自己年輕得多、依賴性很強的女孩斷絕了關係，因為厭倦了她的「不成熟」），雖然，雙方往往都是在明知就裡的情況下，選擇了對方。最終，不遺餘力地想要改變人格障礙者的一方希望落空，而他們的態度很快會轉變為對人格障礙者的厭棄；但從根本上來看，人格障礙者從未向任何人提出過任何請求，要求身邊的人來改變他們。

話雖如此，我想多數的人，還是希望能幫助身邊的人格障礙者做出改變，不論是父母、夫妻或同事，都希望能將這個影響彼此相處關係的「障礙」消除或減少。那麼是否存在一些簡單的規則，可以提高改變的機率呢？在此概括出以下四個基本原則：

一、理解並接受

一般來說，人格障礙者不是因為「高興」，而是因為「害怕」才會做出那樣的行為。他們因為害怕而做出反應——害怕被拋棄，害怕不被理解，害怕受到侵犯，害怕讓自己或所愛之人陷入險境……。在面對人格障礙者時，若我們對這個主要原因不予重視，不願看到滋擾行為背後的脆弱，就等於間接引發了衝突和誤解。我們來聽聽四十九歲的建築師西蒙的故事。

我有一個自戀的同事，很討人厭。他在客戶的面前總是一副想要獨占功勞的樣子，認為自己應該得到一切，也不覺得需要還就任何人。一開始，我們經常起衝突，簡直跟他水火不容。後來，我仔細觀察發現，他其實並沒有表面上那麼自信：他是不停地想要說服自己，相信別人都不如自己。曾經，我有那麼一瞬間想要拆下他偽裝的自信面具，打他個措手不及。但我明白，這麼做沒有任何作用。於是，我們開誠布公地談了幾次，我跟他畫定了界限：他知道我的底線在哪裡，而我也願意在那些細節問題上做出讓步。認清他的缺陷讓我得以更好地理解和容忍他的行為，而且到最後，我發現他也教會了我一些東西；他對問題的看法也不全然都是錯的。我從他那裡學會了如何展現自己，因為之前我一直都認為，即便不聲不響，我的價值也會被其他人看見和認可。

注意，不要把這種「理解」和「縱容漠視」混為一談，但也不要把這種理解發展成一種「門外漢心理學」的態度，說些被心理醫生稱為「無稽之談」的話：「可憐的朋友，你肯定是曾經發生過嚴重問題才會做出這樣的舉動，我猜想大概是因為你的童年……。」

其實對他人的接受與理解，最終也會反饋讓我們進行自省：為什麼我會難以忍受他的這種或那種行為？我的哪些價值觀跟他發生了抵觸？為什麼會覺得自己的價值觀比我想要改變的那個人的價值觀更加高尚？而我在人格障礙者的身上又能學到些什麼？事實上，就跟所有人一樣，人格障礙者也有好的一面。**我們對人格障礙者的不滿和評價，其實某種程度上也反映出自己的缺點。**

二、尊重改變的困難

即便當事人願意付諸行動，但「改變」依然是一件非常困難的事情；因為改變是一個漫長且辛苦的「拆除再重建」過程。這不僅僅涉及學會某些行為規則，還必須先擺脫「習以為常」的行為規則；這也就是為什麼改變的過程會如此漫長，而且伴隨數不清的「故態萌發」。為此，最重要的就是留給當事人足夠的時間去「消化改變」。來聽聽三十五歲的醫師娜塔莎是怎麼說的。

> 我丈夫有孤僻型人格的傾向，我們剛認識的時候，他的哥兒們都叫他「獨行俠」。雖然，我喜歡說話前會三思的人，不過在兒子出生後，我開始擔心了，因為我覺得他不怎麼跟兒子說話，而且在照顧兒子時，也不像我期望的那般盡心。我之前一直以為他會因為孩子而打開心房……。
>
> 前幾個月裡，我經常責怪他，但我越是批評他，他就越是不知所措。後來我冷靜下來，心想與其這麼逼他，不如打開他的心結。我丈夫自己就是獨子，對照顧小孩一無所知。於是我再也不對他發號施令，也不再對他橫加指責，而是他做出我期待中的舉動時，就告訴他我很高興。慢慢地，隨著兒子的成長，他也改變了。兒子現在三歲，他很愛自己的父親，而我丈夫也學會對兒子表達自己的感情，同時跟其他家人的相處，也變得更加開朗。

第二個重點，就是接受不完美和不完整的改變。人格障礙者的行為植根於個人的經歷（有時跟天生氣質也有關係），所以想要百分之百地「糾正」他們的行為，只會是徒勞之舉。再看看另一個案例，四十二歲的企業管理人員亞納，是怎麼跟我們說的：

跟我同一個辦公室的女同事簡直就是個怪胎。她總想讓所有的東西，都按照她的方式放在她看得到的地方。因為我們在同一間辦公室，而且辦公室裡有很多的東西，所以在我剛進公司之後，跟她發生過幾次嚴重的衝突。她一直逼迫著在我之前的那個同事，但我可不會任人擺布！八天的時間，那簡直就是一場大戰！必須按照她的意願收拾所有的東西，必須遵守某些時間，出現再小的錯誤都要從頭再來……，簡直就跟奴隸一樣。我對她忍無可忍，差點辭職。但後來我冷靜下來，開始一步一步地跟她商量，在我發現她也有某些優點之後，發現只要尊重她的怪癖和規則，她其實蠻願意幫人的，脾氣也不壞。她好幾次都幫我解決了工作上的難題。所以，我也接受了她的一些習慣，但不是所有的，而是那些我覺得惱人程度最低的。結果，她強加給我的事情也少了。目前來看，我們相處得還算融洽。

三、不要說教

當我們希望讓某人做出改變時，其根本的問題就在於：「憑什麼讓對方改變自己的生存方式？」我有什麼權利替他決定什麼是好的、什麼是不好的，並把這些觀點強加給他，或對他喋喋不休？答案很簡單：就是不應該用這種方式來看待事物！

就算某些生存方式會帶來很多的好處（靈活處事而不是刻板僵硬，積極主動而不是滿腹抱怨，獨立自主而不是依賴成性……），但動輒以「規則」和「道德說教」的方法，去說服別人做出改變，往往成效極差。為什麼呢？首先，沒人願意被當作小孩子來對待，讓別人告訴自己什麼是好、什麼是壞。其次，人格障礙者看待事物的方式恰恰太過刻板和墨守成規——他們會根據情況或對象，按照自己事先訂立的規則，做出反應。

為此，用規則和道德說教的方式強調改變，是無用的，這只會讓他們藉此為自己進行辯護（「你不是說我不應該去問別人的意見嗎？好吧，結果就是這樣啦……」），或者讓他們做出耍脾氣的行為（「既然在這個家裡不能批評人了，那我以後就什麼都不說了……」）。

所以，只有在個人層面生成的意願，才能促成改變：**人格障礙者會改變自己的態度，是因為別人會以真誠而溫和的態度，跟他們解釋其行為帶來的問題**。因此，這也是我們在整本書中試圖讓各位明白的，一般情況下，與其跟人格障礙者大談職責，不如跟他說他自己的需要、談具體的情形而非重大的原則、談行為而非個人、進行描述而非做出評價。我們在二十三歲的家庭主婦瑪莉娜的陳述中，可以看到這一點。

先生是個嫉妒心很強的人，曾經有段時間，我們天天爭吵。我把他當成狂躁的瘋子，說他總是胡言亂語，說他應該去看醫生，還說他成天就知道監視我，不讓我自由地去做任何我想做的事情、自由地去跟任何人說話……。最後，我為了搞清楚為什麼會這樣，我自己先去看了心理醫生，因為無論是自己去還是跟我一起，先生都不願意去看心理醫生。

在心理醫生那裡，我得到很大的幫助。首先，他教我以不同的方式對待丈夫。例如，我學會了直接向他表達自己的感受，而不是惡言相向。告訴他，他對我的不信任讓我感到很難過，或者他限制我的自由讓我感到很生氣等。雖然，他聽到這些話的時候還是很生氣，但至少比我之前喋喋不休的爭吵有用多了。

四、不要一味退讓

人格障礙者身邊的人，尤其是親近的家人，會忍不住對他們的苛求做出退讓，進而捲入他們的遊戲中。與人格障礙者相處，確實會讓我們倍感壓力，而且這種壓力會在我們拒絕順從時越演越烈：憤怒、意氣用事、哭鬧、產生罪惡感……，但如果我們總是退讓，人格障礙者就會認為，只要頑固堅持己見就可以達到目的。我們來聽聽六十一歲的退休人員尼古拉是怎麼說的。

我有一個媳婦很霸道，總是喜歡在家庭會議上發號施令。她的行為讓大家都很不悅，她自以為是地提出一大堆意見，誇耀自己的孩子和丈夫如何好看、如何聰明等。還有就是，她無法忍受別人任何的評價，尤其只要涉及她本人，她的幽默感就幾乎沒有了。在家裡，所有人都會遷就她，或許是因為習慣成自然，也或許因為害怕跟她起衝突；因為要是有人做了什麼事情讓她不高興，她就會擺臭臉，或者好幾個星期不跟家裡人見面。有一次，我們家的新成員——小女兒的丈夫，因為她的苛刻要求生氣了：他要她不要再教導別人怎麼教育孩子。她聽了非常不高興，整整六個月都沒露面。大家都覺得我那個女婿做得有點過分，他自己也深感自責。雖然這件事讓我不太好過，但我覺得他做得沒錯，而我也向他表示了支持。之後，當我那個媳婦再次出現在家庭聚會時，她表現得節制多了。我想她算是「有所反省」了吧！

如何與人格障礙者相處？

你可以做的：

✓ 試著改變他的行為
✓ 理解其行為背後是恐懼和擔憂
✓ 接受循序漸進的改變
✓ 表達你的需求和底線
✓ 接受不完美的改變
✓ 堅持原則性問題

你不該做的：

✗ 企圖改變他的世界觀
✗ 認為這只是意願不足的問題
✗ 要求快速的改變
✗ 道德說教
✗ 苛求完美，不成功就全盤放棄
✗ 同情或陷入他的遊戲之中

醫學上的具體方法

精神科醫師（或心理醫生）與病理性人格者，可能會在不同的情況下相遇。最常見的情況，或許要數患者因為別的問題前來就診：實際上，在前來精神科就診的患者中，似乎有二十～

五十%的人都苦於人格障礙。他們請求醫生治療的，是這些人格障礙造成的後果：憂鬱、焦慮狀態、酗酒等。

此外，大多數前來就診的並不是患者自己，而是他們的親朋好友，因為擔心和厭倦而欲尋求幫助。精神科醫師很熟悉這種情況，大部分前來諮詢的人，都會先說「我不知道該怎麼做，他不願看醫生，但是我們的生活已經被他的行為給毀了，該怎麼辦啊？」比較少見的情況是，患者因為感覺到自己有某種人格問題，並且想努力對抗那些自己無法控制的傾向，於是主動前來就醫。

事實上，雖然人格障礙出現的頻率很高（約十～十五%），但精神科醫師是從近幾年，才開始關注人格障礙本身。與此相對，病理性人格其實很難治癒——如果患者出現焦慮和憂鬱，他們接受治療的效果，就沒有不具有人格障礙特徵的患者那麼好。但近年來，越來越多的研究工作開始關注，如何透過藥物來改善和幫助這些患者的方法。

一、藥物與人格

一些患者在聽到醫生準備給自己開精神類藥物時，就會表現得猶豫不決，擔心治療會改變自己的人格。事實上，醫生慎重開立的抗憂鬱藥物或鎮靜類藥物，能有效地改變患者的世界觀：服用苯二氮平類藥物的焦慮症患者，能更加冷靜地對待自己的擔心；服用抗憂鬱藥物的憂鬱症患者，在看待事物時會少一些悲觀和絕望。儘管這些改變有時非常驚人，但接受治療的患者不會認為自己的人格被改變，只會覺得痛苦減輕；或者覺得又變回了原來的自己。

然而，用藥問題卻在最近這幾年變得複雜，因為出現了一種新型藥物：5-羥色胺類抗憂鬱藥物（得名於它對五羥色胺（血清素）——一種非常重要的大腦神經遞質）。**這類藥物對憂鬱症和某些焦慮症具有顯著的療效，而且似乎可以改變某些人格特質，比如逃避型人格者對他人批評的過分敏感。**但客觀來看，這種藥物的效用機制仍不是很清楚，藥效也會因為個體的不同而大相徑庭。此外，瞭解某些藥物是否真的能改變人格的運作機制，也點燃了精神病學界的研究熱情。

目前相關研究較少，還不足以得出任何明確的結論。但要指出的是，近期的幾項關於性格生物學的研究，或許預示著以藥物治療人格障礙的情形，可能出現戲劇性的進展。這也引起了倫理學的爭論：是否應該接受會對個人心理平衡產生影響的藥物，就像我們最終接受了（經過了很長時間，如今已被人忘了的猶豫不決）抗憂鬱藥物和抗焦慮藥物？由此提出的這些問題，無論是對個體還是集體，都具有重要的意義。

從根本上來說，藥物能對人格特質產生具體的作用，到底是好還是壞呢？誰能回答這個問題：心理師、政策制定者，還是患者？若個體要求接受治療，是因為他們深受其苦或使別人深受其苦，還是因為他們在某種類型的社會中表現欠佳？或許，在大量將這些藥物應用於人格障礙的治療前，我們應該期望各界人士對這一主題做出更深刻的思考。就目前而言，為確診的人格障礙者開立藥物，必須輔以心理治療措施，因為這些措施可以幫助心理師和患者更全面地瞭解和應對現實的改變。

二、一種心理治療還是多種心理治療？

心理治療的形式非常多種，但針對人格障礙的心理治療，我們可以將其分為兩大類。

第一類，當然是精神分析及其各種衍生形式。最早出現並占有重要地位的心理治療方法（至少是在法國）認為，主體對自身問題的原因和運行機制的逐漸意識，是幫助他克服這些問題的根本所在，如果這種意識是在系統化的治療關係中形成的，那就更好了，因為這樣有利於「移情」；也就是說，心理師對患者幼年期衝突的現實化。精神分析是極為豐富和複雜的理論化經驗，可以提供一種引人入勝的精神體驗，但它無止息的學派之爭和先驗推理，在所有形式的科學評估中顯露出不少弊端，導致眾多的研究者在近二十年來對它熱情漸消。至少在人格障礙的改善，精神分析迄今仍鮮少獲得令人信服的研究成果。

第二類，行為與認知療法。這類療法在法國出現的時間不長（約三十年），目前正欣欣向榮地發展中；世界各國都出版了大量關於這類療法的科學書籍。行為與認知療法的治療原則很簡單：**想改變某種行為或思維模式，最有效的方法就是瞭解它們是怎麼學來的，然後積極地幫助患者去學習新的行為和思維模式**。實際上，在這種源於學習科學的原則背後，隱藏著一整套不同的治療技術，並在很多心理病症的治療中，顯現出療效。一項針對憂鬱症患者展開的大型研究表示，具有人格障礙的憂鬱症患者，對認知療法的反應，好過對抗憂鬱藥物的反應。由此可見，行為與認知療法近幾年來被應用在人格障礙的治療中，前景一片看好。

應用於人格障礙治療的兩大心理治療法

精神分析療法	行為與認知療法
・主要關注過去或過去與現在。 ・注重個人經歷中重要組成部分的重現和理解。 ・心理師保持中立態度。 ・心理師鮮少提供有關病症和治療的訊息。 ・治療目標與治療時間不明確。 ・主要目的：隱藏性精神結構的改變（可以帶來症狀和行為的改變）	・主要關注此時此地的當下。 ・注重重拾應付實際生活中困難的能力。 ・心理師參與互動。 ・心理師提供大量有關病症和治療的訊息。 ・治療目標與治療時間明確。 ・主要目的：症狀和行為的改變（可以帶來深層精神結構的改變）。

另外，一些在法國尚不為人所知的心理治療形式，也可能對人格障礙的治療產生積極的影響；比如「人際心理療法」。這種療法的基本理念是：人際關係的運轉不良是導致患者遇到問題的主要原因，因此，一連串旨在提高患者人際交往能力（跟周圍之人進行令人滿意的交流，有效應對衝突和人際關係問題）的治療，可以從根本上改善患者的症狀。

自一九七〇年代開始發展的人際心理治療，源於美籍瑞士裔精神病學家阿道夫・邁耶爾（Adolf Meyer）的一系列研究成果。這種治療方法強調個體對環境適應所扮演的本質角色。人際心理療法最初的治療對象是憂鬱症患者，似乎也很適合人格障礙。這種療法在美國得到了廣泛認可；在那裡，個體對所處「人際環境」的和諧融入被視作所有心理治療方法的關鍵所在。總之，人際心理療法的目標是讓患者學會：

1. 瞭解自己的人際關係為什麼會不盡如人意：有時憂鬱的情感，往往與患者本人歪曲的情感經歷有關。比如，因沒有收到聚會邀請而感到的失望，轉變為怨恨，從而掩蓋最初的痛苦。
2. 改變自己在面對問題時的慣常反應：憂鬱症患者的思考運轉模式，以自我為中心，因此意識不到他人的立場和需求。比如，憂鬱症患者的伴侶若沒有與他多談論憂鬱的問題，他就會覺得伴侶對自己不理解。
3. 提高自己整體的人際交往能力：做到提出要求而不是抱怨；表達自己的負面情緒而不是生悶氣；講述自己的悲傷想法而不是獨自垂淚；以溫和的方式表達自己的失望等。

然而，在遭受長期的質疑或敵意後，不同學派的心理學家開始相互關注。一些為了獲得整合式折衷心理療法的研究開始嶄露頭角，很可能在幾年後就會出現新療法，這些新療法會同時或先後運用既有的心理療法，或是將它們融合成新型的療法。**在此期間，我們選擇以認知療法為例，因為它是目前為止針對人格障礙最新和最為系統化的治療方法。**

認知療法

你正坐在餐廳裡等一位朋友，隔著幾張桌子的地方，有個人目不轉睛地一直盯著你看。在這種情況下，你可能會產生不同的想法：

✣ 正面想法（他喜歡我）。

✣ 負面想法（他覺得我醜）。

✣ 中立想法（他讓我想起了某人）。

以上這些想法，就是我們所說的認知。換言之，你在生活中面對各種情形時，會在你的意識中自動出現的想法；這些認知見證了我們對周圍世界的感知和闡釋。認知是兩千多年前的斯多葛學派哲學家們在寫作時發現的，例如羅馬皇帝馬可·奧里略馬就曾寫道：「如果某個外物令你感到憂傷，你感到憂傷不是因為這個外物，而是因為你對它的評價，把你自己搞得心神不寧。」

今日，認知心理治療師們重拾先人牙慧，並賦予它更具技術特點的稱呼——「資訊處理」。

資訊處理論提出以下的假設：我們對事物做出評價的方式，會對我們的反應和情況本身造成決定性作用。回憶一下餐廳的例子，如果你的認知屬於「他喜歡我」的類型，而且如果你稍微有點表演欲，並較為隨和的話，就會產生頗為愉快的感覺，因為你的行為會是對他投以微笑，或擺出最美的姿勢，還會蹦出「我還是有魅力的」之類的念頭……。但是，如果你具有某些逃避型人格的特質，你的認知就會是「這個人正在觀察我的缺點」，這會引起令人不愉快的

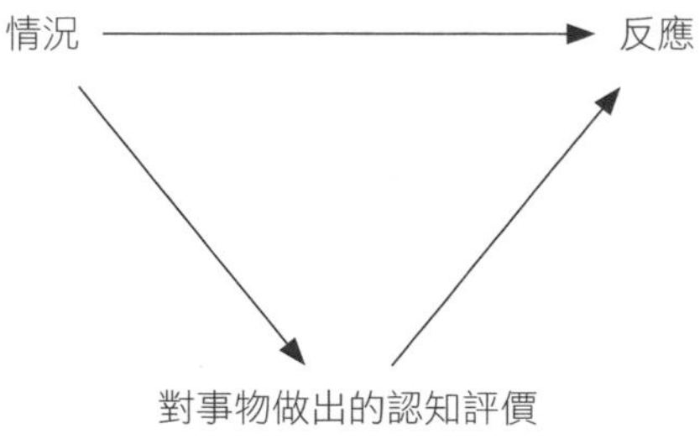

資訊處理

尷尬和不舒服的情緒，並導致逃避型行為（避開他的目光，或要求換桌）。由此可見，不同的主體會以截然不同的方式對同一個情境做出評價，所以，不同的人會做出大相徑庭的反應，這是很正常的。為此，清楚了解自身對事物的闡釋方式，是改變我們態度的關鍵所在。

我的世界觀

因此，在認知心理學家看來，我們的態度和行為，在很大程度上取決於「我們的世界觀」。

這種世界觀由信仰構成，這些信仰往往是無意識的，並會牽涉到自身（例如「我能力不行，而且脆弱不堪」或「我是個出類拔萃的人」）、其他人（「別人都比我強，比我能幹」或「不能相信任何人」），以及整體的世界（「平凡無奇的狀況背後，可能潛伏著危險」）。

這些信仰代表著我們的信念——我們童年時在跟親人接觸的過程中，或在遭遇了某個生活事件之後形成的信念——這些信念深深地烙印在我們的腦中，並最終被自己的雙眼所忽略；有點像是戴著一副鑲有彩色玻璃片的眼鏡，而我們意識不到它已經架在自己的鼻樑上了。

這些信仰會聚合成認知心理治療師稱為的「認知群」，比如依賴型人格者的「我脆弱不堪」和「別人都比我強，比我能幹」的認知組合。這樣的認知群會促使主體形成自我的生活規則，這些規則體現出很多詳細的策略，目的在於讓主體能順利地適應他們所感知的世界。我們仍然以依賴型人格者為例，他們的生活規則會是「我只有順從別人才能獲得他們的好意」，或是「在遇到問題時，我不應該自己做出決定」。

常見十一種人格障礙的世界觀與生活規則

人格類型	認知群	生活規則
焦慮型	・世界充滿危險。 ・保持警覺，就能避免冒上大風險。	・我必須預知到所有的問題，並事先做出最壞的打算。
偏執型	・我容易受到攻擊。 ・別人總是對我有所隱瞞。	・我必須時時保持警惕，而且要看穿別人的言語和行為。
表演型	・別人不會打從心底地對我感興趣。 ・引誘可以體現自己的價值。	・想獲得一席之地，就必須吸引所有人的注意。 ・我必須完全將別人迷住。
強迫型	・事情必須做到完美無缺。 ・即興發揮和自發性不會帶來任何好處。	・我必須掌控一切。 ・所有的事情都必須按照計畫進行。
自戀型	・我是獨一無二的。 ・別人都得排在我後面。	・一切都是我的！ ・應該讓所有人知道我是個傑出的人。
孤僻型	・我跟別人不一樣。 ・群居生活是混亂的源頭。	・我必須一個人待著，不能讓自己投入親密關係。
A型	・只有第一名才有價值。 ・人必須靠得住、有能力。	・我必須完成所有的挑戰。 ・我必須以最快的速度完成任務。

憂鬱型	・我們來到世上就是為了受苦。 ・我無權得到太多的歡樂。	・人總是高興得太早。 ・我必須加倍努力才能達到目標。
依賴型	・我很弱小，能力也很差。 ・別人都很強大。	・遇到問題時，必須馬上尋求幫助。 ・我不能讓別人不高興。
被動攻擊型	・我應該得到更多。 ・別人並不比我強，可總想壓過我。 ・如果反駁對方，他們會變得咄咄逼人。	・我不能任人擺布，我知道該怎麼做。 ・在發生分歧時，應該以間接的方式進行反抗。
逃避型	・我是個無趣之人。 ・如果別人看清我是個怎樣的人，他們就會厭棄我。	・我不應該展現自己。 ・我必須保持距離，否則我會應付不來。

不斷重複的慣常反應

人格障礙者的身邊之人，通常會驚訝於他們行為的重複特徵：偏執型人格的生活中充滿了不睦與衝突；表演型人格總是從理想化的這頭跳到失望的那頭；依賴型人格總是亦步亦趨跟隨在保護者的身後……。

的確，我們剛才所描述的一連串認知現象、根本信仰和從中得來的生活規則，會在人格障礙者對某些我們稱為「促發情境」的狀況做出反應時，並展現在他們的特定態度中。**就某種程度上來看，促發情境堪稱是重複性反應的「啟動裝置」，這些反應可以是情緒、行為或想法。**

我們還是以逃避型人格為例。如果逃避型人格者受到批評，我們之前描述的那一連串認知現象就會令這個事件，成為引發逃避型人格者不安和焦慮的情緒，以及服從和尋求認可的行為，還有導致這樣的想法——「如果別人批評我，那我就有可能被徹底厭棄」、「為了平息衝突，最好放棄自己的觀點」、「別人肯定說得沒錯」的開關。

這些人格障礙者按部就班的「劇情」，會讓我們想到電影或電視劇的「重拍版」：都是關於同一主題的不同版本，其中的角色都具有很高的預知能力。由此可見，人格障礙者似乎不太會吸取生活中的教訓，他們會傾向於忽視或曲解所有可能令他們信念崩壞的因素。於是，深信別人對自己毫無興趣的逃避型人格者，在別人表現出對他的關注時，就會傾向於認為那是出於憐憫或居高臨下。所以，他就不會對自己一直心存的「我是個無趣之人」的信念，產生質疑。

常見十一種人格障礙的促發情境

人格類型	促發情境	慣常反應
焦慮型	沒有令人安心的參考或未知資訊；不確定。例如：沒有得到旅途中親人的消息。	擔心，想方設法盡可能獲得更多的資訊，採取最大程度的預防措施。
偏執型	含混不清的情形、矛盾。例如：得知別人在背後談論自己。	做出過度的闡釋，將自己淹沒在細節之中；控訴、懷疑，最終與對方撕破臉。

表演型	有魅力的人或陌生人；群體情境。例如：被介紹給異性認識。	想盡辦法地引誘對方，引起對方的興趣。
強迫型	需要儘快完成的任務；新奇、意外，對事件失去控制。例如：因為時間不夠，而不得不很快地把事情草草做完。	確認，再確認；做計畫；懷疑，反覆思量。
自戀型	不是第一名。例如：沒有獲得自認為必然的尊重。	刻意提醒對方自己的功勞和特權；為了談及自己和自己的成就，而獨霸說話權。
孤僻型	混亂，逼不得已的親近。例如：參加團隊旅行。	躲在自己的角落裡，對自己閉口不談；對別人不聞不問。
A型	面對競爭情境；行動受阻。例如：等待、大排長龍。	情緒激動，提高嗓門，試圖掌控全局，但方式過於粗暴。
憂鬱型	真實或假設的失敗；認為不配得到獎賞。例如：無法完成工作。	更加努力地工作，禁止自己參加娛樂活動；自責能力不足。
依賴型	需要獨自做出決定；需要完成重要的任務；孤獨。例如：一個人過週末。	試圖獲得幫助或讓別人陪在身邊；為了實現以上目的，而做出所有可能的讓步。
被動攻擊型	接受無論哪種形式的權威或優勢，服從命令。例如：必須接受跟自己有分歧之人的決定。	進行反抗；對細節吹毛求疵，強調將會發生的問題，採取執拗的態度；意氣用事。

逃避型	展現自己，受到別人的評價。例如：必須在重要人物面前談論自己。	避免跟人對峙；採取拉開距離或在社交場合壓抑自己的態度；逃走。

認知心理師在面對這樣的情況時，會將治療的目標放在讓患者學習「意識」到自己的思維方式。然後，在第二階段對治療做出調整。就像我之前所描述的，治療的困難點就在於，這些思維機制在人格障礙者自認為令自己與眾不同的性格中，紮得太深了。為了在這一具有相當侵入性的治療步驟中取得成功，認知心理師採取了一種完整系統的特殊方法，以及一種在心理治療界前所未有的醫患關係類型。

與認知心理師的關係

認知心理治療師在治療過程中的行為舉止，與大部分患者所期待的頗為不同。在患者的眼中，心理治療師必定是個少言寡語的人，大部分時間只是傾聽，鮮少會提供意見（符合古典精神分析模式的態度）。然而，**認知療法植根於一種蘇格拉底式的關係：沒有絕對的「好建議」（不需要把自己塑造成精神領袖或良知導師），而是通過一連串的提議、疑問和讓患者意識到自己運轉不良的心理機制**；就有點像古希臘哲學家蘇格拉底為門下弟子「塑造靈魂」的方式。

因為認知心理師是積極而互動的心理師，他會回答患者可能提出的任何問題；他不會拒絕任何話題，會全心全意地投入治療之中。他會對患者下達指令，讓患者做練習，為他指明大的發展方向，協助患者一起制定日常生活中新的關係策略。事實上，不是所有人都能清楚地瞭解自己需要做出怎樣的努力，所以在剛開始的時候需要引導和指正。但認知學者也是個要求極高並會下達各種指令的心理師，他會要求患者完成某些任務、參加某些練習；也就是說，讓患者成為自己的治癒者。

最後，認知心理師還具有清晰的教育觀念，他會耐心地讓患者發現自己的問題所在，為他推薦書目，向他解釋自己提出這些建議和採取這些治療方法的原因。認知心理師認為，讓患者瞭解到在治療過程中發生的一切，有助於患者更好地投入治療並做出努力。

然而，在治療過程中，認知心理治療師必須避免讓自己陷入患者嘗試與自己建立的關係之中，例如：表演型人格者，當然會試圖引誘自己的心理師，或至少討得對方的歡心；偏執型人格者不會輕易對心理師產生信任；依賴型人格者會不顧一切地依附於心理師的建議，而不願自己做出決定等。在這一點上，認知心理治療師跟精神分析學家不謀而合，後者在很久以前就已開始關注患者對心理師的「移情」現象。

我們在下表中列出幾種人格障礙，在心理師遲到的情況下可能出現的內心獨白。帶著你對人格障礙者的瞭解，你可以像做遊戲一樣，想像一下人格障礙者在見到遲到了半個小時的心理師時，會做出怎樣的反應？在認知療法中，心理師將會引導患者對這類想法有所意識。

焦慮型	他一定是身體不舒服，應該叫救護車……。

偏執型	他想跟我證明什麼？他肯定是想試探我的反應……。
表演型	他不喜歡我。為什麼呀？
強迫型	我一定是弄錯時間或者日期了。 搞什麼？我得查看一下日程表……，我覺得這個心理師不可靠。
自戀型	他在嘲笑我還是怎麼回事？他以為自己是誰？
孤僻型	候診室裡的人，好多……。
A型	他在搞什麼？這是在浪費我的寶貴的時間。 都可以打五、六通電話了，還能多看幾份文件了。
憂鬱型	我這一天算是完了。早知道就不要不參加這個治療就好了，現在我得承擔後果了……。
依賴型	這個候診室讓人感覺不錯，我可以經常帶本書來看看。 雖然他遲到了，但我希望這次的治療時間可以跟上次一樣長。
被動攻擊型	怎麼能這樣呢？我也能給別人找麻煩，下次我也要遲到。
逃避型	我一定是上次說了什麼蠢話，他已經聽夠了我的抱怨，所以才會遲遲不來……。

當個旁觀者審視自我

認知治療在本質上是一種務實的經驗論療法，它的出發點就是對所有出現問題的狀況，進行專注而透徹的觀察。

因此，心理師會要求患者警惕某些與身邊之人的衝突或痛苦場景的慣常重複。但這個任務並不容易，而且需要一定的時間，因為患者對自己在自身問題中所扮演的角色，存在一定程度的無知。例如：如何幫助偏執型人格者意識到，正是他們自己讓身邊之人不得不有所隱瞞，以避免無休無止的解釋呢？如何讓自戀型人格者明白，他們招致的反感不僅僅是因為嫉妒，還有他們對別人權益缺乏尊重而引起的憤怒呢？

如果人格障礙者在治療中還會諮詢附帶的心理問題，事情就會容易處理多了；最常見的是憂鬱症，但也有焦慮症和其他的心理病症。在這種背景之下，談及人格問題就會比較容易，因為，處於失衡狀態但「看似健康」的主體還不習慣對這些人格問題加以關注。

透過詳細重述本週發生事件的對話，以及自我觀察表（如左表格），心理師將教會患者清楚地分辨出自己的主要促發情境，以及隨之出現的認知。以下，是三十五歲的女病患瑞塔（外科牙醫）的自我觀察表，她是位處於憂鬱期的自戀型人格者：

促發情境	情緒	認知
我打電話給母親，她沒有在電話裡詢問我的健康狀況。	氣惱	她根本不在乎我會發生什麼。
我請大兒子給幫個忙，他卻草草了事。	難過	再沒有人尊重我了。
醫生拒絕上門給我看病，因為他太忙。	憤怒	一個小小的家庭醫生而已，還真把自己當成大牌醫師了嗎？
跟我丈夫冷戰中。	擔憂	擔憂他不願意再為我付出。
一位女性友人在電話中，跟我訴說了好長時間有關她的心臟問題。	不悅	她是怎樣？我也有煩心事，甚至比她的問題還要嚴重，這些一點都不重要啊！
在聚會上，沒有人理我、和我聊天。	怨恨	這些人都是忘恩負義之徒，他們難過的時候我會去安慰他們，可是他們卻不會為我這麼做。

透過這種細緻入微的自我觀察，心理師可以一點一點地分辨出患者會在哪些主要情形下，表現出人格障礙的特點。然後，再引導患者意識到自己的認知並非事實，只是猜測，並幫助患者想像替代的猜測。

在這個例子中，這位女患者確實深信母親不在乎自己的健康，朋友們都是些忘恩負義的人。所以，心理師只是希望她能意識到，這只是她自己的觀點和解讀，但是對方或許會有不同的想法。例如，母親對她的健康不聞不問，或許是不願強迫她談論可能會讓她感到不舒服的話題；又或者她的家庭醫生是個盡心盡力之人，只不過那天工作太忙，真的抽不出時間。

這種擴大患者視野的做法，是心理治療的關鍵所在之一。慢慢地，**通過強調問題——情境的重複性，心理師將會引導患者辨認出隱藏在自己腦中的規則和信念，並且意識到是它們影響了自己的世界觀和行為方式**。我們所舉之例中的那位女患者，她的根本信念之一就是：「別人應該總是並優先對我投以關注，因為這是我應得的。」

一旦辨認出這些信念，醫病雙方就會進行詳盡的評估和討論，以便讓患者瞭解到它們的好處，但也會強調它們的壞處。心理師不會嘗試徹底改變患者的信念：患者的行為並非毫無邏輯可言，只是過於極端和刻板罷了。心理師會做的，是試著緩和這些行為，並改變其中過於絕對的一面。

以下，是和瑞塔對信念的討論，其為自戀型人格者：

信念：「別人應該對我投以關注」

好處	壞處
設法讓別人來照顧自己，我喜歡這樣。	我知道我讓很多人感到不開心。

人都是自私的，應該經常提醒他們這一點，以便從他們那裡得到些什麼。	別人認為我的依賴性太強。
我是個很好的人，理應得到別人的關注。	我太過關注自己。
應該自己去爭取晉升機會，並維護自己的權益，別人是不會替你操心這些事情的。	我最終對自己產生了懷疑，因為我受到的關注都不是出自真心的，我沒給人留下做出反應的時間。

大多數情況下，這種對信念深入分析的工作，是透過對其成因的瞭解來完成。在瑞塔的例子中，有幾種解釋確乎可信：她父親是外科學教授，本身就很自戀，而她的母親則總是表現出過度的保護欲，並對孩子大加稱讚，在其幼年時期，就給他們灌輸了一種社會地位和智力上的優越感；瑞塔的家族成員大多是些愛慕虛榮的成功人士，要想在家庭聚會或度假時獲得一席之地，就必須早早學會如何表現自己。

瑞塔是個聰明的年輕女人，長得也很漂亮，已經習慣了別人的注視和殷勤。由此可見，我們就很容易理解為什麼自戀型信念會在她的身上占有如此重的分量。對個人生活的討論讓她明白了，在她看來天經地義的事情（「我理應獲得尊重」）不過是一種心理構造，這可以透過她的成長環境得出解釋；這就預示著她人格的軟化。

改變生存方式

這種意識的獲得——改變生存方式——雖然只能體現部分的認知療法的理念，但這種療法也同樣注重對患者產生效果的實際方法。**改變患者信念最有效的方法之一，依然是改變他的行為。這也是為什麼大部分認知心理治療師同時也是行為學家，並會廣泛採用行為療法，以便在認知治療中獲得圓滿的成效。**

例如，讓患者確認自己的猜想是否真如自己所想的那樣有理有據——「對真實的檢驗」。於是，心理師會要求焦慮型人格者在週末出遊時，不預定飯店、不帶地圖，以確認結果是嚴重災難還是可以接受的（為了消除「糟糕的事情隨時可能發生」的信念，並讓主體獲得對服從「總是提前準備並做出預知」這一規則之外的自主性）。或者，心理師會鼓勵強迫型人格者以不完美或不完整的方式去完成某項任務，比如草坪只割一半，或者草草油漆柵欄（為了消除「如果事情沒有按計畫完成，那就是災難」的信念）。

此外，也有可能借助角色扮演的遊戲，來引導主體去改變自己的關係模式。讓自戀型人格者學會提出問題和傾聽對方，這會讓他明白為什麼大家不會總是贊同他的觀點；讓被動攻擊型人格者明白，一邊面帶微笑注視著對方的雙眼，一邊表達自己的不同意見是有可能的，這會讓他看到，很多的糾紛都是可以當面討論和解決的。這些針對「社交能力」的引導行為，往往對人格障礙者具有極大的裨益。

一條佈滿荊棘之路

無論是哪個學派的心理師，幾乎都一致認為，人格障礙的心理治療是一條漫長而艱辛的道路。一般來說，針對人格障礙的認知療法都會持續相當長的一段時間，比較常見的是兩到三年。專家們已經對逃避型人格障礙做出嚴格監控的研究，並對更為紊亂的人格結構進行了研究，例如邊緣型人格障礙，這種人格障礙的特徵是不穩定性和衝動性，在情感關係中表現得尤為突出。這些研究工作有效地確定了認知與行為的治療技術。

但必須再次強調，這些研究工作絕大部分都是由經過專業訓練、可隨時堅守崗位的團隊完成的：在對邊緣型人格障礙的研究中，研究人員為患者提供了一通可以二十四小時撥打的電話熱線，諸如此類。身處與平時治療環境完全不同的情形之下（只有一名心理師、獨自開展工作、有時會聯繫不上、必須照顧到其他患者……），研究人員必須謹慎行事。但我們可以想象得出，對人格障礙的研究和對應治療方法的研究所取得的非凡進展，已經為至今為止經常令心理師也備感受挫的患者們，帶來越來越多的希望與幫助。

一起來　思 008

突破關係困境的「人格心理學」

直升機父母、控制狂情人、難搞無理上司……，看懂 11 種隱藏在情緒勒索中的人格障礙，重拾相處的信任與快樂

COMMENT GÉRER LES PERSONNALITÉS DIFFICILES

作　　者　佛朗索瓦・勒洛爾（François Lelord）、
　　　　　克里斯托夫・安德烈（Christophe André）
譯　　者　歐　瑜
責任編輯　周書宇
總 編 輯　陳旭華 steve@bookrep.com.tw
出版單位　一起來出版／遠足文化事業股份有限公司
發　　行　遠足文化事業股份有限公司（讀書共和國出版集團）
　　　　　23141 新北市新店區民權路 108-2 號 9 樓
　　　　　電話｜ 02-22181417　傳真｜ 02-86671851
法律顧問　華洋法律事務所　蘇文生律師

封面設計　張天薪
內頁排版　葉若蒂
印　　製　成陽印刷股份有限公司
一版一刷　2018 年 6 月
二版一刷　2023 年 4 月
二版二刷　2023 年 9 月
定　　價　480 元
I S B N　9786267212110（平裝）
　　　　　9786267212141（EPUB）
　　　　　9786267212134（PDF）

國家圖書館出版品預行編目（CIP）資料

突破關係困境的「人格心理學」/ 佛朗索瓦 . 勒洛爾 (François Lelord), 克里斯托夫 . 安德烈 (Christophe André) 著 ; 歐瑜譯 . -- 2 版 . -- 新北市 : 一起來出版 , 遠足文化事業股份有限公司 , 2023.04
面 ; 14.8×21 公分 . -- (一起來思 ; 8)
譯自 : Comment gérer les personnalités difficiles
ISBN 978-626-7212-11-0(平裝)

1. 人格心理學　　2. 人格特質

173.75　　　　112000631